现代图书馆特色资源建设

蔡莉静　主编

海洋出版社

2012年·北京

内 容 简 介

本书立足于国内外图书馆特色资源建设现状，介绍了图书馆特色资源的概念、类型与种类、属性；研究了图书馆特色资源建设的内容、原则；针对图书馆特色资源的保存与利用、图书馆特色资源评价、图书馆特色资源共建共享、图书馆特色数据库建设的法律、图书馆特色资源与特色服务等方面的问题，对图书馆特色资源建设进行了较为详细的研究，并对其进一步发展进行了展望。

本书可作为各类图书馆资源建设实践的参考书以及图书馆工作者的研究用书。

图书在版编目（CIP）数据

现代图书馆特色资源建设／蔡莉静主编．—北京：海洋出版社，2012.4
 ISBN 978-7-5027-8234-4

Ⅰ.①现… Ⅱ.①蔡… Ⅲ.①图书馆—文献资源建设—研究 Ⅳ.①G253

中国版本图书馆 CIP 数据核字（2012）第 055695 号

责任编辑：唱学静
责任印制：赵麟苏

海洋出版社 出版发行

http：//www．oceanpress．com．cn
（100081　北京市海淀区大慧寺路 8 号）
北京华正印刷有限公司印刷　新华书店发行所经销
2012 年 4 月第 1 版　2012 年 4 月北京第 1 次印刷
开本：787mm×1092mm　1/16　印张：14.5
字数：350 千字　定价：36.00 元
发行部：62132549　邮购部：68038093　总编室：62114335
海洋版图书印、装错误可随时退换

《现代图书馆特色资源建设》编委会

主　　编　蔡莉静
副主编　　鄂丽君
编　　委　程文艳　郑洪兰　谢姝琳　许子嫒　张春峰
　　　　　张　希　李凤念　宋乐平　王永芳　朱学军
　　　　　刘　颖

《现代图书情报技术丛书》编委会

主　编　蒋苏棣
副主编　张晓林
编　委　程文艺　张旭兰　徐文伯　叶子青　张春梅
　　　　徐　岩　李凤仑　宋效平　王永茂　朱学军
　　　　周　鹏

前 言

  文献资源建设是图书馆的基础性工作。随着图书馆事业的快速发展，图书馆仅通过购买纸本文献资源、电子数据库已无法满足读者的需求，越来越多的图书馆着手建设特色资源，使其成为图书馆馆藏资源的重要组成部分，以满足读者多样化的需求。图书馆特色资源是指一个图书馆所收藏的文献资料具有自己的独特风格，它包含两个方面的含义：一是指一个图书馆中独具特色的部分文献资源；二是指一个图书馆总的馆藏体系具有与众不同的特点。本书研究的特色资源特指第一个含义，即各馆具备的有别于其他馆的独特风格的文献。

  为了配合图书馆的特色文献资源建设工作，完善图书馆的文献资源体系，我们组织编写了这本书。

  本书共分9个章节。第一章是图书馆特色资源概述，包括图书馆特色资源的概念、类型及属性，图书馆特色资源建设的概念、内容、方法及原则等；第二章是国内图书馆特色资源建设现状，包括国内高校图书馆、公共图书馆特色资源建设现状分析，并介绍了国内清华大学图书馆、北京大学图书馆等几所重点高校图书馆的特色资源建设案例，以及中国国家图书馆、首都图书馆、上海图书馆等公共图书馆的特色资源建设案例；第三章是图书馆特色资源的保存与利用，包括印刷型特色资源和数字型特色资源的保存与利用；第四章是图书馆特色资源评价，包括图书馆特色资源评价的概念与意义，图书馆特色资源的评价标准、评价方法、评价原则等；第五章是图书馆特色资源共建共享，包括图书馆特色资源共建共享概述，图书馆特色资源共建共享的原则、共建共享的策略，图书馆特色资源共建共享实证分析；第六章是图书馆特色数据库建设的法律问题，分析了特色数据库建设中存在的法律问题，对图书馆特色数据库建设的法律问题案例进行了分析，并针对图书馆特色数据库建设的法律问题提出了解决途径；第七章是图书馆特色资源发展展望，从区域内图书馆的特色资源共建共享、CALIS专题特色库子项目、图书馆特色数据库开放存取、基于云计算的特色资源共建共享等角度对图书馆特色资源的发展进行了展望；第八章是图书馆特色资源与特色服务，包括图书馆特色服务的概念及重要性、图书馆依托特色资源开展特色服务的原则及途径，并介绍了国内高校图书馆及公共图书馆依托特色资源开展特色服务的案例；第九章是国外图书馆特色资源建设及特色服务，包括国外图书馆特色资源建设的类型、国外图书馆特色服务的启示、国外图书馆特色资源建设案例等。

本书由河北科技大学图书馆、燕山大学图书馆的老师们共同编写完成，其中案例都是选自国内外图书馆特色资源建设的比较典型的实例，具有一定的代表性。

本书适用于开展特色资源建设工作的高校图书馆和公共图书馆使用。尤其是对于图书馆馆员从事特色资源建设具有一定的指导意义。

尽管我们尽了最大努力将最新的资源奉献给读者，但是由于图书馆的特色资源总是不断完善、不断增加的，在本书出版时一些图书馆的特色资源可能略有变化，但这并不影响读者对图书馆特色资源的了解。

由于编者水平能力所限，书中难免有不足甚至错误之处，敬请读者见谅。

编　者

2012 年 2 月 20 日

目　录

第一章　图书馆特色资源概述 ··· 1
 第一节　图书馆特色资源的概念 ··· 1
  一、图书馆资源 ··· 1
  二、图书馆特色资源 ·· 2
  三、图书馆特色资源及其相近概念 ································· 5
  四、图书馆特色资源产生的背景 ···································· 6
  五、图书馆特色资源建设的意义 ···································· 7
 第二节　图书馆特色资源的类型 ··· 8
  一、图书馆特色资源粗犷分类 ······································· 8
  二、图书馆特色资源精细分类 ······································· 10
 第三节　图书馆特色资源的属性 ··· 13
  一、有限性 ·· 14
  二、人工性 ·· 14
  三、有序性 ·· 14
  四、积累性 ·· 14
  五、特殊性 ·· 15
  六、发展性 ·· 15
  七、可建性 ·· 15
  八、共享性 ·· 15
 第四节　图书馆特色资源建设的概念 ····································· 16
  一、图书馆特色资源建设的概念 ···································· 16
  二、图书馆特色资源建设的特征 ···································· 16
  三、图书馆特色资源建设的影响因素 ······························ 17
  四、图书馆特色资源建设的作用 ···································· 20
 第五节　图书馆特色资源建设的内容 ····································· 21
  一、印刷型特色资源建设的内容 ···································· 22
  二、数字化特色资源建设的内容 ···································· 24
 第六节　图书馆特色资源建设的方法 ····································· 29
  一、图书馆特色资源建设的目标 ···································· 29
  二、图书馆特色资源建设的策略 ···································· 30
  三、图书馆特色资源建设的方法 ···································· 31
 第七节　图书馆特色资源建设的原则 ····································· 35
  一、实用和特色原则 ·· 35
  二、共享和先进原则 ·· 35

三、标准化和通用性原则 ………………………………………… 36
　　四、系统性和准确性原则 ………………………………………… 36
　　五、安全性与可靠性原则 ………………………………………… 36
　　六、分工协调原则 ………………………………………………… 37
　　七、产权保护原则 ………………………………………………… 37
第二章　国内图书馆特色资源建设现状 ……………………………… 38
　第一节　国内高校图书馆特色资源建设现状 ……………………… 38
　　一、印刷型特色资源建设现状 …………………………………… 38
　　二、数字型特色资源建设现状 …………………………………… 40
　　三、高校图书馆特色资源建设存在的问题及策略 ……………… 43
　第二节　国内公共图书馆特色馆藏建设现状 ……………………… 46
　　一、公共图书馆印刷型特色资源建设现状 ……………………… 46
　　二、公共图书馆数字型特色资源建设现状 ……………………… 48
　　三、公共图书馆特色资源建设存在的问题及策略 ……………… 49
　第三节　国内高校图书馆特色资源建设案例 ……………………… 51
　　一、清华大学图书馆 ……………………………………………… 51
　　二、北京大学图书馆 ……………………………………………… 56
　　三、浙江大学图书馆 ……………………………………………… 60
　　四、中山大学图书馆 ……………………………………………… 60
　第四节　国内公共图书馆特色资源建设案例 ……………………… 62
　　一、中国国家图书馆 ……………………………………………… 62
　　二、首都图书馆 …………………………………………………… 70
　　三、上海图书馆 …………………………………………………… 71
第三章　图书馆特色资源的保存与利用 ……………………………… 79
　第一节　印刷型特色资源的保存与利用 …………………………… 79
　　一、印刷型特色资源的保存 ……………………………………… 79
　　二、印刷型特色资源的管理 ……………………………………… 83
　　三、印刷型特色资源的利用 ……………………………………… 85
　第二节　数字型特色资源的保存与利用 …………………………… 88
　　一、数字型特色资源的保存 ……………………………………… 88
　　二、数字型特色资源的管理 ……………………………………… 91
　　三、数字型特色资源的利用 ……………………………………… 94
第四章　图书馆特色资源评价 ………………………………………… 97
　第一节　图书馆特色资源评价的概念与意义 ……………………… 97
　　一、图书馆特色资源评价的概念 ………………………………… 97
　　二、图书馆特色资源评价的意义 ………………………………… 98
　第二节　图书馆特色资源的评价标准 ……………………………… 98
　　一、数量评价标准 ………………………………………………… 99
　　二、质量评价标准 ………………………………………………… 100
　　三、文献效能评价标准 …………………………………………… 101

第三节　图书馆特色资源的评价方法 …………………………………… 102
　　　一、印刷型特色资源的评价方法 …………………………………… 102
　　　二、数字型特色资源的评价方法 …………………………………… 106
　　　三、特色文献资源的复合评价 ……………………………………… 110
　　第四节　图书馆特色资源的评价原则 …………………………………… 112
　　　一、科学性原则 ……………………………………………………… 112
　　　二、系统性原则 ……………………………………………………… 112
　　　三、客观性原则 ……………………………………………………… 113
　　　四、发展性原则 ……………………………………………………… 113
　　　五、实用性原则 ……………………………………………………… 113
　　　六、引导性原则 ……………………………………………………… 113
　　　七、制度化原则 ……………………………………………………… 114

第五章　图书馆特色资源共建共享 …………………………………………… 115
　　第一节　图书馆特色资源共建共享概述 ………………………………… 115
　　　一、图书馆特色资源共建共享的现状 ……………………………… 115
　　　二、图书馆特色资源共建共享存在的问题 ………………………… 117
　　　三、实现特色资源共建共享的现实意义 …………………………… 118
　　第二节　图书馆特色资源共建共享的原则 ……………………………… 119
　　　一、图书馆特色资源共建共享的指导原则 ………………………… 119
　　　二、图书馆特色资源共建共享中参建馆遵循的原则 ……………… 120
　　　三、图书馆特色资源共建共享中资源选择原则 …………………… 121
　　　四、图书馆特色资源共建共享中数据库构建原则 ………………… 122
　　第三节　图书馆特色资源共建共享的策略 ……………………………… 124
　　　一、共建共享特色资源的选择策略 ………………………………… 124
　　　二、实现特色资源共建共享的策略 ………………………………… 126
　　第四节　图书馆特色资源共建共享实证分析 …………………………… 127
　　　一、CALIS 专题特色数据库实证分析 ……………………………… 128
　　　二、同专业院校特色数据库共建共享实证分析 …………………… 132

第六章　图书馆特色数据库建设的法律问题 ………………………………… 136
　　第一节　图书馆特色数据库建设的法律问题概述 ……………………… 136
　　　一、特色数据库建设的信息来源 …………………………………… 136
　　　二、特色数据库建设中的法律问题 ………………………………… 136
　　第二节　图书馆特色数据库建设的法律问题案例分析 ………………… 142
　　　一、文献资源数字化中的版权问题案例分析 ……………………… 142
　　　二、数据库资源采集中的版权问题案例分析 ……………………… 144
　　　三、网络信息资源利用中的版权问题案例分析 …………………… 147
　　第三节　图书馆特色数据库建设的法律问题解决途径 ………………… 148
　　　一、馆藏文献资源数字化版权问题的解决途径 …………………… 148
　　　二、数据库资源采集中版权问题的解决途径 ……………………… 150
　　　三、网络信息资源利用中版权问题解决途径 ……………………… 151

3

四、图书馆特色数据库建设过程中版权问题的自律性措施 ……………………… 153
第七章　图书馆特色资源发展展望 ………………………………………………………… 155
　第一节　区域内图书馆的特色资源共建共享 …………………………………………… 155
　　一、区域内图书馆的特色资源共建共享的意义 ……………………………………… 155
　　二、区域内图书馆特色资源共建的内容 ……………………………………………… 156
　　三、区域内图书馆的特色资源共建共享的建议 ……………………………………… 157
　第二节　CALIS 专题特色库子项目 ……………………………………………………… 159
　　一、CALIS 专题特色库子项目的现状 ………………………………………………… 159
　　二、CALIS 专题特色库存在的问题 …………………………………………………… 160
　　三、CALIS 专题特色库子项目的发展趋势 …………………………………………… 161
　第三节　图书馆特色数据库开放存取 …………………………………………………… 162
　　一、开放存取对特色资源建设的影响 ………………………………………………… 163
　　二、开放存取是特色资源共建共享的趋势 …………………………………………… 164
　　三、应对策略 …………………………………………………………………………… 165
　第四节　基于云计算的特色资源共建共享 ……………………………………………… 165
　　一、云计算概述 ………………………………………………………………………… 165
　　二、云计算给图书馆特色资源共建共享带来新的机遇 ……………………………… 166
　　三、构建基于云计算的图书馆特色信息资源共享系统的可行性分析 ……………… 168
　　四、云计算环境下图书馆特色信息资源共建共享的发展对策 ……………………… 169
　　五、基于云计算的图书馆特色信息资源共享系统构建模型 ………………………… 170
　　六、基于云计算的图书馆特色信息资源共享系统运行机制 ………………………… 172
第八章　图书馆特色资源与特色服务 …………………………………………………… 173
　第一节　图书馆特色服务的概念及重要性 ……………………………………………… 173
　　一、图书馆特色服务的概念 …………………………………………………………… 173
　　二、图书馆特色服务的重要性 ………………………………………………………… 174
　第二节　图书馆依托特色资源开展特色服务的原则 …………………………………… 176
　　一、客观性原则 ………………………………………………………………………… 176
　　二、持续性原则 ………………………………………………………………………… 176
　　三、创新性原则 ………………………………………………………………………… 177
　　四、共建共享原则 ……………………………………………………………………… 177
　　五、协调性原则 ………………………………………………………………………… 177
　　六、针对性原则 ………………………………………………………………………… 177
　　七、适用性原则 ………………………………………………………………………… 178
　　八、效益性原则 ………………………………………………………………………… 178
　第三节　图书馆依托特色资源开展特色服务的途径 …………………………………… 178
　　一、馆藏资源的特色化建设 …………………………………………………………… 178
　　二、特色数据库的开发 ………………………………………………………………… 179
　　三、服务方式的特色化 ………………………………………………………………… 179
　　四、服务对象的特色化 ………………………………………………………………… 179
　第四节　高校图书馆依托特色资源开展特色服务的典型案例 ………………………… 180

一、香港岭南大学图书馆的特色服务 …………………………………… 180
　　二、沈阳理工大学图书馆的特色服务 …………………………………… 181
　　三、清华大学专业图书馆的特色服务 …………………………………… 182
　　四、广东金融学院图书馆的特色服务 …………………………………… 183
　　五、无锡科技职业学院图书馆的特色服务 ……………………………… 184
　　六、解放军医学图书馆的特色服务 ……………………………………… 184
　　七、福州大学图书馆的特色服务 ………………………………………… 185
　　八、东华大学图书馆的重点学科特色服务 ……………………………… 185
　　九、韩国江原大学图书馆的毕业资格读书认证机制特色服务 ………… 186
　第五节　公共图书馆依托特色资源开展特色服务的典型案例 …………… 187
　　一、河北省秦皇岛市图书馆的盲人读者服务 …………………………… 187
　　二、广西壮族自治区桂林图书馆的特色服务 …………………………… 188
　　三、宁波市图书馆的"零门槛"特色服务 ……………………………… 190
　　四、呼伦贝尔市图书馆的特色馆藏服务 ………………………………… 191
　　五、上海公共图书馆提供的旅游、影视特色服务 ……………………… 191
　　六、西部地区公共图书馆的特色服务 …………………………………… 192
　　七、商洛市公共图书馆为新农村建设提供的特色服务 ………………… 193
　　八、牡丹江市朝鲜民族图书馆 …………………………………………… 194
　　九、黄石市图书馆的特色服务 …………………………………………… 194
　　十、武汉城市圈图书馆联盟的启动 ……………………………………… 195
第九章　国外图书馆特色资源建设及特色服务 ……………………………… 196
　第一节　国外图书馆特色资源建设的类型 ………………………………… 196
　　一、专业馆藏资源 ………………………………………………………… 196
　　二、数字资源 ……………………………………………………………… 196
　　三、政府信息资源 ………………………………………………………… 197
　　四、音像媒体资源 ………………………………………………………… 197
　　五、捐赠及交换文献 ……………………………………………………… 198
　第二节　国外图书馆特色服务的启示 ……………………………………… 198
　　一、立足读者信息需求，夯实信息服务的基本功能 …………………… 198
　　二、建设青少年第二课堂，丰富自身的教育功能 ……………………… 199
　　三、面向大众的休闲娱乐需求，充实服务公众的社会功能 …………… 199
　　四、关爱特殊人群，突出公益功能 ……………………………………… 200
　　五、服务科技创新，发挥学术功能 ……………………………………… 200
　第三节　国外图书馆特色资源建设案例 …………………………………… 201
　　一、美国国会图书馆 ……………………………………………………… 201
　　二、英国国家图书馆 ……………………………………………………… 206
　　三、日本国立国会图书馆 ………………………………………………… 209
　　四、北卡罗来纳州立大学图书馆 ………………………………………… 212
参考文献 …………………………………………………………………………… 214

一、普通高等学校图书馆的建设 180
二、党和国家工委员会的加强 181
三、向十大专业地区图书馆的建设 182
四、广东中等学校图书馆的加强 183
五、文献资料服务与图书馆的服务 184
六、群众文化事业机构和图书馆的建设 184
七、广州市图书馆的恢复和发展 185
八、各类大学图书馆的恢复和基本建设 185
九、湖南省大学图书馆专业教育(附:湖北图书馆专业) 186
第五节 公共图书馆的调查和其他各类图书馆的建设 187
一、湖北省是早在东北图书馆的第一次设立 187
二、三个为读者服务的基础工作的再度恢复 188
三、湖南图书馆的小型、公开、公共、多部类 190
四、四年政策与图书馆的建设总结 191
五、工厂矿区图书馆的建设、农场图书馆 191
六、边境地区公共图书馆的建设 192
七、南省市、区和目前市级图书馆和全国性的大图书馆 193
八、社科院和科学技术图书馆 194
九、高等院校图书馆的发展 194
十、专业和地区图书馆的发展 195
第六节 图书馆其他各项事业及经费和管理 196
第一节 图书馆事业的经费及管理的发展 196
一、专业机构建设 196
二、行政管理 196
三、经济管理 197
四、行政管理条例 197
五、期刊书籍及文献 198
第四节 各图书馆的重点工作项目 198
一、讨论馆务建设、考察各馆业务工作方式 199
二、建立省及中央图书馆、各省市图书馆的发展 199
三、酝酿大众的阅读条件、发文化公众化交流思潮 199
四、多项服务工作 200
五、图书馆设计标准、技术学术交流 200
第七节 图书馆的国家有关规章法规 201
一、有关图书馆法 201
二、美国国家图书馆 202
三、日本的国立图书馆 202
四、北美等国的立大学图书馆 212
参考文献 214

第一章 图书馆特色资源概述

现代图书馆发展至今，已经带有强烈的信息化意味和社会化协作风格。这是一种比以往任何时代图书馆都更为开放，更有活力的时代产物。在这一个释放束缚、彰显个性、追求特色的时代，以人为本的精神越来越明显地得以体现。为适应社会变革，现代图书馆应加快特色资源建设的步伐，不断推动特色资源建设的进程。本章着眼于图书馆特色资源的基础内容，从概念着手，明确图书馆特色资源的内涵和外延，了解其产生的原因与背景，进而确立图书馆特色资源建设的原则和方法，使读者在整体上对图书馆特色资源建设有一个宏观的把握，为进一步理解本书的其他内容奠定基础。

第一节 图书馆特色资源的概念

现代科学技术对人类生活的影响波及各个领域，给图书馆带来了新的挑战和机遇，促使现代图书馆不断寻求发展和突破。在这一过程中，图书馆特色资源越来越受到人们的重视，努力建设好图书馆特色资源已经成为各图书馆默契达成的共识。为了更好地推进图书馆特色资源建设，首要的便是了解图书馆特色资源的基本内容，掌握图书馆特色资源的基础知识。

一、图书馆资源

在分析图书馆特色资源之前，首先需要了解图书馆资源的概念。它们两者之间既有联系又有区别，理解了图书馆资源的概念，将有助于人们对图书馆特色资源概念内涵的把握和对外延的界定。

1. 资源

（1）资源的含义

在人类生产生活中，资源是与人类息息相关的要素之一。人们常常谈及森林资源、海洋资源、土地资源、石油资源等自然资源，也经常讨论人力资源、信息资源等社会人文资源。这些具体的资源内容都包含在资源的广阔外延之中。广义地说，所谓资源，是指一切可被人类开发和利用的物质、能量和信息的总称。或者说，资源是指自然界和人类社会中一种可以用以创造物质财富和精神财富的，并且具有一定量的积累的客观存在。

《辞海》对资源的解释是，资财的来源，一般指天然的财源。

《现代汉语词典》（1996年修订第三版）对资源的解释是，生产资料或生活资料的天然来源。

《当代汉语新词词典》（2004年第一版）对资源的解释是，指人类赖以生存和发展的全部自然条件的总和，如土地、矿藏、空气、阳光和水等。

杨艳琳在《资源经济发展》（2004年）一书中指出，资源是一个涉及经济、法律、政治、科学技术、社会、伦理等诸多领域的概念。一般来说，资源是指对人有用或有使用价值的某种东西。从广义来看，资源包括自然资源、经济资源、人力资源、社会资源等各种资源；从狭义来看，资源仅指自然资源。

由此不难看出，随着生产力的发展和人类认识的扩展，资源的内容产生了深刻的变化，其内涵得以精深，外延获得拓展。人们对资源的认识也从单纯的自然资源、物质资源逐步过渡到更为复杂多样的非物质资源。人们对资源一词的使用和关注，也逐渐从经济领域走向更广阔的范围。

（2）Resource

在英语中，资源一词所对应的常用词是resource，主要有以下几种解释：

supply of raw materials, etc which bring a country, person, etc wealth；

thing that can be turned to for help, support or consolation when needed；

a stock or supply of money, materials, staff, and other assets that can be drawn on by a person or organization in order to function effectively；

something such as land, minerals, or natural energy that exists in a country and can be used to increase its wealth；

something that is available to be used when needed；

something such as a book, movie, or picture that provides information；

all the money, property, skills etc that you have available.

通过这些英文解释也不难看出，resource，即资源，是指那些有助于形成某一事物的一切有用的东西，它既可能是有形的物质，也可能是无形的精神，总之，它能为使用者提供某种有用的需要。

2. 图书馆资源

在人类历史文明发展中，图书馆有着悠久的历史。作为收集、整理和传播知识信息的场所，它是人类历史和文化所创造的精华记载的标志。通常人们认为，图书馆是搜集、整理、收藏图书资料以供人阅读、参考的机构。长期以来，图书馆以丰富的图书、期刊等文献资料吸引读者，被广大读者称为知识的宝库。图书馆一直以图书的巨大藏书量而著称，在它的发展史上，图书长期占据着绝对主体的地位；随着知识的急剧增长和出版业的发展，期刊、报纸等各种文献资料逐渐兴盛起来，日渐成为重要的文献信息形式；随着现代图书馆的发展，科学技术带来的协作与共享使图书馆的电子和网络信息变得日益重要。尽管图书馆馆藏的内容发生了变化，但它们都是图书馆资源的有机组成，是更丰富了的图书馆资源。除此之外，图书馆的工作人员、各种设备、建筑结构、服务风格、管理方式等与图书馆有关的一切都属于广义的图书馆资源。

二、图书馆特色资源

近年来，特色资源逐渐受到各类图书馆的重视，各图书馆纷纷着手建立自己的特色资源，图书馆特色资源逐渐丰富起来。然而，究竟什么是图书馆特色资源？它所指称的内容在何种范围具有有效性？与现有的相近概念有何区别？对这些问题的看法和见解尚没有绝对的标准和统一，然而著书立说首要的工作便是澄清概念，只有概念明晰了，才能保障基础的正确性，进而推进更深入的研究。因此，在这一部分，讨论图书馆特色资源的概念。

1. 特色资源

按照《现代汉语词典》的解释，特色就是事物所表现出的独特的色彩、风格等。

在《辞海》里面，"特"被解释为"独"、"杰出的"等，"色"被解释为"颜色"、"景象"等，进而人们可以将"特色"理解为独特的、优秀的色彩和风格。

有学者将"特色"定义为"特色者，个性也"和"稳定的个性风貌"；也有人认为，所谓"特色"，就是高水平，就是"非我莫属"、"舍我其谁"。

尽管人们对"特色"的各种解释不尽相同，但从一般意义上，可以这样把握，"特色"是事物所表现出来的独特的、优秀的个性风貌，也就是指一定范围内该事物与众不同的独特风格，它是由事物赖以产生和发展的特定的具体的环境因素所决定的，是其所属事物独有的。同时，需要注意的是，特色不是永恒不变的，而是一个不断发展，富有动态变化内容的与时俱进的概念。现在的特色以后也许就不再成为特色。

在英文中，定语的特色 characteristic 其意义对应于 character，主要有以下几种解释：

all those features that make a thing, a place, an event, etc what it is and different from others;

the distinctive nature of something;

the quality of being individual typically in an interesting or unusual way.

从这些解释中可以看出，特色资源（characteristic resources），通常是指那些与普通资源相区别的，特殊的资源，它有其与众不同的特点。

特色资源也就是"有特色的资源"，是图书馆资源这一整体之中有特色的那一部分。因此，特色资源是图书馆资源的有机组成部分。

2. 图书馆特色资源

图书馆特色资源是一个内容丰富的概念。从宏观的角度来理解，图书馆资源中有特色的内容都可能成为特色资源，主要包含以下几方面的内容。

① 信息特色资源。随着科学技术的发展，信息化代表着现代图书馆的发展方向，信息资源在图书馆资源中占有越来越重要的地位。图书馆特色资源也日渐信息化，以崭新的面貌呈现在读者面前。信息特色资源既包括实体资源，也包括非实体资源，是图书馆特色资源建设的主体。当前通常意义上讨论的图书馆特色资源建设，也以信息特色资源为主体。

② 服务特色资源。服务特色资源是一种图书馆非实物资源，它无处不在，在细节上体现着图书馆的风格和特色。各个图书馆推行特色服务是现代图书馆特色化趋势的重要表现。服务特色资源体现了一个图书馆在服务方面的特色，是图书馆特色资源的有机组成部分。

③ 环境特色资源。主要指图书馆建筑本身的特色。

图书馆伴随人类文明的发展一路走来，世界各地已建立起不计其数的图书馆，许多图书馆已经成为一个区域或一所学校标志性的建筑，成为人类建筑遗产和建筑文化的组成部分。甚至有人认为，一座图书馆，其实就是一个国家或一个城市的历史。牛津博德利图书馆的哥特风，"四本书"造型的法国国家图书馆，许多图书馆独特的建筑特色给人们留下深刻的印象。这些特色带有城市和国家的历史印记，并与图书馆特色相得益彰。图书馆建筑本身，包括其内部结构，也是图书馆资源的有机组成，无所不在地体现着图书馆独有的特点，因此人们不能忽略图书馆建筑特色在图书馆特色资源中的地位，它无疑也是图书馆特色资源的一部分。

本书主要考察图书馆特色资源中的信息特色资源，它是图书馆特色资源的主要构成部分，也是人们在图书馆学领域重点研究的内容。本书后面谈到的图书馆特色资源建设也是就此而言，不另作说明。据此，简而言之，图书馆特色资源便是一个图书馆所收藏的文献信息资料具有自己独特的风格。这种独特主要有两层含义：一是指一个图书馆拥有独具特色的部分馆藏；二是指一个图书馆总的馆藏体系具有与众不同的特点。在实践中，当前已经建设的图书馆特色资源通常符合第一层含义。

从人类活动的行为与动机来看，图书馆特色资源的形成是行为的结果。考察行为的动机，人们可以从被动与主动两方面进行分析。

① 被动因素。是指图书馆的服务性。服务功能是图书馆的基本功能，这种服务基于用户的需求，以满足用户需要为目标，用户有什么样的需求，图书馆就要据此提供什么样的服务。虽然在发展和反思中，图书馆的服务变得越来越积极主动，但服务始终要围绕用户的需求，两者的关系始终不变。

② 主动因素。是指图书馆的社会职能。保护人类文化遗产是图书馆传统的社会职能，自图书馆伴随人类文明共同发展起就一直肩负着保存人类文化典籍的重任。《图书馆服务宣言》开篇有言：图书馆是通向知识之门，它通过系统收集、保存与组织文献信息，实现传播知识，传承文明的社会功能。这种保护和传承的社会职能并不完全向外诉诸用户需求，而是向内反思自身的管理，是主动去践行的职能。

着眼于被动因素，从内容与特征的角度，可以将图书馆特色资源概括为图书馆针对其用户的需求，以某一学科、专题、人物，某一历史时期、地域特点等为研究对象，依托该馆已有的馆藏信息资源，对更多文献信息资源进行收集（搜集）、整理、存储、分析、评价，并按照一定的标准和规范进行组织、管理，使其成为该馆独有或他馆少有的资源。它是该馆区别于他馆，且具有该馆独特风格的信息资源。

3. 图书馆特色资源特征

图书馆特色资源的特征通常体现在以下几个方面。

① "人无我有"，即独特性或特殊性，这是特色资源的本质表现，也是图书馆特色资源最根本的意义所在，它是图书馆特色资源存在的生命力和内在动力。

② "人有我优"，即杰出性或优质性，这就要求将图书馆特色资源不断进行优化，在质量上有突出表现。

③ "人优我新"，即开拓性或创新性，这意味着图书馆特色资源不是永恒不变的，而是发展变化的，需要不断进行创新，获得可持续性发展。

④ "人缺我全"，即系统性或完整性，这就要求图书馆特色资源在具备并且保障质的前提下，争取量的广度，建立较为完善的系统资源。

三、图书馆特色资源及其相近概念

图书馆特色资源概念的明确提出是近几年的事情。在此之前，人们已经认识到图书馆需要面临新的发展和转型的问题。在人们探索的过程中，出现了很多与图书馆特色资源相似相近的概念。正是对这些概念的使用和反思，推动了图书馆特色资源这一概念的形成。

1. 图书馆特色与特色图书馆

在谈及图书馆特色资源的时候，需要注意图书馆特色与特色图书馆这两个相近的概念。

图书馆特色：每个图书馆由于规模、地域、性质、职能和服务对象等方面的差异，在藏书、管理、服务、科研、建筑等各个方面都显现出自己的特色。可以说，每个图书馆都有自己的特色。

特色图书馆：系统收藏某一学科（主体、领域）文献信息的公共图书馆。很明显，它不是综合性的，而是专业性或专门性的。例如，国外加拿大渔业研究图书馆、布隆迪的咖啡文献图书馆等，国内温州的鞋都图书馆、湖北的啤酒图书馆等都是特色图书馆的典型代表。

"特色"是图书馆特色和特色图书馆共同的核心价值概念。然而，"有特色的图书馆"并不等同于"特色图书馆"。它们虽然都强调"特色"的突出价值，但其指向不同。图书馆特色强调的是一个图书馆任何方面的一个或多个特色，也就是说，任何一个图书馆都可以有自己的特色；而特色图书馆强调的是一个图书馆从馆藏到服务对象和服务方式的特色统一，它必然是图书馆中的少数。

图书馆特色资源是图书馆推进特色化建设过程中的重要内容。建设图书馆特色资源可以进一步深化图书馆特色，是图书馆特色化的必然要求，而不能改变图书馆的性质和功能，变成特色图书馆。

2. 图书馆资源与资源图书馆

图书馆资源，顾名思义，是指一个图书馆所拥有的全部可供利用的客观存在。这种资源既包括实体的印刷资料、各种设备、场所等，也包括非实体的虚拟资源。它是范围最广的与图书馆相关的存在。

与图书馆特色资源相比，图书馆资源的外延更为广阔，包含内容更加丰富，资源的存量更巨大。就逻辑所属关系而言，图书馆资源与图书馆特色资源是真包含关系，即图书馆资源真包含图书馆特色资源。

本书前文有述，图书馆资源对应英文 library resource；与之形似，英文中还有 resource library。在《图书馆学与情报科学词典》中，它被翻译为资源图书馆，其解释如下：

Resource library: A library designated as a responsible for developing collections in special groups of materials and for providing access to these materials to other libraries.（资源图书馆，是规定某一图书馆专门负责收藏某一门类的图书资料，并提供方便给其他图书馆的读者借阅。）

就这一定义来看，这里的 resource library（资源图书馆）与前面分析的特色图书馆很接近，是一种特殊的图书馆。

现在，resource library 通常被翻译为"资源库"，一般是网络中某种信息的集合。在这个意义上，它与之前谈到的特色图书馆有异曲同工之妙。它以收集某种特定信息为目标，把相关的各种信息集合起来，如 the Deaf Resource Library 等。另外，resource library 也常常作为机构、组织中的资源集中地而出现，如 AMA（American Marking Association）的 resource library 以检索的形式分门别类收集相关信息，以供其使用。但这种 resource library 概念目前在我国并未广泛、明确地使用。

四、图书馆特色资源产生的背景

随着生产力发展，生产关系也不断进行相应的调整。科学技术的发展更带来社会分工的专门化，不同人群对知识和信息的需求也日趋多样化和专门化。如何更快捷、更便利地获得所需的特定知识和信息是人们日益关注的问题，由此，图书馆特色资源呼之欲出。

1. 图书馆读者需求

随着我国高等教育的发展和民众文化素质的提高，不论高校图书馆还是公共图书馆大众化的馆藏资源的有限性越来越明显，越来越不能满足广大高校师生和普通民众的科研和学习需要。在这种情况下，人们需要图书馆进行新的布局和新的资源配置。

人类历史发展经验告诉，推动某一事物向前发展的真正动力，莫过于社会对该事物的强烈需求。图书馆特色资源，正是应对社会的需求而产生的。

对效率和效能的追求是图书馆特色资源产生的推动力。旧的图书馆资源格局在效率至上的现代社会显得落后、低效，用户对资源的利用率低，查找成本高，已经不适应社会的发展。对效率的本能追求推动图书馆打破僵局，锐意改革，提高效能。同时，由于各种文献价格大幅上涨及其他等诸多因素，经费紧缺的图书馆越来越陷入窘境。为更好地满足读者的文献要求，部分图书馆采取保品种减复本、保期刊减图书或保中文减外文等文献购置的权宜措施。这些方法实践起来往往力不从心，也没有收到满意的效果。如果加强图书馆特色资源建设，图书馆就可以集中经费购置特色文献，减少非特色文献的经费开支，从而使有限的经费发挥出更大的效益，缓解经费紧缺的矛盾。这一现实也迫使图书馆从根本上寻求解决问题的方法。

2. 图书馆资源不均衡性和稀缺性

不论何种资源，在分布上都不是均衡和平均的。彼与此质的差异和量的多寡导致特色的形成，需求则催化了稀缺性的彰显，结果往往造成争夺，而争夺的结果又会导致稀缺性的加剧。图书馆掌控的资源量是有限的，当图书馆某些资源的稀缺性日益明显，特色便瞩目起来。从这个意义上讲，图书馆特色资源的产生可以归结为图书馆有限资源的不均衡性和稀缺性。

3. 社会生产力发展带来的广泛影响

人类文明发展的过程也是知识的增长和积累的过程。随着知识爆炸时代的到来，信息量激增，单个图书馆的有限馆藏信息资源，已经远远不能满足人们对信息的需求；同时，不论是纸质文献还是电子文献在数量上都浩如烟海，加上馆藏成本上涨和图书馆经费的有限，任何一个图书馆都不可能，也没有必要对所有文献进行全面收藏。单纯追求馆藏体系的完备，以期自给自足地满足读者的需求是根本不现实的，也是不可能的。图书馆的馆藏不可能再按照"大而全"，"小而全"的老路走下去。为了充分满足广大用户对特色资源的需求，为了提高自己的生存竞争力，图书馆必须加强特色资源建设。唯有如此，图书馆才能在激荡不停的社会变革中拥有稳固的立足点，才能吸引读者的目光，受到读者的青睐，焕发勃勃生机。

在新的社会环境下，图书馆的价值不再单纯以其拥有的馆藏规模和广度来衡量，而是以它为读者提供所需信息的能力来衡量。图书馆要想在新的信息环境中求得生存和发展，并彰显自己的优势和价值，唯一的出路就是建设好特色资源，并充分利用其特色资源为学校教学科研和地区经济建设服务。

4. 哲学思考带来的思想转向

按照文化哲学的观点，多元化、平面化已成为时代发展的特点，国际化、全球化、知识经济和跨文化化是21世纪塑造当今世界的4种相互作用的力量。这4种力量投射到图书馆资源的发展上面，就是多元化及协作共享。在这种思想指引下，图书馆改变死板单一的模式，对馆藏、服务等多方面进行全面反思，发掘特色资源、建设特色资源，既改变了格局的单调守旧，又加强了与外界的联系。把图书馆资源看做平面，特色资源就是突出的一个又一个点；不同的图书馆建设自己独特的特色资源，图书馆资源逐渐变得多元化。以特色资源为基础和内容加强共享，也是促进图书馆跨领域协作的过程。

五、图书馆特色资源建设的意义

图书馆特色资源建设对图书馆发展具有重要意义。图书馆特色资源是在图书馆适应现代化转型过程中形成的，形成后又对图书馆的发展产生反作用，促进图书馆从观念到布局各个方面向积极转变，进而保障了图书馆在现代化进程中的健康发展。

1. 促进图书馆馆藏观念的改变

长期以来，图书馆的馆藏建设一直秉承"大而全"、"小而全"的原则，每一个图书馆都力图把自己建立成一个包罗万象、无所不包的百科全书式的知识储藏殿堂。而图书馆特色资源的形成，意味着图书馆以特色为突破口，打破全能型图书馆的格局。

以前的图书馆馆藏建设都以"自给自足"为目标，普遍拥有"你有他有，不如我有"的心态，这就造成了各个图书馆之间馆藏出现"你有他有我也有"的局面，各个图书馆都固守在自己的小天地里，自得其乐。图书馆特色资源一旦形成，就要求各个图书馆进行分工合作，保持互动，进行共享。

信息化时代以前的图书馆是彼此独立、互不干涉的组织，不需要了解、熟悉其他图书馆的资源状况，在更古老的时代，由于科技水平有限，彼此的交流甚至也不能及时有效地进行。然而，信息时代的到来和图书馆特色资源的产生，使得各个图书馆发生了比以往任何时代都更加紧密的联系。这使得现代图书馆变成相互联系的节点，互相连接。

随着图书馆特色资源得到越来越多的重视，人们已经意识到，陈旧的图书馆馆藏建设观念已经不适应社会新的发展变化，也不能满足指导图书馆更广阔的资源建设的要求。图书馆应该从那个相对封闭的意识中走出来，以开放的意识迎接新的社会变迁。图书馆特色资源的形成无疑是观念转变的显著成果。

2. 促进图书馆资源配置的合理性

当今世界处于一个迅速发展的信息时代。面对知识激增、信息无限增长、各种载体文献不断增加，而经费预算短缺的局面，图书馆该如何取舍？是减少复本数量，还是保期刊减图书？实践表明，一味"求全"，这些措施都解决不了根本问题。只有从各个馆的实际情况出发，将有限的经费进行合理分配，保障图书馆特色资源的重点投入，减少非特色资源的支出，把自身的特色资源建设成一个相对完备的文献信息保障系统。各个图书馆各自形成独具特色的特色资源，既是对本馆资源的合理配置，也是图书馆整体资源合理配置的基础。图书馆特色资源的形成，能够有效减少现有图书馆馆藏重复建设的现象，通过资源共享还能够大大缓解某些资源短缺的矛盾，使图书馆资源布局逐步合理和优化。

3. 提高图书馆的办馆效益

评估图书馆的办馆效益是一项复杂的综合工作，不是简单机械的操作，它包含多项内容，需要多角度衡量。然而，对图书馆资源的利用率是其中公认的重要指标。

图书馆特色资源形成以前，各种资源类目相对均衡，没有大的差异，用户往往要进行多次查找、检索，甚至要在不同图书馆之间奔波，时间和人力成本很大。而图书馆各种资源也常常有的无人问津，有的疯抢使用，差别很大。

图书馆特色资源形成以后，资源分类更加明晰，同类文献信息资料更加丰富和集中，对用户来说，查找和使用更加便捷，所需资料往往在一个图书馆就能获得较为全面的内容，节约了时间成本，特别是图书馆特色资源得以共享以后，便捷性更不言而喻；对图书馆来说，馆内各种资源得到合理配置，资源利用率得以提高，进而提高图书馆办馆效益。

第二节　图书馆特色资源的类型

对认识对象进行分类，是人们常用的方法，也是简单有效的方法。对图书馆特色资源进行不同的分类，有利于人们直观认识图书馆特色资源，了解其外延范围，从而加深对其内涵的认识。

分类的方法有很多种。依照不同的划分标准，可以对图书馆特色资源进行不同的分类。有多少种标准，就有多少种分类。本书从粗犷和精细两方面着手，对图书馆特色资源进行类型和种类的不同区分。

一、图书馆特色资源粗犷分类

1. 分类原则

分类遵循形式逻辑划分的原则，尽量做到使分类清楚、准确，避免重复、交叉。分类时应做到以下几点。

① 标准唯一，即每次划分依据一种标准。

② 相应相称，即分类以后的类型其外延之和等于图书馆特色资源之和。

③ 子项外延不得相容，即所得类型之间，其外延不重合。

2. 分类

（1）印刷型特色资源

印刷型特色资源是指以印刷形式表现出来的资源。它依赖印刷技术，通过印刷技术把资源展现出来。

在国家标准《印刷技术术语》中，印刷的定义是：使用印版或其他方式将原稿上的图文信息转移到承印物上的工艺技术。

根据这一定义可知，印刷型特色资源是一种实体资源。这种资源有固定的形态，且一旦形成，就不可改变。传统的图书、期刊等各种纸质印刷资料都属于这一类型。这种资源有悠久的传承历史，因其阅读的舒适性、保存的稳定性和流传的便利性，长期以来是主要的图书馆资源形式，并且至今仍在广为应用。

需要说明的是，虽然印刷型特色资源多以纸作为承印物，纸质印刷物构成此类资源的主体，但人们也不应忽视由其他材质（如织物、皮革等材料）的承印物形成的印刷物。尽管在数量上很稀少，但它们也是印刷型特色资源中独特的成员。

（2）数字型特色资源

近年来，随着生产力的迅猛发展，计算机技术日益成熟和拓展，对人类生活各个领域产生巨大影响。数字技术更是其中最重要、应用最为广泛的技术之一。数字型特色资源便是这一技术变革的产物。它依赖数字技术，通过数字技术表现出来。

数字技术是一项与电子计算机相伴相生的科学技术，是指借助一定的设备将各种信息包括图、文、声、像等，转化为电子计算机能识别的二进制数字"0"和"1"后进行运算、加工、存储、传送、传播、还原的技术。

数字型特色资源与印刷型特色资源截然不同，它没有物理载体，不再是独立存在的实体，不受空间的限制，因此也被称为虚拟资源。主要表现形式有：电子图书（学术专著、学位论文、教科书、标准、技术报告等类型资源）；电子期刊（出版商电子期刊、学会电子期刊、寄存集成商电子期刊）；工具型资源（考试系统、参考文献管理系统等）；学习型数据库（以语言学习、素质教育为主的文字、多媒体类资源）；文摘索引数据库（综合性、专业性）；数值型数据库（经济、金融类统计数据库）；集成商全文数据库（报纸、杂志、期刊等混合型全文数据库）等。这种类型的资源查找和检索起来更省时省力，更有针对性和目的性；它的传递更有效率，传播范围更加广泛，因而越来越受到人们的重视和欢迎。同时，数字型资源体现了现代图书馆的发展方向，也指明了未来图书馆资源的发展方向，它是图书馆特色资源中最有生命力的部分。

（3）特殊载体特色资源

在图书馆特色资源的类型里面，特殊载体特色资源具有更鲜明的特点，其载体的特殊性是此类资源有别于其他资源的显著特征。除了依托印刷技术和数字技术的印刷型特色资源和数字型特色资源，剩余特色资源都可归入此种类型。

缩微资料是指以感光材料为载体，采用光学摄影技术将文献的影像进行固化而得到的一种资源。按外形分，常见的有卷片型（开式卷片，单、双芯盒装卷片）和品片型（条片、封套片、开窗片、缩微平片、缩微卡片）两种。这种缩微资料体积小，信息密度大，在存储相同资料的情况下，能够比普通纸质资料节省超过90%的空间和重量。但其使用要依赖阅读机等专业机器。许多期刊和报纸都生产缩微胶卷，如美国著名的大学缩微胶卷公司就提供欧美学位论文的缩微胶卷。

声像资料是指以电磁材料为载体，以电磁波为信息信号，将声音、文字及图像记录下来的一种动态型资源，主要包括幻灯片、电影胶片、录音带等。这类资源的特色是动静结合，可以使人闻其声，观其形，具有良好的音响效果和形象效果。同样，对其使用也需要借助专门的工具进行播放。

上面介绍的缩微资料和声像资料是特殊载体特色资源的主体。除此之外，本书把历史上在印刷技术出现以前所形成的文字、图形等资料也归为此类资源。这种资料以手工的方式（写、画、刻等）把文字、图形等内容保留在特殊载体上，如龟板、钟鼎、布帛、竹简、泥板、蜡板、羊皮、纸等。这种资料由于没有依赖印刷技术，因此与印刷型资源有本质的区别。

二、图书馆特色资源精细分类

1. 分类原则

在这里，分类同样要遵循形式逻辑划分的原则，一次划分采用一个标准，同时要使得子类和母类相应相称，子项外延不得相容。

2. 分类

（1）按学科来划分

图书馆特色资源可以按照具体学科进行简单分类，用以突出其在某一具体学科方面的突出特点。这种标志在高校图书馆颇为常用，一般取决于该学校的学科布局和科研能力。在理论上，人们对图书馆特色资源可以按照一级学科进行划分和标志，如管理科学与工程、工商管理、农林经济管理、公共管理、图书馆、情报与档案管理；也可以按照二级学科进行划分和标志，如图书馆学、情报学、档案学。然而对任何一所高校来说，其作为特色资源而存在的学科资源很难覆盖全部学科。因此，并非每一个学科层次的划分都有完全对应的特色资源。实际情况是，许多高校经过历史的沉淀逐步形成了自己的学科特色和专业特色，并拥有相对突出且稳定的藏书体系。高校以此为基础，进一步巩固、健全和发展，建成了自己的特色资源，如清华大学的"建筑数字图书馆"、天津工业大学的"造纸、食品科学特色数据库"、北京邮电大学的"邮电通信专业数据库"等。

（2）按学校[①]来划分

① 学校特色资源。我国现有1000多所高校，每一所学校都有其自身独特的方面，都可以建设自己的特色资源。从某种意义上说，有多少所高校，就有多少种特色资源建设的潜在可能性。例如，北京大学特色资源、清华大学特色资源、武汉大学特色资源、燕山大学特色资源等。典型的高校图书馆特色资源，即大多数高校都已经将本校硕博毕业生的学位论文进行收藏，建立起该校的学位论文特色资源。

[①] 本书论及学校图书馆和学校特色资源，均特指高校图书馆和高校特色资源，不讨论中小学等学校图书馆及其特色资源。

②非学校特色资源。主要指各级公共图书馆特色资源，如国家图书馆、首都图书馆、东城区图书馆、密云县图书馆等特色资源；专门图书馆特色资源，如全国地质图书馆、中国社会科学院文献情报中心、中国医学科学院图书馆等特色资源；其他私人图书馆特色资源，如上海2666私人图书馆特色资源等。

（3）按地域来划分

图书馆收集整理的各类信息资源都是人类文明的产物，而历史上，人类文明的出现是以地域为特征的。不同的地域在地理、历史、经济、文化等各个方面是千差万别的，由此，图书馆所需的各类信息资源也具有不同的地域特色。从地域角度进行分类，其原理和意义与前面按学校分类相类似，都是为了突出某一范围内与众不同的东西。

①按行政区域进行分类。在此可以把具体资源标志为北京市特色资源、河北省特色资源、广东省特色资源、香港特色资源等。这一类型的特色资源是国家的重要资源和财富，它能够反映各地的政治、经济、历史、文化、自然资源以及风土民情等情况，采用这种分类能够清楚了解各个同级行政单位的特色资源状况，对横向比较研究具有一定的价值。

②按民族区域进行分类。我国是多民族国家，有很多少数民族聚居地区。身处民族地区的各类图书馆，非常自然地把各民族文献资料进行收集整理，建设民族特色资源，如"苗族文献信息中心"、"藏药文献信息中心"、"南方少数民族傩文化文献信息中心"等。

（4）按时间来划分

纵观历史，每个时代都有其鲜明的特征。按照资源生成时间的远近，人们可以把已知的特色资源分为古代（1840年以前）特色资源、近代（1840—1911年）特色资源、现代（1911—1949年10月）特色资源和当代（1949年10月至今）特色资源。这种划分基于历史的自然发展，有利于了解不同历史阶段中特色资源的分布、发展等情况，是纵向比较研究中常用的方法。

除此之外，对具体图书馆而言，根据所需专题或历史时期等特定要求，其特色资源往往截取特定的时间段，如北京师范大学的"解放前师范学校及中小学教科书全文库"、"全元文篇名作者索引"，中国人民大学的"民国时期资源数据库"等。

（5）按介质来划分

特色资源本身依赖一定的介质而存在，并通过介质表现其自身。在历史上，能够作为资源介质的东西很多，对资源不同介质的选择过程也是人类对自然界认识、开发、利用逐渐深入的过程。常见的主要有以下种类。

①甲骨。青铜时代，人们在龟甲、兽骨、人骨上用文字或图形记载日常生活中的重要事情。这恐怕是最早的文字记载资源。

②简牍。以竹片或木片为载体，写上文字后编连起来。这是中国最早的图书形式。在造纸术出现之前，简牍是中国最主要的用于书写和记录的材料。

③兽皮。有时候，人们会把文字或图形等信息记录在动物的皮上面保存下来。这种方法在传统狩猎族群中应用更为常见。

④缣帛。随着生产力的发展，人们制造出丝帛这种更便于书写和绘画的材料。早在中国战国以前，人们就对丝织物有了认识，当时人们把锦、绣、绫、绢、绮等都统称为

帛。这类资源书写、传递都比较方便，也易于保管，便于阅读。但因其成本昂贵，非百姓中流通之物。

⑤ 纸。作为中国四大发明之一，纸的出现影响了中国乃至世界文化和文明的发展和传播。直至今天，纸仍然是最广泛被应用的书写、印刷材料，人们对图书等纸质资源仍然情有独钟，以纸为媒介的印刷资源仍然是图书馆特色资源的重要组成部分。

⑥ 多媒体资源。以声像等形式存在的特色资源，如光盘版数据库、记录特定历史特定人物的声像等磁带、磁盘、光盘等。

⑦ 网络资源。指应用现代技术，通过计算机网络收集、整理和传输可供利用的保存在图书馆馆外的资源。这是一种虚拟资源，包括联机检索的数据库和Internet信息资源两部分。这类资源具有信息量大、易操作、易保存、易共享等优越性，是现代图书馆特色资源不可或缺的部分。

（6）按出版形式来划分

① 图书。作为资源的图书，是人们最熟悉也最常见的一种形式。不论在人们日常生活中还是在研究领域，都具有悠久的历史和广泛的流传。长期以来，一直作为最主要的资源形式而存在。传统图书馆常常拥有数量惊人的藏书量。图书种类繁多，内容多样，各种著作、各种教材、各种资料汇编等，都依据其内容可能被判定为某种特色资源。特别是因出版量小、时间久远等因素导致存世数量小之后，其稀缺性便显露出来。某些图书馆藏书中的孤本图书，便是这一特色资源形式的典型代表。

② 连续出版物。连续出版物，是一种具有统一名称、固定板式、统一开本、连续编号，汇集多位著者的多篇著述，定期或者不定期编辑发行的出版物。具体而言，期刊（杂志）、报纸、年度出版物（年鉴、指南等）、报告丛刊、回忆录丛刊等都属于连续出版物。当它们成为特色资源出现在各个图书馆中，其中期刊作为特色资源更经常出现在以高校为代表的研究性机构中，而年鉴等则更经常出现在以地方图书馆为代表的机构中，地域性更强。

③ 特种文献。顾名思义，特种文献是指出版形式比较特殊的文献资料。它介于图书与连续出版物之间，内容广泛新颖，种类复杂多样，涉及科学技术、生产生活的各个领域，出版发行没有统一规律，但具有重要价值。通常，特种文献主要包括科技报告、专利文献、会议文献、学位论文、政府出版物等。

④ 非书资料。是指不按照传统的印刷方式而是利用现代技术方法，将信息记录和储存在除了纸张以外的其他物质载体上的一切资料，是一种非印刷型的实体资料。与传统特色资源比较，这类特色资源具有生动形象、传递迅速、体积小、重量轻、成本较低等优势，但在保存上需要一定的条件，而且必须借助相应的设备。非书资料主要包括：缩微资料、视听资料、机读资料等。

⑤ 网络资源。指以电子数据的形式将文字、图像、声音、动画等多种形式的信息存储在光磁等非纸质载体中，并通过网络和计算机等方式再现出来的资源，它不再是实体，而是虚拟的。这类资源内容极其丰富，数量特别巨大，充分体现了知识爆炸的时代特征带给人类生活的巨大影响。按照使用形式，网络资源可以分为联机检索资源和Internet资源。通过联机检索获取的特色资源内容比较广泛，精确度高，时间成本低。但需要专业人员帮助，并且通常是付费服务。通过Internet获取的特色资源内容丰富，信息量大，传递无障

碍，方便存取与利用。但内容质量良莠不齐，庞杂无序，而且需要注意版权问题与安全问题。按照与非网络资源的对应关系，网络资源可以分为联机公共目录、电子书刊、数据库等。

(7) 按加工程度来划分

图书馆特色资源多以文献形式出现，因此，比照成熟的文献划分，本书对图书馆特色资源也进行了相应的划分。

① 零次特色资源。通常是零散、未经加工整理的原始知识和材料。是指未正式发表、未正式出版的各种资料，包括书信、手稿、记录、笔记等。这种资源在特定研究中具有重要价值，但收集、保存具有一定的困难，数量也比较少。

② 一次特色资源。通常是指作者首次出版的原始创作，也被称作原始文献或一级文献，包括图书、期刊、会议论文、科技报告等。这类文献数量最大、种类最多、使用最广、影响最大，是获得二次文献和三次文献的基础。

③ 二次特色资源。是指在一次文献的基础上进行加工、提炼、整理之后形成的检索工具。与原始文献相比，它更加有序、系统，主要包括目录、索引、文摘等。这类资源的重要性在于方便读者在有限的时间内获得较多的文献信息。

④ 三次特色资源。是指对二次文献作进一步的研究、分析、评述而形成的文献，包括综述、专题报告、百科全书、指南等。

(8) 按公开程度来划分

① 白色特色资源。由白色文献构成。是指一切正式出版并在社会上公开流通的文献。它向社会所有成员公开，意味着大白于天下，人人都可利用。

② 灰色特色资源。由灰色文献构成。是指非公开发行的内部文献或限制流通的文献，如非公开出版的政府文献、学位论文，不公开发行的科技报告，技术档案等。它的流通渠道比较特殊，数量也通常很有限，但由于信息广泛，内容新颖，见解独到，越来越受到重视。

③ 黑色特色资源。由黑色文献构成。是指人们未破译、辨识其中信息的文献或非公开出版发行，处于保密状态、不愿公布其内容的文献，如军事情报资料、技术机密资料、个人隐私材料等。它的保密性很高，非特定的读者对象无法获取。

在图书馆特色资源的构成中，白色特色资源最为常见，人们常用的绝大部分都是白色文献，它是图书馆特色资源的主体；灰色特色资源数量不多，却常常极具特色，是图书馆特色资源中备受关注的部分，而且随着信息社会网络技术的覆盖，灰色文献逐渐扩大影响范围，为越来越多的用户了解和肯定；黑色特色资源数量最少，最具有秘密性和神秘性，它并不常用，通常在特殊领域和议题中才会涉及黑色文献。

第三节 图书馆特色资源的属性

了解事物的属性是理解该事物直接有效的方法之一。通过事物的属性，人们能够深化理解事物内涵，明晰事物的性质，进而掌握事物发展的规律，促进事物的发展。由于图书馆特色资源的特殊性，图书馆特色资源具有多重事物的公共属性，也具有自己独特的属性。这些属性是人们了解图书馆特色资源的有效途径。通过这些属性，人们能够加深对图书馆特色资源的理解，深化对它的研究，促进它的发展。

一、有限性

图书馆特色资源是以图书馆能收集到的各类知识和信息资源为基础而建立起来的，这些知识和信息资源伴随人类生产生活而产生，虽然数量庞大到难以估计，但由于人类自身的局限性，随之产生的知识和信息资源自然也是有限的，因而图书馆特色资源天然便具有有限性。

图书馆特色资源的有限性表现在两个方面：一方面是类的有限性，图书馆特色资源以"特色"见长，便意味着它不是以普遍性意义而存在的，不是所有的图书馆都拥有特色资源，同样，一个图书馆也不可能拥有全部种类的特色资源；另一方面是量的有限性，从图书馆特色资源总量来看，受制于人类自身能力以及环境，既然图书馆资源是有限的，那么作为子项的特色资源必然也是有限的；从单个图书馆的特色资源来看，文献资料不计其数，以一馆之力难以囊括所有，即使是仅仅着力于特色资源，也非易事。

在保证图书馆正常运转，基本功能实现的前提下，追求图书馆特色资源类的完备和量的充盈，是图书馆的目标，但也应该注意谨防盲目扩充，不能过分追逐目标，否则将又重新陷入求全的窠臼。

二、人工性

图书馆特色资源是以人工的方式，采用各种方法和手段，对所能利用的一切资源进行多种加工而得来的，它的主体是人，从提出到使用，从指导思想到技术革新，都是人在主导，显然具有人工性。图书馆特色资源是由专业技术人员按照相应的要求或需求，以专业方法对客观对象进行进一步加工得到的，整个过程都是人这一主体的主观活动，结果是可控的，可见的，因此完全可以说这是一种人工活动，具有人工性，也不可避免地带有主观色彩。

三、有序性

图书馆特色资源是一种有序的存在。它不再是凌乱无章的简单信息，也不是独立散乱的知识点，而是内在关联的稳定资料。图书馆特色资源能够分门别类也好，条分缕析也罢，都是其有序性的表现。它不是同类内容的简单叠加，也不是僵硬的条条框框，而是存在有机联系的系统性材料。

四、积累性

图书馆特色资源不是天然存在的，而是后天积累和建设的结果。图书馆特色资源的多寡和规模也不是先天固有的，而是随时间逐渐丰富和扩大的。人类今天拥有的丰富资源离不开饱经沧桑，历经磨难而保留下来的各类资料，它是古代私人藏书家、官方藏书楼以及近现代图书馆、各类文献收藏机构保存下来的人类文明的集合。没有历史上的点滴积累，就没有今天的种种规模。人们不能割断时间的连续性，同样，它也将被人类继续积累和传承下去。

五、特殊性

图书馆特色资源的特殊性又称为专门性,主要体现在它自身的"特色"上面。这种特色是图书馆特色资源的灵魂和生命,没有这种特色,特色资源便也不能成其为特色资源;没有这种特色,特色资源便失去了与普通资源相区别的本质属性。因此,从某种意义上说,特殊性是图书馆特色资源最本质的属性。图书馆特色资源通常是以专题形式出现的,不论这一专题横向和纵向的范围如何,它总有与众不同的特殊点存在。

六、发展性

各类文献、信息等是图书馆特色资源的有机组成部分,它并不是处于静止状态的,而是按照一定的规律处于运动之中。每天都有新的图书出版、新的期刊发行、新的会议文献产生、新的学位论文完成……每天也都有新的特色资源被生成、被更新。随着知识的快速产生、信息交流的频繁和人类记录水平的提高,各类文献、信息的数量日益庞大,形式日益多样,更新的速度日益加快,因此,图书馆特色资源也处于发展变化之中,并随着变化不断得到完善与深化。

坚持可持续发展,是图书馆特色资源发展之路的宗旨。要获得可持续发展,就要创新。只有不断创新,才能为图书馆特色资源不断注入新的活力,才能保持图书馆特色资源的不断发展,不断完善。

七、可建性

图书馆特色资源是人类通过规划、采集、选择、加工、整理、评论等手段,有目的地进行建设、改造和优化而形成的,其可建性显而易见。各种特色数据库、特色资料库的建立就是图书馆特色资源可建性的最好体现。如果不具有可建性,图书馆特色资源就不能形成具体的表现形式,人们也就不能对之进行补充、修正、完善。因此,这种可建性也是图书馆特色资源得以继续深化发展的可行性保障。

八、共享性

考察图书馆特色资源的组成部分,不难发现,它们绝大部分都是以公开的形式呈现于公众面前,这就赋予了公众对之平等利用的机会。因此,一方面,就构成而言,图书馆特色资源便具有共享的性质;另一方面,就目的而言,人们建设图书馆特色资源、研究图书馆特色资源的初衷,也是为了便于更多的人更方便地使用和利用这些资源。共享的意义就在于此。再者,人们处于一个相互连接、相互影响的信息社会,无时无刻不在交换着各种信息。图书馆特色资源也在这种连接和交流中获得新的内容,得到丰富和新生。共享,让彼此更好地交流,更便利地应用。

第四节 图书馆特色资源建设的概念

一、图书馆特色资源建设的概念

特色文献资源是图书馆开展特色工作的基础，在多种文献资源类型中占有重要比例，是图书馆馆藏资源的主要构成部分。信息化时代，特色资源建设已成为评价图书馆信息资源建设的重要标志之一。近几年来，很多图书馆都加快了数字资源建设的步伐，数字资源建设总体水平呈明显上升趋势。遵循保证重点、突出特色的资源建设基本原则，现代图书馆在保证印刷型特色馆藏建设的基础上，优化藏书结构，广泛收藏印刷型文献和数字化资料文献，并对网络资源进行筛选、整序，建立具有自身特色的数字化信息收藏体系，逐渐形成具有个性和专题的特色资源，形成自身鲜明特色，发挥自身特点和优势，为本地区、本科研机构和高校教学科研提供专业性强、层次性高、效率高的信息服务。在信息资源共享中体现优势和竞争力，保持自身存在价值，也是现代图书馆在新的时代背景下求得生存与发展的必然选择。

图书馆特色资源建设是指图书馆针对用户需求，在长期的文献信息收集过程中，依托馆藏信息资源，对某一学科或某一专题进行收集、分析、评价、处理、存储，逐步形成自身的与众不同的馆藏结构体系，在文献资料来源、收藏原则、手段、方法、侧重点、服务对象、服务效果方面不同于其他图书馆的一种独特的资源建设。特色资源的建成能有效地、有重点地、有针对性地服务于科研工作，服务于国民经济建设与社会发展，它主要包括两个方面：一是具有学科特色、专业特色的印刷型纸质文献；二是对某一学科或某一专题等进行数字化加工使之成为可以共享的特色数据库。

二、图书馆特色资源建设的特征

图书馆特色资源建设，关键在于"特色"。特色资源建设具有四大特性：独特性、先进性、专业性、可发展性。任何一所图书馆都应该具有自己的个性特色。具有特色馆藏资源是每个图书馆区别于其他图书馆并独立存在的基础。对每个图书馆而言，特色资源建设是一项永久的工作，它将伴随着图书馆的存在而存在。不同图书馆的特色资源建设，最能突出本馆特色。

1. 独特性

各图书馆在信息积累过程中，在某一类型、某一方面、某一学科或某一领域形成结构较为完整、内容较为丰富的信息资源优势，包括专业特色、地方特色、类型特色等。对这部分特色资源进行重点建设，进而使之成为馆藏范围中核心部分和主体部分，形成有别于他馆馆藏的独特性，代表本馆馆藏资源的发展方向。这种业已形成的独特性，正是特色资源建设的内核。各个图书馆在建设特色资源中，要有重点地开发某一领域或者某一品种的独特的数据库，选题必须是在馆藏基础上充分体现学科特色、专题特色等。特色资源建设的独特性还体现在一些具体属性上，如文献类型、地域性、内容主题等。这些独特的特色资源建设和数字化建设是当代图书馆发展的两大主流，特色数据库的建设集二者于一体，把图书馆发展推上了新的高度。特色资源建设对于图书馆的生存和持续发展十分重要。只有建设与开发特色资源，提供特色信息服务，图书馆才能在竞争激烈的信息社会中求生存、求发展。

2. 先进性

特色资源建设，首先要内容新颖、功能突出。内容能够满足特定信息需求，丰富多样、覆盖面广，并有一定深度，足以反映学科前沿、水平和热点。信息数据可检索性强，能适应脱机、光盘、联机和网络检索，直接获取文献信息。其次要技术先进。充分吸收成熟而先进的建库技术，在构成体系和整体发展思路上要有较高的起点，能适应信息化特点要求，尽可能向国际标准靠拢、与国际惯例衔接。

3. 专业性

与普通馆藏相比，特色馆藏对学术研究能够发挥更独特的作用，会吸引某一领域的研究者使用。创建特色馆藏的目的主要在于发挥其专业化利用价值，使它转化为社会效益和经济效益，为各级用户建设服务。如果创建出的特色没有利用价值或利用价值不大，那就失去了建设特色的意义。

4. 可发展性

事物总是在不断发生变化，如果没有变化就不会进步，特色资源也不例外，如果没有变化就不可能发展、创新。科学在高速发展，学科间相互交叉、渗透、分化，从而产生出新的学科。文献是科学知识、科学技术信息的载体，现在列为特色的文献信息资源，随着科学技术的发展，随着时间的推移，过若干年后就不一定还能成为特色的文献资源。因此，特色资源建设要有前瞻性，要符合信息化的发展趋势，保证技术、软硬件配置和数据资源在各实施阶段的一致性及可继承性。

三、图书馆特色资源建设的影响因素

1. 用户的需求对特色资源建设的影响

要根据读者需求，明确把握自己的馆藏定位，确定本馆数字资源建设的目标、内容、程度和方式，制订出长远的计划，从点滴的积累开始，逐步形成自己独有的数字资源。只有将各具特色的数字资源整合在一起，才能形成内容丰富的、覆盖众多学科的、满足不同需要、形式多样的数字资源群，才能使数字图书馆的个性化服务得到更好的发展。

用户需求的特点主要有以下几点。

（1）用户需求的多元化

随着计算机网络的普及，图书馆的服务对象也在发生着变化，用户呈现多元化、多层次化的特征，他们的需求也越来越个性化、专门化、多元化和多层次化，这就要求图书馆进行资源的优化组合，加工、存储、传递和利用文献信息的方式也要随之不断地改变，集中力量建设好本馆的特色资源，最终满足读者的一切需求。因此，图书馆在做好常规服务的同时，根据本地区的实际情况，做好读者、用户需求的调查，研究分析读者、用户的需求，结合本馆的藏书特色，集中优势选择一两个重点服务项目，有针对性地进行特色资源

建设。

(2) 用户需求的迫切性

信息时代是一个知识型、学习型、强调创新的时代，现代图书馆在新的历史时期，新的信息、网络环境下，也要适应时代发展，从多方面、多角度满足读者的不同需求。

现代技术、网络信息资源的出现，信息载体形式多样，使读者获取信息的方法有了很大的变化。他们对信息服务要求在时间上更加及时，在范围上更加扩大，在内容上更有广度，能提供知识的关联性，提供信息知识资源开发服务，在技术上要求更高。现代图书馆也正朝着现代化、网络化发展。

技术的推广，科技的发展，知识的猛增，新的科研成果层出不穷。现代用户对信息的需求越来越迫切，不再满足于虚拟网上的"一知半解"的引文，而需要大量的原始依据。从新观点、新方法、新数据，回溯到整篇文献、整本书，初级产品和更深加工、具有高附加值的文献产品，图书馆是"藏书楼"，拥有着巨大的全文原始财富，因此建立系统性、全面性的特色资源数据库成为当务之急。

(3) 用户需求的高层次

用户对信息的需求不仅仅是满足于单一的文献资源，而是转向需要对国内外有学科研究的新成果、新动向、新进展状况深层内容的了解，即用户对信息的需求由广泛性向专业性的转变，从需要文献信息初级产品转为需要经过深加工、具有高附加值的文献信息产品，对信息的实效性也提出了更高要求。因此，知识的采集、数据挖掘、资源重组、信息加工等已成为图书馆工作的重要组成部分。

2. 信息网络技术的发展对特色资源建设的影响

通信技术、网络技术和数字化等新技术的飞速发展，打破了人们在信息存储和检索利用上的时空界限，人类进入了以高速网络信息为主要信息交流平台的网络时代。近几年，全球性国际网络化藏书和服务发展日益成熟，建立于数字文献传递基础上的全球资源共享将逐渐取代传统形式的馆际互借。这要求图书馆应从传统的服务向专业化、个性化的方向发展。图书馆传统的馆藏方法、服务方式已不再完全适用。由于计算机具有一次性输入、多途径输出的功能及自动识别与排序的功能，使文献信息的编排检索变得更加方便、更加快捷。电子扫描技术又解决了以前人工抄写和键盘输入存在的人力物力消耗高、数量质量水平低的实际问题，使得报刊上的各种文献信息得到更快捷而充分的揭示和利用。因此，各图书馆加快了图书资料信息系统数字化、网络化的建设与更新，使传统意义的以收藏印刷型的图书资料为主要服务手段的图书资料信息中心，向以数字化、网络化、虚拟化为特征的现代图书馆资料信息中心转变。现代图书馆必须全面考虑自身的特点，走特色馆藏、提供特色信息服务的道路，没有特色资源的图书馆将失去存在的意义。

3. 高校资源对特色资源建设的影响

随着社会信息化的发展，传统的信息服务方式已难以适应信息化环境的要求。信息量激增、信息载体的多样化、网络化、数字化和文献需求量的增加，促进了文献信息管理工作科学化、制度化、规范化，而且也扩展了服务空间，决定了现代图书馆的资源必须特色化。特色资源建设由于对知识和文献的整理、使用、传播、共享、保存都具有重要的意义，受到图书馆界越来越多的重视。国内各大高校图书馆资源建设主要包括引进数据库、自建数据库两方面。而在后者当中，各馆特色资源的数字化以及原生数字特色资源的建设尤为重要，并已经逐步成为主流。

随着越来越多的高校图书馆利用 Internet，以互惠互利为原则，共建一体化信息资源体系，最大限度地发挥合作优势，已经成为人们的共识并付诸实践。一般而言，世界信息资源体系是由入网图书馆数字化信息资源所构成，体系的形成，意味着图书馆的质变。每一个图书馆都是体系中的组成部分，并在体系的建设中担当重任。所有入网的图书馆组成具有统一目标的利用共同体，又在统一规划的组织体系中分工协调，承担义务，以本单位优势学科为依托，致力于特色馆藏的建设，逐步形成全面、系统、精良的特色藏书体系，并按统一的标准建成数据库上网，充分展示自己的价值取向。资源体系形成之时，每一馆都可以通过共享来增强、扩展自己的服务能力，在飞速发展的信息时代立于不败之地。

从高校的整体建设和发展来看，数字特色资源的建设已经在数字资源的数量、类型和数据规范方面有了比较扎实的基础。未来，将逐渐走向整合与共享，如使用相对统一的元数据仓储及整合发现系统，多馆联合共建等；特别是要加强数字特色资源的服务，如发现服务、咨询服务、全文传递服务，加强特色库系统与其他应用系统的集成和互联网操作，提高系统的可用性，让读者真正能够享受到图书馆的特色资源服务，让高校图书馆的特色数字资源实实在在地成为读者不可或缺的文献信息。

4. 人文经济形势对特色资源建设的影响

（1）开展特色资源建设是当前形势的需求

Internet 为人类展现了一个跨国界、跨社会、跨语言、跨文化的信息、知识交流的无限空间。其高效率、大容量的信息存储传播功能，使信息深入到人类生活的每一个角落，人们的生产、生活、科研、教学和娱乐活动，都因为信息的渗透、信息技术的应用而发生了深刻的变化。用户再也不会像以前那样把图书馆作为重要的甚至是唯一的信息获取渠道。面对瞬息万变的时代，人们别无选择，唯有思变创新，才有出路。如果说，20世纪人们致力的"资源共享"在很大程度上只限于图书馆之间对于印刷型文献的互惠互借、协调采购等有限互补共享的话，那么进入 21世纪，"资源共享"将赋予全新的形式和内容。它将借助于计算机网络技术，打破地域和系统界限，超越时间和空间的约束，追求在全球任何地方都能顺利访问图书馆的数字资源，最大限度地为读者提供一个文献信息共享的自由空间。

（2）市场经济发展促进图书馆特色资源共建共享

在市场经济条件下，信息市场处于开放的公平竞争状态。图书馆信息资源共建共享取得了一定成效。最近几年来，图书馆信息资源共建共享开始向更高层次发展。上海、深圳、广州、天津等 50 余个沿海城市纷纷提出建设数字化城市或数码港计划，其中图书馆信息资源共建共享是数字化城市建设的核心内容之一。然而，随着信息服务业的兴起，社会上的信息服务机构凭借强大的技术力量，为用户提供时效性、针对性强的信息服务，与图书馆展开了竞争。据中国信息协会统计，截至 2010 年，全国已有各种信息服务机构超过 20 万家，比 1983 年增加了 20 倍，全国信息服务业的发展速度每年以 30%~35%递增。因此，图书馆必须改变"重藏轻用"的观念，树立特色化观念，以社会需求为导向，将各类型图书馆信息资源与区域经济、文化、历史、地理及重点学科、重点专业等各方面对应配置，建设地方特色馆藏并提供特色服务，满足不同用户的特殊需要。

四、图书馆特色资源建设的作用

随着时代的变革，图书馆的服务对象也在发生着变化，用户呈现多元化、多层次化的特征，他们的需求也越来越个性化和专门化，这就要求图书馆进行资源的优化组合，集中力量建设开发本馆的特色资源，最终满足读者的一切需求。目前，图书馆特色资源建设能够促进传统的收藏观念、服务观念、管理观念的转变，增强资源共享意识，从而实现图书馆文献资源的合理分布。在特色资源建设进程中，由于有了整体规划，各图书馆在创特色活动中有章可循，有利于各馆找准方向、准确定位，使特色化建设由无序到有序，健康发展。

1. 有利于实现资源共享

传统的图书馆大多习惯于"自给自足，无求于人"，坚持"书本位"的服务理念，这些观念束缚了图书馆的发展，使图书馆面临生存的危机。在网络环境下，特色信息资源建设，已经成为现代图书馆在文献信息资源建设的一项重要内容，它不再是一个孤立的个体，而是整个信息网络中的一个节点。它不仅为地方经济和学科建设提供了充足的信息资源保障服务，还使图书馆发挥了更重要的价值，从而使图书馆成为信息网络的重要节点、信息源和交流中心。同时，各个节点之间的访问交流和资源共享，不仅要求图书馆实现数字化和网络化，更重要的是要具有特色化，并保证特色资源的系统性、完整性和权威性，做到"人无我有，人有我优，人优我特，独具一格"。而特色资源建设正是要抛弃图书馆传统思想观念，树立起与时代协调的现代新观念，增强信息资源共建共享意识，走资源共享的开放式办馆道路。资源共享的前提条件是资源共建，各图书馆都要按照自身的需要和可能进行馆藏资源建设。由于各自的需求不同，收藏方向和收藏重点不同，形成的馆藏特色也不同，从而达到各馆馆藏在学科上、层次上、文献类型或文献品种上的互补性。只有具备本馆馆藏特色这个前提条件，才能实现资源共享。

2. 有利于更新馆藏观念，建立特色网络资源

图书馆不仅要利用原始文献资源来建立特色资源库，而且还要根据所确定的特色资源建设的需要，有计划地整理网上资源，为读者提供更快捷方便、更具特色的个性化服务。大多数图书馆要做到"大而全"是有较大难度的。因此，图书馆要做好资源建设工作，必须根据自身条件，突出重点，突出特色，规划好信息资源的重点、范围、类型、时间及数量分布。图书馆要组织人力、财力，对本馆馆藏特色与技术力量进行系统、全面的整合，建立具有特色的数据库，充分发挥本馆特色馆藏的优势，利用图书馆在分类、标引、检索等方面的技术优势，有目的地将特色资源进行开发、利用与研究、供读者使用。这样既可节省经费，又避免重复建设。在自身建设的同时更应参与信息资源共享，如《万方数据》等大型数据库工程，利用他们的技术，分工协作，共同创建一个优良的信息资源体系。把各自特色资源库做成全国图书馆网络信息资源网中的一个重要组成部分，这样才能促进图书馆文献资源的共享，形成共赢的局面。

3. 有利于促进地方经济发展

某些地方特色资源就是以本地经济、文化、历史、地域特点为基础，以本地区、本单

位的优势学科为依托建立起来的馆藏资源。图书馆根据本地区的政治、经济、社会和文化等方面的特色，收集反映本地区的研究课题、出版物、地方专题等具有一定地域的文献或与地方政治、经济和文化发展密切相关的资源，建立具有研究级水平的藏书体系和突出地方特色的地方文献系统，这样既突出了独一无二的地方特色，又为学者研究本地区区域经济、发掘传统经济等科学研究和社会发展服务，促进本区域经济文化的发展。图书馆特色库从书目数据库向内容数据库转变，从馆藏文献资源向网络资源链接，从自给自足的资源服务方式拓展到网上资源的共享服务。地方特色信息资源建设使我国图书馆既能融入世界，又能保持独特的个性，如东北亚文献数据库、蒙古学文献信息特色数据库、敦煌学数据库、巴蜀文化数据库、长江资源数据库、东南亚研究与华侨华人研究题录数据库等25个纳入CALLS（中国高等教育文献保障系统）项目的极具地方特色的资源库。这些都充分发挥了各地区的地域特色、专业特色及传统特色，成为传播优秀文化的一个重要途径。可见，地方特色信息资源的建设，促使我国图书馆的信息资源建设参与国际资源的优化配置，突出中国特色并直接参与经济活动，使信息服务走向国际舞台。

4. 有利于缓解经费紧缺，避免重复建设

由于传统图书馆信息资源建设往往是"各自为政"、"以我为用"、"我行我素"，这不仅造成了各图书馆图书、期刊和数据库的大量重复和相互缺藏，同时也阻碍了资源共享的进程。由于各种文献价格大幅上涨等诸多原因，经费紧缺已成为困扰图书馆的大问题。为了更好地满足读者的文献需求，许多图书馆纷纷采取保品种减复本、保期刊减图书或保中文减外文等文献购置的权宜措施，但往往力不从心，也没收到满意的效果。随着科学技术的不断发展，公众对图书馆资源的需求不断加大，图书馆在这样的大环境下，要适应社会主义市场经济体制的要求，在目前经费短缺、藏书不足、服务手段落后等诸多困难面前，应利用有限的经费吸引读者，更充分地发挥图书馆有限资源的效益，有针对性地开展特色服务进行特色资源的建设，这才是图书馆自身发展的需要。而加强特色资源建设，图书馆就可以集中经费购置特色文献，减少非特色文献的经费开支，从而使有限的经费发挥出更大的效益，缓解经费紧缺的矛盾。通过建设和发展特色资源，不但减少了重复建设、节省了有限的资源建设经费，同时，由于特色资源数据库使原本分散的文献信息资源可以集中地呈现在读者面前，从而使这些有限的文献资源有了更高的利用率和使用价值，无形中拓展了图书馆的服务内容，更好地发挥了资源优势。

第五节 图书馆特色资源建设的内容

在网络环境下，文献信息资源的数量之巨大、种类之繁多，分布和传播广泛以及存取和利用方式的多样性、信息传递的速度等都远远超过了传统的信息资源管理方式和技术手段。现代图书馆与传统图书馆相比，有本质变化的方面主要是文献信息的载体形式，出现了数字化文献。同时，文献信息的传输速度得到了飞速发展，现代文献信息资源已形成了印刷型文献资源和数字型信息资源并存的格局。在网络环境下，这二者因其各自所具有的优势，在图书馆信息资源体系中发挥着各自的特殊作用，互存互补，共同发展，并将长期共存。因此，图书馆特色资源建设也应该从这两方面进行。

一、印刷型特色资源建设的内容

1. 印刷型文献的特点

数字化文献以其强劲的发展趋势向传统的印刷型文献提出了挑战，但任何一种信息存储和传递的新型载体的出现并不能完全取代原有的信息载体。相对于数字化文献的强势，传统的印刷型文献虽然有传播信息慢、体积大容量小、信息密度低、检索不方便等诸多缺陷，但是，印刷型文献发挥着数字化文献不可替代的作用。印刷型文献与数字化文献在构成要素、特征、功能等方面各有不同，却都能满足一定群体读者的信息需求，并且形成了相互依赖、相互补充的有机整体。印刷型文献具有以下几点优势。

① 阅读灵活、携带方便。印刷型文献以纸质材料为载体，携带方便，适合在任何环境和任何时间阅读。阅读数字期刊需具备计算机和网络的连接。虽然笔记本电脑也可以提供这些方便，但持有者不多，不能解决多数人的阅读问题。

② 对读者的知识和技术要求不高。读者浏览数据库文献时，还要受到软硬件设备等因素的限制。阅读数据库文献需具备计算机和网络方面的技能和相应的检索知识。而阅读印刷型文献，只要使用者识字，并具备一定的专业知识，就可阅读某一专业的印刷型文献，至于那些通俗性、娱乐性、消遣性的印刷型文献就更不用说了，老少皆宜。

③ 符合人们的阅读习惯。印刷型文献已有上千年的历史，其墨与纸的对比度大，分辨率高，字符、图像等稳定性强，色彩效果好，人们已习惯将书捧在手中感受那种亲切实在，也习惯阅读它；纸质文献便于持久、系统、反复地利用，从而使科研成果得以不断积累和长久保存。

随着网络的普及，数字化期刊、网络期刊数据库的优势逐渐受到读者青睐，目前已有30%以上的读者使用数字化期刊、网络期刊数据库获取信息，并有逐步上升的趋势。但据统计，65%~75%的专业信息源于印刷型期刊，检索系统90%以上的信息来源于印刷型期刊。而调查结果表明，在职专业人员的日常学习中，其主要的学习资料来源于印刷型文献，学术界中具有创新性的方法、技术和科研成果，都会在第一时间通过学术期刊这一载体报道的。因此，印刷型文献仍是图书馆最根本的现实馆藏，是满足读者信息需求最直接、最基础、提供服务形式最经济的资源。这也说明，在网络环境下，尽管数字化文献带来了新的阅读方式，但对传统阅读方式没造成根本冲击，二者将在一个很长的时间内共存。

数字化文献的浏览方式与纸质文献相比，多数读者只是喜爱数字化文献的检索方式，并不是浏览方式，因为长时间盯着计算机，对眼睛造成很大的伤害。一般读者只在检索的文章里快速浏览，对特别需要细看和引用的文章，通过打印的方式转换为纸质文献，可以随意对照比较、圈点批注等。可见即使数字化文献带来了新的阅读方式，也无法对传统阅读方式造成冲击。而且计算机屏幕比较刺眼，谁也不可能长时间盯着看，其辐射对人体健康影响远比印刷型文献大。

2. 印刷型特色资源建设内容

在图书馆特色资源建设过程中，各类型印刷型文献的建设又是重中之重的工作。印刷型文献资源以内容新颖、信息量大、专业性强、报道快等特点而成为信息传播的重要手段和方式,因而印刷型文献成为现代图书馆利用次数最多的一种文献资源。目前,我国的各类型印刷型文献绝大部分是实用性、技术性较高的专业性文献,针对性、指导性都较强。无论是专业性文献还是综合性学术文献也都刊载有论著、专家论坛、学科新进展、讲座、综述等反映实用性、技术性、新颖性的文章,完全能够满足我国各类不同层次、不同专业人员信息的需求。

图书馆要全方位地突出特色资源建设,以自己的特色文献为地区经济和科研需要及培养专业技术人才服务。各级图书馆在发展建设馆藏印刷文献结构时应把利用率高的资料以及专业性强的学科文献作为本馆收藏的重点。在采购新书前,应在广泛征求各专家意见的基础上,有选择、有重点地购买与某一专题特色配套的学科文献,包括必要的基础文献、相关的各类有影响的特色藏书、常用专业工具书等,不断优化与完善馆藏资源,从而形成具有本馆特色的馆藏信息资源,使图书馆成为有特色有专题的图书情报中心。

(1) 保持印刷型文献特色和优势

要继续保持印刷型文献较数字文献所具有的明显特点和优势。印刷型文献具有明确的办刊宗旨和较成熟的稿件征、审、校制度,印刷出版发行程序规范、严谨、有效,具有较高的质量与信誉;具有连续性和完整性,真实快捷地描写和记录着时代文化和科技事业的发展历程,文献查阅可靠、便捷;符合人们的传统阅览习惯。因此,在图书馆特色资源建设中,要不断丰富馆藏资料;继续保持用户对文献资料的传统阅读习惯;提供读者间交流的阅读环境和工作人员的直接辅导;还可充分发挥人与人直接交流、服务形式的可选性与互动性、原始文献的可得性的优势,满足社会不同阶层的需求等。

(2) 充分发挥印刷型文献的基石效能

图书馆在文献采集中兼顾纸质文献、数字化文献和其他载体文献,兼顾文献载体和使用权的购买,保持了重要文献和特色资源的完整性,注意收藏有关的出版物和学术文献。以专业特色为依据,以原始收藏为基础,构建具有馆藏特色的馆藏体系。

现代图书馆拥有丰富的特色馆藏资源,各个学科领域的中外文图书、报纸杂志、多媒体光盘、音像资料等,还有一些特色文献,如博士、硕士论文都是收藏的重点。各图书馆每年都有大量国内外相关学科的最新书籍、刊物补充进来,丰富的特色馆藏资源正是那些渴望信息、渴望知识的读者的知识财富。图书馆馆藏特色资源信息技术的广泛应用而带来的新环境和新需求是现代图书馆发展的驱动力。现代图书馆有明确的教育性、专业性和学术性,需结合本馆的资源设置、地区经济、文化特点和发展目标等特点,通过纸质文献与数字化文献、实体馆藏与虚拟馆藏、馆际互借与资源开发的结合,逐步建立起具有特色的馆藏资源体,使馆藏信息资源配置合理化、数量最大化、质量最优化和利用高效化,从而满足读者对特定知识的需求或实现某些特定的目标。

(3) 健全各类传统特色馆藏,传承文化精髓

传统特色信息资源是图书馆在传承人类历史文明和传播文化过程中沉淀下来的文化精髓,它能清晰地反映出本地区的历史渊源、文化特色和风土民情。收藏、开发和利用这些文献资料传播历史文化知识具有非常重要的历史意义和研究价值。这些文献还是公共图书馆特色数字资源的建设依据,它具体包括地方报刊、重要文件、地方史志、地方统计年鉴、大事记、地方人著述的文献及其研究作品等。

(4) 加强艺术类馆藏文献的建设

由于艺术类馆藏文献的特殊性，不能全部演化成数字化资源，如人们欣赏的书法、绘画都是表现在纸上，作者用"若飞若动"、"若愁若喜"的笔势只能在纸上自由而酣畅地抒发情感，读者从纸质印刷文献上才能充分地领会其构思及艺术造诣，从而得到美的感受。而用电脑写出的字、画出的画再好，也反映不出各派的风格。

(5) 补缺特殊文献馆藏建设

由于某些文献如盲文类刊物不能演化成电子型文献，只能转变成印刷型文献。因盲人无法看见计算机上的信息，靠手触摸来阅读印刷型刊物更适合他们的实际需要。还有一些特殊文献资源在构建特色馆藏中要不断采集存储，如汕头大学图书馆开展了口述历史资源的采集、开发利用活动，作为特色馆藏资源建设的重要渠道；暨南大学图书馆收集华人华侨的学术著作、学术印刷型文献、侨报、社团纪念特刊、会刊、社团简报等，开展华人华侨特色资源建设。除此之外，如果把众多名老中医带授学徒的口述内容通过录音方式保留下来，加以整理，建设成口述特色馆藏数据库，必然会在将来的中医研究工作中发挥非常重要的作用，等等。

(6) 国家珍贵的文化遗产永久保存

从历史和文化保护价值上看，印刷型文献经历了漫长的发展历程，其中不乏国家珍贵的文化遗产，具有特殊的学术价值、历史价值、经济价值、法律价值，需要长久保存，也要求永久存在，而不能仅将其内容数字化变成数字型文献。

二、数字化特色资源建设的内容

图书馆发展的必然趋势是"收藏数字化、操作电脑化、传递网络化、信息存储自由化、资源共享化和结构连接化"。在信息社会，图书馆与所处社会和读者之间的那种相互依存关系始终在调整中，而特色图书馆会使上述关系更具适应性、更理想化。由于特色图书馆绝大部分建立或依托在原有相对综合、普及的各类型、各系统图书馆基础上，它的形成和发展将是图书馆现有特征与功能的强化和升华。图书馆特色化在中国仅仅是一个开端，但它对图书馆传统意义上的文献收藏内容与服务方式进行了根本性的更新与变革，因而也促使图书馆在藏与用两大基本矛盾方面产生了质的突破。随着现代数字技术和信息技术的飞速发展，越来越多的图书馆逐步实现自动化和网络化，图书馆不再是原来意义的"藏书楼"，图书馆要真正实现其地位，就必须树立品牌意识，开发特色数据库，走有特色的发展道路。

1. 图书馆特色数据库建设的关键问题

1996年，美国图书馆学家 S. Sutton 在研究图书馆服务模式时提出把图书馆划分为4种类型：传统型、自动化型、混合型及数字型。他认为混合图书馆是"印刷型信息和数字化信息之间的平衡并逐渐向数字化方向倾斜"。21世纪的图书馆是数字图书馆与传统图书馆、虚拟图书馆与实体图书馆、网上图书馆与物理图书馆的结合，是集传统图书馆与数字图书馆的优点于一体的混合性图书馆，它将两种形态共存互补，构建出当代图书馆生存与发展的基本形态。混合性图书馆最重要的一项工作就是特色资源建设。图书馆的文献资源特别是特色资源建设必须围绕本地区突出优势或本校重点学科、专业的设置和教学、科研的发展方向，构建与之相适应的馆藏体系，为地区或学校的教学科研工作提供必要的文献资源保障。

由于特色资源建设关系到图书馆未来的生存和发展，因此各图书馆务必要集中人、财、物等有利条件，有重点、有针对性地突出与强化自己的特色，以使馆藏文献具有鲜明的个性和独特的风格，其关键是要形成以下六大特色。

（1）突出馆藏结构特色

所谓馆藏结构特色，就是要根据本校的办学特点、办学规模、专业设置、重点学科及专业的教学、科研工作需要，根据本馆的教育对象、经费投入、读者需求特点以及地方经济和科学文化的优势，科学、合理地确定馆藏文献的收藏比例（一是文献类型比例，是指印刷型文献、数字化文献及其他类型文献的收藏比例；二是文献梯度比例，是指普通文献、重点文献、专业学科文献的收藏比例），对文献信息进行重点收藏与重点建设，形成独具特色的馆藏文献信息资源，并逐步调整和优化馆藏结构，以使各类文献优势互补、协调发展，进而形成独具特色的系统、完整、统一的本馆实体资源和虚拟资源馆藏体系。由于各地区的学科设置、所处地域与人力资源结构不完全相同，各数字图书馆都会形成自己的特色馆藏结构资源。

（2）突出服务特色

文献收藏是文献开发利用的基础。图书馆的服务工作，必须是在有所"藏"的情况下来开展的。读者服务贯穿素质教育特色，图书馆直接或间接地参与了"教书育人，管理育人，服务育人"的活动，体现在推荐书刊、解答咨询等活动中，并通过馆员日常的言传身教对读者施行潜移默化的影响。

（3）突出资源共建共享特色

随着用户信息需求的不断增长及网络数字资源的迅猛发展与昂贵的资源购置费形成尖锐的矛盾，要满足用户的信息需求，扩大自身生存空间，必须走共建共享的道路，特别是公共图书馆，其数字资源建设费严重不足，根本无法依靠自身的力量满足用户多层次的信息需求，因此必须利用共建共享集团及其他协作单位的资源为用户提供合作服务。联合社会力量，增强资源采集、制作、维护能力，使资源质量得到优化，有品质、上档次。

（4）突出高校特色

学校特色主要是指以学校教育教学、科研成果为特色。主要是指各高校主办或承办的正式出版物、师生公开出版发表的各类文献或具有研究价值的非正式出版物等所形成的独一无二的特色资源，包括：一是师生撰写编译的各类图书、论文及书法、绘画、摄影作品、设计软件等；二是学报、校报（刊）及学生社团、图书馆创办的各类刊物和报纸；三是教师及各类专业技术人员承担的地（厅）级以上的科研项目；四是学校主办或承办的各级学术研讨会的会议文献；五是优秀教师和精品课程的教学影像资料等。对以上各类文献，图书馆要全面、系统地收藏，以形成学校的收藏特色，如河北农业大学的"教师著作论文库"、四川农业大学的"教师论文数据库"；广东海洋大学自建开发的特色资源如"海大文库"，整合该校原创文献资源，集中反映多年积累的学术成果，体现了馆藏特色。

（5）突出地域特色

地域特色主要是指以区域特色和相关人文环境为特色，如高校所在地过去与现在的地方史志、大事记、统计年鉴、风土人情、地方政治经济、教育、文化名人、名胜古迹、民间习俗、历代贤达著作及其研究作品，以及反映地区经济和文化发展的出版物。对这类特色文献，图书馆要选择性地进行收藏，主要采集那些质量较高、有实际利用价值、真正体现地方特色的文献入藏，如华南热带农业大学图书馆的"中国热带农业文献数据库"、"国外热带农业文献数据库"等。

（6）突出数字资源特色

数字资源虚拟与现实相结合。数字图书馆大量的数字化信息存储在无数个磁盘存储器中，通过计算机网络连接形成的一个联机系统。因此，与传统图书馆相比，它占用的物理空间相对很小，就解决了图书馆日益增长的各类文献资料、书籍采购收藏空间不足的问题。数字资源建设能大量收藏数字形式的信息，除了纸介质的书刊资料外，还收录其他一切可以数字化的信息，如视频、音频资料、计算机程序等，可以满足读者的多种需求。

数字资源建设最重要的一点是建立以中文信息为主的各种信息资源。这将迅速扭转互联网上中文信息缺乏的状况，形成中华文化在互联网上的整体优势。数字图书馆还是保存和延续发展民族文献遗产的最佳手段，所有的珍贵资料都可以经数字化处理后，将原件保存在更适宜的环境中，而数字化的资料由于实现原件的复制，可使这些珍贵文献在受到保护的同时，得到更充分的利用。

图书馆数字资源建设扩大了读者范围。普通图书馆因为读者对象与地理位置的限制只能为少数人服务，数字图书馆则允许人们自由查询。利用图书馆数字资源的用户可以不和图书馆的工作人员直接见面，而只通过网络与图书馆联系，图书馆专业人员通过电子邮件及电子咨询台与用户联系。图书馆的服务质量取决于软件设计、图书馆专业人员对用户回应的速度和质量、数字化信息的制作、网络的传播速度及人性化界面的设计等；用户也可以直接通过计算机登录图书馆的主页，随意浏览、查询、下载、打印有用的信息。

2. 图书馆特色数据库建设的内容

（1）自建特色资源

图书馆自建特色数据库是 CALIS（中国高等教育文献保障系统）文献资源及数字化建设的重要内容，1998 年 11 月 CAMS 启动了特色数据库资助项目，首批资助了 25 个特色数据库，目前已经取得了初步的成果。除此之外，部分 CALIS 所属高校图书馆还开发了或者正在开发类似的特色数据库。各高校图书馆必须联系本馆实际，面向未来进行科学合理的规划，既要以实体馆藏资源建设为基础，又要以整合、开发和利用网上虚拟资源为补充，更要走信息资源共建共享之路。只有这样，才能赢得读者、赢得市场。

各图书馆由于学科建设侧重点不同，所处地域不同，对特色资源的建设也不一样。各图书馆为了满足教学与科研人员在教学和科研工作中的需要，大多数都建立了自己的特色数据库，如上海交通大学数字图书馆自建了"上海交通大学学位论文数据库"、"机器人信息数据库"，湖南大学数字图书馆自建了"金融文献数据库"、"书院文化数据库"，这些图书馆对富有特色的文献进行收集、分析、评价、处理、储存，并按照一定标准和规范将本馆特色资源数字化，以满足用户的个性化文献信息需求。各图书馆如何构建自己独具特色的文献信息资源数据库，如何构建能反映高校学科重点和图书馆特色馆藏的特色资源数据库已成了当前高校数字图书馆建设的首要任务。

特色文献建设要一边搜集，一边数字化。数字化最简单的办法，就是把图书馆购买的特色数字图书、全文数据库及网上免费特色资源搜集出来，整理序化，再把其他资源数字化地融合，申报课题，进行相关研究。对特色文献建设进行相关的方法研究，只要方法正确就能事半功倍。

（2）引进特色资源

目前，自建特色资源数据库需要花费很大的人力、物力和财力，对资源的开发与利用还存在很大的盲目性，重复建设的现象比较普遍，更新速度比较慢，采集到的相关信息不够全面和完整，开发整理的范围也不够宽。对此，图书馆应当有选择、有计划地引进高质量的中文与外文数据库，使之尽量做到中外文书目、文摘等二次文献数据库覆盖本校所有学科与专业，力求做到重点学科专业全部购买，兼顾其他专业，扩大合作范围。例如，清华大学图书馆引进的中文数据库有"中文科技期刊库（全文版）"、"万方数据资源系统"、"中文社科引文索引"等。清华大学图书馆还引进了数字出版物，如各种数字期刊包括中国科学杂志社数字期刊、中国期刊网、维普中文科技期刊库等，各种数字图书包括超星电子图书、书生之家电子图书、百万册书数字图书馆（原古籍民国电子图书）等。

（3）建立特色导航系统

建立特色导航系统对图书馆特色资源建设是有效的补偿。构建图书馆特色知识导航系统关键在于如何建立一系列有效的知识服务运行机制来使图书馆在知识经济时代选择最有利行动，使博弈双方互动相容，实现其知识导航功能。一般来讲，图书馆组织的员工会将自己拥有的专门知识以及组织拥有的知识作为组织的核心竞争优势来获取对服务对象的特别服务。因此，如何有效地进行人力资源管理，知识共享，倡导员工把个人知识转变成组织知识，把组织知识转化成服务对象的知识，通过组织知识的不断传播来增强组织的服务能力是成功实施图书馆特色知识导航系统功能的关键。

3. 图书馆特色数据库建设的类型

各图书馆要实现信息资源的共享，就要有选择性地收藏文献，建设属于自己的数据库，尤其是开发本馆特有的数据库。

（1）具有高校特色的数据库

各高校应以教学科研需要为依据，以资源共享为导向，有针对性地重点选择建设符合当地学校所设置的相关学科专业的特色资源数据库。这些数据库一般分为以下几种类型。

① 学位论文特色数据库。学位论文是指高等学校或研究机构的学生为取得学位，在导师指导下参阅大量文献，经过反复实验及调研所撰写的研究成果。每年各高校都有一批硕士、博士论文，其中不乏具有高学术价值的论文。硕、博士论文体现了各高校的学科特色，收藏这部分文献是高校图书馆特色文献建设的重要内容。目前，许多学校已经开通了在线提交系统，建立了本校的硕、博士论文数据库，累积多年的教学成果，建立一个独特的有知识产权保护的原生资源库，为希望获取学术信息的用户提供一个方便查询与学术交流的好途径，从而起到推动教学科研交流和促进发展的作用。同时，这些论文将给学生带来许多参考价值，指导学生规范论文写作，引导学生进行文献检索，十分便利。

② 教职工科研成果数据库。高校教职工的专著一般都是结合教学和科研信息的需要根据社会发展与经济建设的需求，在充分利用本校藏书体系的基础上撰写而成的。这些科

研成果理应受到高校特别是作为学术性机构的本校图书馆的珍视与收藏。我国高校文库的建设始于20世纪80年代后期。其中，较早的有北京大学、中国人民大学、河北大学、河北农业大学等。初期的文库，仅限于保存印刷本的实物，近几年，随着计算机和网络技术的发展及在图书馆中的应用，文库建设也走向了数字化阶段。一些数字文库相继诞生，如中国人民大学、浙江大学、北京大学的数字文库等，尤其是中国人民大学的数字文库，已形成全文数据库。高校文库的发展趋势是实物收藏展示和全文数据库并存。

③ 重点学科特色数据库。重点学科特色数据库是根据学校的某重点学科，或某特定主题，或具有交叉学科和前沿学科，能体现某学科特色的资源，全面搜集各类相关类型的资料，整理加工的数据库。学科特色数据库是专业文献资料特色数据库，搜集重点应突出专业特色，包括本专业的国内外核心期刊、科技期刊、教材、参考书目、学术会议资料以及其他报刊中有学术价值的专业文献，图书馆收集这些资料后可以自己进行加工整理，也可以直接引用现成的专业文献特色数据库。该数据库应内容丰富，系统完整，对教学和科研能带来极大的便利，也属于馆藏的重要特色资源。例如，上海交通大学的机器人信息数据库、石油大学图书馆的石油大学重点学科数据库、武汉大学图书馆的长江资源数据库、上海财经大学图书馆的世界银行资料数据库、哈尔滨工程大学图书馆的船舶工业文献信息数据库等。

④ 开发考研信息数据库。近年来，随着考研人数的增加，要求查找考研信息的学生逐渐增多，且具有年级偏低、查找时间不确定等特点。他们迫切需要了解全国各高校的招生情况，特别是研究方向、导师情况、考研课程及参考资料，但这些资料往往都是临近报名时才由研究生处转来，不能满足广大同学的需求。为了让同学们早日得到这些信息，各高校开辟了考研信息咨询园地，由专人对网上考研信息进行收集、加工，将与本校专业对口的专业招生情况和参考书目及时整理出来，并通过校园网发布，读者既可上网查询，也可到图书馆阅览室查询，很受学生欢迎。例如，北京邮电大学博导信息数据库、北方工业大学的特色数字资源就包含了考研专业参考书库、四六级英语题库等。

⑤ 影音光盘特色数据库。现如今，越来越多的书籍后面附赠一张随书光盘。这便于读者更直观地获取知识，从听觉和视觉两个方面来满足需求，生动活泼。但光盘经常借出容易损坏、丢失，占用储藏空间大，且无法实现资源共享。这就要求图书馆搭建一个良好的平台，把具有馆藏特色的影音资料，随书光盘中的视频、音频、图像、文字进行数字化转换、编辑、压缩等技术处理，储存在计算机网络服务器上，形成电子阅览。建此类特色数据库需保护作者的知识产权，尊重他们的劳动成果，今后这一特色资源数据库将成为数字化图书馆的核心部分。

(2) 突出地域特色的数据库

地域特色的数据库是指反映各地区各方面情况的正式出版或非正式出版的各种文献数据库，它包括介绍本地地理、历史、风俗、民族、经济、文化、人物的各种典籍；本地政府所制定的各种法规、政策，本地名人的书籍及手稿；本地主要企业发展的情况通报、产品介绍等。这些文献资料可以反映本地各方面的发展历史及现状，地域特色浓厚，资源具有鲜明的区域性，其建设也是公共图书馆特色数字资源建设的重要内容。各地区应根据地理、历史、经济和文化特点对本地区信息资源做完整系统的采集入藏，最终形成具有鲜明特色的地方文献数据库。例如，山西大学建设的山西票号与晋商数据库、四川的巴蜀文化特色库，黑龙江省馆先后选题共构建了包括少数民族文化、黑龙江杂技、犹太人在哈尔滨、哈尔滨旧影、抗日战争文献、地方法律法规、冰雪文化、大学生冬季运动会、金源文化、黑龙江野生动物、黑龙江旅游、黑龙江边境贸易、神州北极、黑龙江体育名人、黑龙江文化科技成果、黑龙江农业、黑地文化在内的17个专题数据库，很有地域特色。全国省级图书馆中，有几个省级图书馆如浙江、广东、湖北、湖南、天津、首都图书馆等，它们不但地域文化内容丰富，而且网站制作与设计也比较精致，特别是首都图书馆，它所开发的特色资源信息量大而且内容丰富，图文并茂；另外，辽宁省图书馆地方特色资源已初具规模，形成了特色数据库群，并正在建立地方特色资源统一检索平台。内容全面、功能强大的地方文献数据库更能支持和推动本地经济、文化等各项事业的均衡发展，因此建设地方特色文献数据库是非常必要的。

（3）建立地方人文、历史类特色数据库

① 本地区研究数据库（历史、现状、人文、风俗）。一般是由数字化的书目数据组成的。读者要了解有关本地区的历史、地方志中有关这方面的记载，就可通过书目数据提供的检索途径，查找地方文献数据库进行全文检索，从而获得有关信息。

② 地方名人数据库。内容为地方名人的生平、回忆录、著述目录、述评等。对于其中有特殊研究价值的名人，可追加全文数据、照片数据等，并通过计算机处理使之数字化。

③ 古籍数据库。是包括本地区的全部古籍地方文献的专题数据库。由于古籍珍贵，特别是孤本，不便于读者实物查阅，可采取光电扫描技术，建立全文数据库。

④ 地方特色数据库。包括本地区最具特点、最具美誉度的内容。例如，建立地方农业种养业方面的数据库，种养业历来存在地域性，地方差别较大，可以将反映当地农业方面的种养技术，生产情况记录入库。

⑤ 图片数据库。图片数据库既形象又翔实地揭示了当地的文化内涵、历史风貌、民俗风情、地区变革，为读者了解、研究该地区提供了一个良好的使用平台。对于记录本地历史、对外宣传本地特色都具有积极的意义。

（4）深化其他专题特色信息资源库

专题特色信息资源库是根据图书馆读者特定需求而建设的特定主题资源，具有很强的针对性和广泛性，如复旦大学图书馆承建的全国高校图书馆进口报刊预定联合目录数据库、清华大学图书馆建设的全国高校图书馆信息参考服务大全、西南财经大学图书馆的期刊篇名数据库等。

专题特色信息资源还可以建立在学科特色信息资源的基础之上，也可根据重点学科的专业方向进行跟踪信息服务，对学术前沿进行透彻的分析、研究，预测未来的发展趋势，将新观点的潜在价值、深层次内涵揭示等内容来建设数据库，将信息提供给读者。

第六节　图书馆特色资源建设的方法

一、图书馆特色资源建设的目标

图书馆特色资源建设，需要通过对读者需求、自身定位、特色所在等很多方面的综合研究后，才能最终确定适合本馆特色资源建设的目标。这些方面包括：文献出版状况、收集状况和满足需求的程度；读者利用信息资料的需求状况，近期和长远目标及其对信息资源的现实需求与潜在需求；其他因素的限制；经费的限制等。只有综合分析这些因素，才能制定出切实可行的目标。图书馆确定目标时，应该从需要与可能出发，优先解决急需文献资源。另外，特色资源建设的目标重在应用，而非知识的发现和知识体系的完善。要以实用为原则、够用为标准，图书馆采购部门应努力搜寻国内外出版信息，掌握相关学科最新出版动态，采集能反映最新学术成果和学术动态的参考资料，在图书品种、数量、质量上尽量满足用户的需求。要准确及时、灵活多样地采购文献，制订完备的购书计划，为高职教育提供优质文献信息。

二、图书馆特色资源建设的策略

1. 收集方法要多样化

由于地区特色文化信息资源具有多样化及分散性的特点，因此，应广开收集渠道，拓宽收集途径，采取多种收集方法。首先，负责采集的人员，要了解掌握地方文献的收藏与分布、出版发行情况；经常与当地档案馆、地方志办公室等文化机构保持业务联系；多与专家学者沟通，获得他们的大力支持；定期到民间采集资料；关注读者反馈意见。另外，由于民族地区高校的教师都较为注重对本地区特色文化的研究，有的高校还设有专门的科研部门，他们在进行教学和科研时，往往收集了大量的第一手材料，因此，图书馆在文献收集方面要充分利用这些天时、地利、人和的优越条件，与这些教师和部门建立顺畅的交流渠道。一方面，图书馆采访人员要主动联系，及时听取他们的反馈意见，另一方面，科研部门和科研人员也能从图书馆的人性化服务中（诸如查重查新、专题书目、数字资源、专家工作室等）得到启发和帮助。这样，双方就建立起良性循环的互动关系。

2. 全面整理、甄别、类聚特色文化信息资源

特色文化信息资源是记载地域内自然、社会和历史发展变化及影响的特定文献，素有"一地之百科"的称誉，对了解与研究地方的政治、经济、文化及人物等具有重要的史料价值，在研究了解地情知识、为当地制定地方建设规划、实施科学决策、发展社会文化等方面有着重要作用。因此，要全面整理、甄别、类聚特色文化信息资源。

3. 高效开发和利用特色资源

在对文献信息资源进行收集时，首先是对地方特色文献的情况进行调查、整理，确定要建设的目标、重点、主题，然后利用采集网络对地方特色文献信息进行采集、分析、评价和排列，剔除不相关的内容，对符合要求的内容进行科学分类，同时进行描述和标引。这样，经过对特色文化信息资源进行收集、整理和开发后，就形成了比较系统的文献资源体系，可以为读者提供高质量的服务。

4. 提高馆员特色馆藏服务水平

要搞好特色馆藏工作，采访和管理人员要具有良好的思想素质，有献身图书馆工作的事业心、勤勤恳恳的工作态度和刻苦钻研的精神；要掌握广博的学科知识，具备合理的知识结构，除了对本专业学科有所研究，对其他各学科也要有相当的了解；要思想敏锐，善

于捕捉来自各方面的信息，掌握出版发行动态；要掌握新的信息技术，即计算机技术、多媒体技术、计算机网络知识、数据库建设的基本技能等，利用计算机网络搜集出版物信息，了解各馆藏书信息，从而开展馆际合作，实现资源共享。

三、图书馆特色资源建设的方法

1. 印刷型特色资源建设的方法

图书馆资源都是基于长期的历史积累，有自己鲜明特色的馆藏结构，通过健全和发展，逐渐形成了图书馆自由的风格和特点。在进行特色资源建设时，要遵循系统性、分层性原则，明确特色资源与一般资源的差别和联系，通过多种渠道、多种信息载体、多种服务方式、多种科技手段，来增加馆藏数量，提高馆藏质量。作为信息资源中心的图书馆藏资源建设，必须兼顾读者不同层次、不同深度、不同目的的文献需求，注意文献的综合性、系统性，将不同学科、不同类型、不同语种的文献资源，针对不同层面的读者加以合理组织和科学配置，建立起一个有主有从，既有系统完整的基本藏书，又有丰富实用的辅助藏书，以及珍贵精良的特色藏书的系统、完整、全面的文献保障系统。

（1）开发利用印刷型特色馆藏，发挥其学术价值

特色馆藏藏品的经济价值非常高，其学术研究价值更不应该被忽视，应开发、利用和真正发挥其学术价值。我国各高等院校图书馆都拥有数量不等的特色馆藏，但校外研究者对其利用率比较低。因此，高等院校图书馆应解放思想，广泛宣传特色馆藏，使其得到广泛利用。

（2）争取资金支持，走可持续发展道路

俗话说"巧妇难为无米之炊"。因此，图书馆的特色资源建设，首先要保证有足够的经费。只有经费到了位，才能全面、系统地采集到符合本馆特色的文献，充足的资金是特色馆藏建设的根本。

（3）培养一批高素质的特色资源管理专业人员

人才是保证特色数据库建设的关键。面对新技术的应用，各图书馆要坚持以人为本，把工作放在本馆馆员自己力量的基点上，把培养人才、建设队伍、提高人的素质放在第一位。特色数据库建设的过程也是一个锻炼人才、培养人才的过程。在提高素质的同时，特别要加强对计算机技术、信息开发技术、网络技术等方面内容的培训和学习，不断提高信息处理和使用技能，使数据库建设人员和维护人员尽快成为数字资源加工与管理、系统开发与维护、知识产权使用与保护以及特色数据库组织运营与管理等方面的专业人才。首先，要指定专业水平高、责任心强、具有开拓创新精神的馆员负责该项工作，以保证入藏文献符合本馆特色要求；同时还要广泛征询广大师生员工的好的建议，群策群力，做好文献采访工作。其次，应培养特色馆藏馆员队伍，设立特色馆藏部。培养特色馆藏馆员是建立特色馆藏的基础和前提条件之一。特色馆藏建设需要一支专业性非常强的馆员队伍。特色馆藏馆员除了掌握图书情报专业知识外，还需要具备一定的历史和考古知识，具备对特殊藏品，如古籍、艺术品的鉴别收藏能力和搜寻珍品的特殊技能，以及超强的实践能力与孜孜以求的工作热情。设立特色馆藏部可在组织机构上得到保障，既能体现图书馆领导对特色馆藏工作的重视，也使特色馆藏工作制度化。

(4) 聘请专家落实管理质量

特色馆藏资源的数字化、特色数据库的选题与建设、特色网络资源导航系统的建立，都不能缺少专家的积极参与，他们是图书馆网络化资源建设的智囊和顾问。当然，在充分肯定专家在文献资源建设中的重要作用的同时，必须认识到，各学科的专家、教授往往偏重于自己所研究的领域，对馆藏资源的整体性往往缺乏全盘考虑，这不利于馆藏文献资源体系的协调发展。因此，文献采购人员必须对来自专家的信息综合分析，总体调控，在文献资源建设总原则的指导下，统筹安排，精心采集，使各学科文献的比例更趋于合理。

图书馆采购人员长期从事图书采购工作，一般有着丰富的经验和基本的学科背景知识，但是他们不可能熟悉整个学校所有学科的教科研领域的文献，对众多学科的课程也不可能一一了解清楚。有了专家学者的参与，可帮助采购人员掌握更多的学科专业知识，拓宽采购人员的视野。这有利于图书馆文献采购人员对文献的科学价值和利用价值作出准确的判断，从而保证入藏文献的质量。

2. 数字化特色资源建设的方法

(1) 做好选题调研工作，提高特色数据库的质量

特色资源的质量是整个馆藏特色化建设生命力的体现，只有特色资源质量得到保证，才能实现其建设的真正意义。选题是特色资源建设的关键环节，国内外建设成功的特色馆藏，往往选题精准。首先要有一个明确的主题，除了要在自己馆藏方面有较大的优势外，还要对此专题有较为全面的了解。这样建设出来的数据库才有自己的特点，有竞争能力，而且可以避免不必要的浪费。要综合考虑所在高校和地区的需求来选定，一个好的特色化选题可以达到事半功倍的效果。在选题上除了考虑本馆服务对象和馆藏特色以外还要做详细的调查研究，要掌握所选项目在国内有无重复或类似，要掌握数据量能否达到一定规模，还要考虑到用户需求量的大小。不局限于以项目建设特色数据库，也可以根据馆藏特色和特定用户需求由本馆支持自主建立特色数据库。

(2) 挖掘重点学科和地域性主题，制订合理详细的计划

每一所图书馆都有自己的重点收藏目标，高校图书馆应根据学校的学科特点、馆藏原则及读者需求等因素来确定文献特色化目标。要在充分了解馆情的基础上，制定符合本校学术研究需要的选题。这是特色馆藏建设取得成功的先决条件。

从地域性文献角度开展特色馆藏建设有诸多优势，如本地人才优势、本地传统文化优势等。目前，国内外开展地域性主题特色馆藏建设具有代表性的有香港大学收集香港历史、社会生活和疆域的出版物以及香港出版的书刊等，形成"香港特色馆藏"；美国斯坦福大学利用其位于硅谷的地域优势，收藏"苹果电脑"等公司的档案，建成"公司"档案特色馆藏；我国的中医药文献经过长期发展也形成了非常鲜明的地域性特色，"北看天津针，南看江西灸"反映的就是具有浓厚地方特色的中医药主题；天津大学的摩托车信息特色资源数据库群，摩托车设计构造并不是天津大学的优势学科，但天津大学依托CALIS专题数据库建设的契机，经多方分析确立了这个选题方向。地方文献和地域特色文献也是等待图书馆采集的一笔宝贵财富，任何地区形成的独具地方特色的文献都是其他地区不能取代的，开发和利用好地方特色文献，一方面可以为涉及地方风土人情、历史沿革等相关研究提供宝贵而丰富的资料，另一方面，也可以为开发地方旅游业、发展地方经济提供信

息支持。事实上，地方特色文献的开发已经受到大多数图书馆的充分重视，成为特色化馆藏建设中的一大亮点。要深入挖掘与探讨此类地域性文献主题，构建特色鲜明的地方性特色馆藏。

除了要深挖地域主题外，图书馆特色资源建设能否有成效，方案的制订也是至关重要的一步。为此，各图书馆务必要搞好调研，并根据本馆、本校、本地区、本系统乃至全国的实际情况，制订出一个科学合理、切实可行的特色资源建设方案，同时要加强组织落实，以促进图书馆特色资源建设。若要建好特色资源数据库，必须从工作的一开始就制订好详细的计划。仔细地搜集学术价值高的特色资源，整理、加工、分类、发布，每一个环节都要做到位，选择最合适的建库软件以及管理软件，以便进行数据维护和信息服务。要考虑建库系统的实用性，操作简单，界面统一，拥有完善的制作流程和相对集中的管理模式。总之，井然有序的安排会减少多余的劳作，方便快捷，提高工作效率。

（3）结合互联网技术，实现信息自动采集

随着计算机网络技术的发展和普及，人类在信息传播和利用上进入一个崭新的世界。超海量的网上信息资源中，蕴涵着十分丰富的地方文献。较之传统载体的地方文献，网上的地方文献具有检索快捷，利用方便的特点，是不可忽视的地方文献的新来源。

网络信息采集技术是按照用户指定的信息或主题关键字，调用各种搜索引擎进行网页搜索和数据挖掘，通过 Web 页面之间的链接关系，从 Web 上自动地获取页面信息，并且随着链接不断向所需要的 Web 页面进行扩展的过程。实现这一过程主要是由 Web 信息采集器来完成的。网络信息资源自动采集系统，是实现图书馆数字资源采集"快、精、广"的利器，但要注意版权问题，需要时候标明转载出处。网络信息采集技术的出现不但解决了图书馆人手不足的问题，而且还可以提高图书馆的工作效率和服务水平。

（4）以优势学科为依托确定特色，建立特色资源预订数据库

在文献资源建设的过程中，每个馆都必须根据自身的服务指向，在文献内容上明确哪些是必须收集、保存的，哪些是可以利用光盘或数据库及网上资源作为虚拟馆藏的内容，以满足不同学科、不同层次、不同深度的文献需求。如何分清主次，确定重点学科，当然得从调查研究出发，根据所在单位的发展规划和学科队伍现状，摸清馆藏家底，并在文献资源体制的服务指向要求下，为文献的遴选确定符合本单位发展需要、自身服务功能和馆藏文献特色的入藏原则。

例如，在 CALIS 联机编目系统中，以"机电"、"模具"、"计算机"、"汽车"等为题名进行检索，再在本馆的自动化系统中进行查重，本馆没有的就直接下载，直接建立预订记录。还可利用国家图书馆 OPAC 编目数据做特色资源预订数据。在国家图书馆的"多库检索"中，以上述内容作为题名进行检索，同样在本馆的自动化系统中进行查重，本馆没有的就重新建立预订记录，按"字段名格式"，复制、粘贴国家图书馆的完整 MARC 记录。再就是利用图书供应商及其他图书馆提供的网上检索平台获取预订数据。例如，中国图书网、超星、书生电子图书、中国互动出版网、卓越网、当当网、珠江三角洲数字图书馆联盟、九羽电子图书、银符考试平台、多媒体库等网上资源，它们有着丰富的特色资源数据，只要善于利用，就会淘出许多宝物。只要图书馆馆员牢牢树立文献馆藏建设就是最大限度地满足教科研和读者需要的观念，持续做好资源整合管理工作，一个具有丰富的特色文献资源的图书馆，就一定会出现。

(5) 坚持特色，优化资源配置

特色数据库的建设需要人力物力的持续投入。学校若能够增加对图书馆的经费支持当然最好。如果资金有限，就要做到资源的合理配置和利用，建设"专而精"的具有特色的文献资源，实现效益最大化，如在进行数字化时，用来加工的计算机、扫描仪如果比较新，会提高成品的质量，使得生成的文件占用硬盘空间小，清晰度却很高，处理速度快，节约大量时间。同时，图书馆也应充分发挥主观能动性，争取向政府、社会等多方取得支持，可以与其他高校按照地区或性质组合的形式联合购买大型数据库。

(6) 重视标准化、规范化建设及维护工作

在图书馆特色化建设中，需要所有图书馆的参与、合作，而且通过网上传输提供服务。需要有一个统一标准，各种标准之间需要联系和协调，建立一个完善的相关标准体系，加以严格遵守。标准化工作是图书馆管理中的基础性工作，必须在建立统一合理的标准和秩序的基础上，才能实现对图书馆建设和利用的效率最大化。标准化工作是关系到当前图书馆资源使用和共享的关键因素，如果不按照标准化建设，数字资源就容易出现重复开发和建设，重复投入和使用，造成人力和物力的浪费，同时造成资源信息的冗余。

目前，数字图书馆已经成为全球信息科学高速发展道路上无可替代的信息资源集散地，它采取的跨地域和跨图书馆的在线查询和使用方式，为科学技术的发展奠定了基础，但数字资源的管理有别于传统管理模式，管理的对象也产生了变化，需要一系列严格的技术标准作为依据，包括电子文档的格式、读取、储存，信息网络标准、检索方式标准等，正是由于数字资源的特殊性要求，对数字资源的标准化建设就显得格外重要。

图书馆数字资源建设体系标准化是众多标准的基础标准，是把所有的标准进行融合和整理，进行宏观的调控和管理。该标准需要具备规范化、制度化、体系化等要求。特别是在管理方面，需要图书馆的各职能部门都能够按照统一的标准和规范指导日常工作，实现各系统、各部门、各资源间的协调一致，为建立一个科学、高效的图书馆数字资源管理体系提供标准。

数字资源的标准化建设主要涉及对各项相关技术标准的制定和实施，要按统一的数据格式、数据库建设规则、连续出版物的著录标准进行特色数据库的建设。同时，现已建成的数据库要按统一的标准进行改进，剔除重复数据，合并同专业同种数据库，以确保文献信息在网上快速流通和资源共享。不过由于数字资源的特殊性，标准化制定的种类比较繁多，大致可以分为9类，分别是系统共用平台标准、数目数据库标准、服务体系标准、数据存取标准、资源交流和共享标准、信息传输标准、软件通信标准、文献著录标准以及人力资源管理标准。

数据库建设是一项长期性的工作，数据录入的完成并不意味着数据库建设的完成。数据库建成后，数据修改、数据维护、数据更新等后续工作是保证数据库质量和数据库提供服务的必要手段，不可轻视。在看到数据库不足的同时，要积极地采取措施进行修改和维护，以期使它们发挥更好的服务效果。

(7) 锐意创新，提升服务水平

一个馆的藏书特色应该是它长期面向特定服务对象而形成的文献资源收藏特点的概括。其形成根源是读者的需求，是"需求"形成了"特色"。这一规律说明，图书馆的藏书建设是以"需求"为导向，以"特色"为其文献资源结构的表现形式。图书馆必须树

立以读者为中心的理念，以满足读者需求为第一要务，在竭诚为读者服务的过程中体现其自身的价值；树立以特色信息服务满足读者的理念，根据社会的需要，根据馆藏特色及地区或系统文献保障体系建设的分工，瞄准服务对象，关注特定群体，充分发挥其信息组织的优势，建设特色信息资源，以独特的信息服务满足读者需求；树立与读者动态需求相适应的理念，强化服务意识，更新服务方式、手段、内容及模式，建立起对用户需求快速反应的运行机制，制定特色的服务规范和管理模式，提供特色知识服务，寻求适合时代发展的图书馆特设资源建设思路。

（8）"以人为本"，提高服务质量和效率

随着信息化、网络化迅速普及，图书馆网络化建设更是有了飞速的发展，读者对信息的需求不再受图书馆地域、空间和开放时间的限制，他们通过先进的技术设备，远程就能获得他们所想要的信息。为了适应社会的发展，更为了进一步满足读者的需求，图书馆在特色资源建设的同时，注重特色数据库的研制开发。这样不仅拓宽了读者获取信息的渠道，而且作为一个完整的、系统的特色资源整合，将成为图书馆长足发展的一个亮点。特色资源建设的目的不能只局限在为读者准确地提供某个信息点或知识点，更重要的是要对信息资源进行深入的揭示，为读者提供知识链和信息链的个性化服务，根本目的就是坚持以人为本，提高图书馆的服务质量和效率。

第七节 图书馆特色资源建设的原则

图书馆特色资源建设是一项长期的系统工程，来不得半点的马虎，更不能半途而废。图书馆特色资源建设的过程中一直遵循着一定的原则，它们是：实用和特色原则、共享和先进原则、标准化和通用性原则、系统性和准确性原则、安全性与可靠性原则、分工协调原则、产权保护原则。图书馆事业是一项古老而常新的事业，而特色资源建设是信息时代赋予图书馆的责任和机遇，也是网络环境下图书馆仍然充满生机和活力的佐证，同时特色资源又都是在一定的历史条件下，随着时间的推移逐步积累沉淀，形成优势，具有相对独立的稳定馆藏，一旦形成特色，就要巩固、健全和发展，尤其是在新的网络环境下，更应该坚持走特色建设的道路，以促进图书馆事业快速、健康地向前发展。

一、实用和特色原则

从本质说，数据库只是工具层面的东西，实用和具有特色才是其目的。建设特色数据库，应体现具有图书馆的特色。所以在确定选题时应注意：特色资源建设的项目选题是否注重面向地方社会经济和教学科研发展的实际需要，同时也从读者使用、读者数量和特色资源质量的角度，优先保障重点学科，最大限度地满足用户需求。

二、共享和先进原则

所谓信息资源共享，是指在特定的范围内，在平等、自愿、互惠的基础上，通过建立图书馆与其他相关机构之间的各种合作和协作关系，利用各种方法、技术和途径，共同建立和共同利用信息资源。特色数据库是文献资源保障系统建设中的重要内容，在用户信息需求不断增长及网络数字资源迅猛发展的形势下，要满足用户的信息需求，扩大自身生存空间，必须走共建共享的道路。图书馆进行数据资源建设时，要根据现有的资源状况结合本馆的优势和特色，在对信息资源进行深度开发的基础上建设自己学科特色的专题信息资源数据库，才能实现资源优势互补和最大限度上实现信息资源的共享。建设数据库时，要考虑数据库是否代表当地水平，在国内外有无较高学术价值；能否在较长时间内保持国内领先地位。对某重点建设项目、重点学科建设的文献保障，是否具有填补空白的作用；对社会发展和经济建设有无促进作用。图书馆之间必须加强沟通和合作，进行交流达成资源共建共享之共识，通过合作进行大规模的数据库建设，避免重复建设。打破各部门各自为政的局面，实行分工协作，联合建库。在建库过程中，一定要采取先进的规范和技术，按元数据标引格式规范、文献著录标准、检索功能等一系列标准要求来建库，最终达到与全国图书馆实现资源共建共享的目标。

三、标准化和通用性原则

数字资源的加工和数据库的建设存在着一系列的数据格式标准和元数据规范。建库前必须注意：为了实现资源有效共享，各承建单位在项目建设中必须遵循通用性与标准化原则，必须遵守网络传输协议、数据加工标准和有关文献分类标引著录规则等要求，采用具有规范化的特色库援建模式和标准化的数据格式、库结构及检索算法，确保数字化产品的通用性和标准化，从而为共建、共享创造条件。根据国家有关文献著录和标引原则，统一的著录标准、标引方式，按照《中国图书馆分类法》（第五版）对文献进行分类，对《中国文献编目规则》进行著录，并按照《中国分类主题词表》进行主题标引。尽量增强文献标引的深广度，扩大检索点，设立途径的检索方式，完善索引，规范机读格式，努力提高建库质量。除采用已有的国家标准外，还要注意同国际接轨，加强国内外检索的通用性。

四、系统性和准确性原则

信息资源建设过程中要注意文献信息资源的系统完整和各类信息资源之间的相互联系；保障重点学科，也兼顾其他学科，逐步完善学科覆盖面，从而形成合理的信息资源建设体系。同时，也要考虑准确性，加工数据时应采取科学、严格的质量管理办法，而且一定要采用准确的原始信息即一次文献，尽可能避免其错误，提高引用率和检准率。从可持续发展的角度来说，特色资源数据库还需经常性地更新和维护。平时要多收集数据库在使用过程中的反馈信息，及时对数据库内容进行替换、删除、修改和整理，确定合理的更新周期，使用户最早获取最新信息，以保持特色资源的生命力。

五、安全性与可靠性原则

图书馆在数字资源建设时，要对大量的数字资源进行加工、存储、传递和管理，并利用网络对众多的终端用户提供各种信息服务，因此系统的安全性十分重要。所以在建设过程中既要选择技术成熟、性能安全可靠的信息存储设备，又要采用先进的网络管理系统，确保网络系统的安全性和数据的可靠性。

六、分工协调原则

从全局出发，统筹规划、分工合作、合理布局，有重点地进行资源建设，体现整体优势，以管理中心为基础构建二级联合保障体系，形成具有较强整体功能的信息资源体系。

七、产权保护原则

建设一个数字图书馆必须尊重信息资源知识产权系统，以避免麻烦。数据库的建设是一项系统工程，知识产权保护是其核心内容之一。知识产权保护贯穿于数字资源加工、组织、管理、传播和使用的各个环节。特色文献数据库的建设应根据不同类型文献存在的法律形态，充分尊重不同著作权人的授权意愿，采取区别对待的原则，为信息资源的有效共享与利用奠定基础。特色数据库的建设必须严格遵守国家知识产权保护法，所有数据来源要产权清晰，发布的一切信息必须符合知识产权保护的要求。

第二章 国内图书馆特色资源建设现状

近年来，国内各级各类图书馆都很重视特色资源建设，为了使读者对国内图书馆的特色资源建设有一个全面系统的了解，本章概述了国内高校图书馆及公共图书馆特色资源建设的现状，并列举了国内高校图书馆及公共图书馆特色资源建设的典型案例。

第一节 国内高校图书馆特色资源建设现状

一、印刷型特色资源建设现状

传统的印刷型馆藏文献在图书馆一直占据主流地位，近几年随着电子文献资源的迅速崛起，印刷型馆藏文献囿于自身的缺点，在与电子文献的分庭抗争之下已成衰弱之势，但是高校读者对于印刷型文献如期刊、图书、特种文献的需求，仍占据主导地位，对高校图书馆的馆藏具有重要的影响，在馆藏建设和资源建设方面，印刷型文献资源建设仍是重中之重。

随着高校图书馆的快速发展，单纯地购买纸本书刊和电子数据库已无法满足读者的需求，因此根据高校的专业设置及读者对文献资源的需求情况建设特色馆藏已成为高校图书馆建设的重要内容。特色馆藏，一是指图书馆所收藏的文献资料具有自己的独特风格；二是指一所图书馆总的馆藏体系与众不同的特点。自20世纪90年代以来，国内很多有条件的大学开始着手建立自己的馆藏。目前来看，国内大部分高校针对特色资源的建设，都各有千秋。

特色馆藏的形成主要有历史悠久，专业积淀、地域优势等方面的原因，如北京大学图书馆长期以来致力于特色馆藏建设，形成了"报纸热点"、"北京历史地理"、"北大讲座"、"古文献资源库"、"李政道图书馆"、"侯仁之赠书"、"马氏专藏"等23个特色收藏栏目，特色馆藏资源丰富；海南大学图书馆有"海南地方文献"专题版块，内容有"海南地方文献目录"、"《黎族藏书》编纂"、"碑碣匾额钟铭图纸"、"海南族谱研究"等地方特色文献资源，也是大学图书馆地域文化的一大特色。

1. 普通高校图书馆

特色馆藏的载体包括纸本文献、数字资源、胶卷、胶片、实物等。少部分高校以纸质资源和实物作为馆藏的载体，如北京大学图书馆、中山大学图书馆主要以纸质文献为特色馆藏，清华大学的"清华珍藏文物部分"以商代甲骨、青铜器、金石、历代铜镜等实物为特色馆藏。通过对所有的印刷型特色馆藏按主题内容进行分类，主要包括古籍文物、外文、学位论文、文库、赠书、地域文化、图片库、教学参考书、其他各类专题

9类。

(1) 古籍文物

古籍文物类特色馆藏包括古籍、地方志、古代民族文字图书、文物和古籍数据库等。例如，北京师范大学图书馆的"古文献珍品"和中山大学的"民国珍藏馆"、"特藏厅"等都收藏有大量珍贵的古籍善本书；北京大学图书馆、复旦大学图书馆、东北师范大学图书馆、浙江大学图书馆和陕西师范大学图书馆等收藏有大量地方志图书并建设了地方志数据库；中央民族大学图书馆收藏有包括蒙、藏、维吾尔、哈萨克、朝鲜、傣、彝等20多个文种民族文字图书；内蒙古大学图书馆收藏有大量蒙古学古籍；清华大学图书馆的"清华珍藏文物部分"收藏有商代甲骨、青铜器、金石及器物拓片，历代铜镜古泉，唐人写经、字画、名人信札，清代缂丝佛像等；山东大学图书馆的"古籍数据库"；吉林大学图书馆的"古籍音韵库与古籍文献库"；中国农业大学图书馆的"农书古籍库"和北京中医药大学图书馆的"馆藏中医古籍数据库"等。

(2) 外文

外文类特色馆藏包括外文文献和原版教材等。建有外文类特色馆藏的图书馆主要有北京大学图书馆、中央民族大学图书馆、北京外国语大学图书馆、中国石油大学图书馆、上海外国语大学图书馆、南京大学图书馆等，分别建有"珍贵西文文献"、"民族学科馆藏外文图书"、"外语教学与研究文献数据库"、"中国海油外文图书馆"、"英语语言文学资料中心"、"南京大学外国教材中心"等。

(3) 学位论文

学位论文是学校教育质量和学术水平的体现，是各高校培养人才的见证。一般高校馆建设有本校学位论文库，只收藏博硕士学位论文或硕士学位论文，而部分高校馆也建设了"部分本科优秀论文或同等学力论文库"，如北京工业大学图书馆的"北工大特优本科生论文数据库"、安徽大学图书馆的"同等学力论文库"。

(4) 文库

文库是指本校教师的专著集合。一般一所高校图书馆只建设有1个文库，但部分图书馆也拥有两个以上文库，如中央财经大学图书馆的"中财教师文库"和"中财博导文库"，南京大学图书馆的"南大人文库"和"中大金大文库"，南京师范大学图书馆的"南师学人"和"本校教师著作"。

(5) 赠书

赠书是图书馆充实馆藏的重要途径，除了可以免费搜集资料、节省购书经费外，对于未公开发售及有价值的非卖品著作，也必须通过"索赠"向研究单位或作者个人索取。目前，北京大学图书馆有"侯仁之赠书"、"方志彤赠书"、"美新处赠书"和"季羡林赠书"的专题收藏。

(6) 其他各类专题

除了上述的几类资源，其他的专题统一归为其他各类专题。其中，纸质特色馆藏资源收藏方式主要是专题阅览室收藏，如中央音乐学院的"书籍特藏部"，上海财经大学图书馆的"500强企业文献资料特藏馆、世界银行资料中心、国际货币基金组织资料中心、瑞士再保险精算资料中心"，东华大学图书馆的"特藏阅览室、服装艺术特色阅览室、留学生之家、党建阅览室"，南京理工大学图书馆的"专业阅览室（军工、文学）"，广西大学的"特藏室"和中山大学图书馆的"校史文献室、聚珍厅、藏书纪念室、岭大珍藏馆、邹鲁校长纪念厅"等。

2. 民族高校图书馆

民族高校办学具有一个共同特点，就是民族特色，反映在图书馆上就是独具特色的地方民族文献馆藏资源。全国近113所民族高院图书馆的藏书已达2000多万册，并收藏有大量的民族文献，如中央民族大学图书馆收藏有有关民族方面的论著7000余种，民族文字图书12万余册。1990年10月，成立了"全国民族高校图书馆协作中心"，1994年原国家教委在中央民族大学成立了"民族学科文献信息中心"，在内蒙古大学成立了"民族学科蒙古学文献信息中心"。

民族高校藏书已成为我国民族文献资源建设中的一个重要组成部分。全国民族高校都相继设立了民族文献资料室，建立了一批民族文献信息中心；如西藏民院的藏学研究中心、贵州民院的全国傩文化研究资源中心、新疆大学的维吾尔及哈萨克学文献信息中心、延边大学的朝鲜学文献信息中心以及吉首大学的地方民族文献中心，等等。目前，高校图书馆对于民族文献收集比较有特色的是湖南省的土苗族文文献、水书。

二、数字型特色资源建设现状

1. 数字型特色资源的文献类型

馆藏资源是指图书馆收集、整理、保存并为读者利用的各类文献的总和，具体包括印刷型文献，数字型文献及其他文献（包括光盘、磁带、缩微胶卷等）等。调查发现，"211工程"高校图书馆的特色馆藏资源均涉及上述3个文献类型，其中以数字型文献居多，即高校图书馆的特色馆藏建设多注重数字型文献的建设。只有北京大学、清华大学和中山大学等为数不多的院校图书馆在主页上有关于印刷型文献馆藏资源及馆藏库室的介绍，有一些图书馆也将随书光盘等其他类型的文献建成可供检索下载的数据库，如安徽大学图书馆、北京林业大学图书馆、东北师范大学图书馆等。

2. 数字型特色资源的主题分布

分析高校图书馆特色馆藏的主题分布有利于了解高校图书馆特色馆藏建设的现况并对其进行定位，还可以为其他院校图书馆的特色馆藏建设提供参考。主要有：学科特色资源、学校特色资源、多媒体资源、地方特色资源、外部资源、教学参考书、古籍特色资源、期刊导航、馆藏图书等其他、本校专家学者特色数据库、民国时期特色资源、解放前特色资源。

（1）学科特色资源

高校图书馆是为学校的教学科研服务的机构，而高校的特色学科发展是学校发展的命脉，因此学科特色馆藏建设是特色馆藏建设的重中之重。主要包括两类资源：第一类是学科专题数据库，如北京邮电大学图书馆的"邮电通信专题文献数据库"、清华大学图书馆的"建筑数字图书馆"、中国海洋大学图书馆的"海洋文献数据库"等；第二类是学科导航，如上海交通大学的lipguides平台，四川大学图书馆的"中国语言文学网络资源导航库"、燕山大学的"自建数据库"、中南大学图书馆的"重点学科导航"等。

（2）学校特色资源

学校特色馆藏主要包括的资源有以下几个方面。

① 本校师生撰写的学术著作、论文，如北京航空航天大学图书馆的"EI 收录北航的文章"、清华大学图书馆的"清华文库"、中国人民大学图书馆的"教师成果库"等。

② 硕博士学位论文，如西南大学、吉林大学、兰州大学、燕山大学等高校的图书馆。

③ 专家教授、国内外社会名流的演讲稿，如北京大学图书馆的"《北大讲座》视频点播资源库"。

④ 学校出版社出版的学术性文献、学校校志、年鉴，如清华大学图书馆的"清华大学学报"，上海交通大学图书馆的"上海交通大学志、年鉴"等。

⑤ 本馆出版物，如电子科技大学图书馆的"馆内刊物"等。

（3）多媒体资源

在高校图书馆特色馆藏资源中，多媒体资源中光盘数据库的数量较多，如安徽大学、海南大学、上海交通大学等高校图书馆对书附光盘进行了数字化转换、编辑、压缩等技术处理，将其转换成计算机可以识别的数字化资料储存在计算机网络服务器上，实现光盘的网上视听阅览，从而进一步实现资源共享。另外，还有形式多样的多媒体资源，如清华大学图书馆的"音视频资源库"、中国科学技术大学图书馆的"VOD 视频点播平台"、中国人民大学图书馆的"缩微资源"、东北林业大学图书馆的"多媒体资源数据库"、兰州大学图书馆的"影像资料数据库"等。

（4）地方特色资源

"地方性文献"一般包括两部分内容：一是地方性专业、学科所需的文献；二是地方文献，其范围很广，凡记载某个地区过去与现在的政治、经济、文化、教育、地理、重要人物事件、风土人情及民间习俗等方面内容的书刊文献，均可称为地方文献。例如，北京大学图书馆的"北京历史地理"、海南大学图书馆的"海南旅游资源库"、四川大学图书馆的"巴蜀文化特色库"、合肥工业大学图书馆的"陈独秀特色数据库"、内蒙古大学图书馆的"蒙古学特色库"、安徽大学图书馆的"徽学论文全文数据库"、南昌大学图书馆的"'红色江西'特色数据库"、西南交通大学图书馆的"峨眉山世界自然与文化遗产特色数据库"、兰州大学图书馆的"敦煌学数字图书馆"、宁夏大学图书馆的"西夏文化数据库"等。

（5）外部资源

外部资源是指非本校图书馆自建而是通过链接实现共享的其他单位的资源，主要包括：CALIS 中心资源，主要涉及"高校教学参考书全文数据库"、"CALIS 专题特色数据库中心网站"、"CALIS 重点学科导航库"、"CALIS 联合目录查询"等子项目资源，如北京邮电大学图书馆、吉林大学图书馆、兰州大学图书馆、西安交通大学图书馆等 14 所高校图书馆的网站有这类资源链接，其中使用最多的是"CALIS 重点学科导航库"，有 8 所图书馆使用该资源；JALIS（JiangSu Academic Library & Information System，江苏省高等教育文献保障系统）中心资源，如河海大学图书馆的"JALIS 重点学科导航系统"、南京师范大学图书馆的"JALIS 教材及教参数据库"和"JALIS 教育学文献中心"等；其他的还有南京理工大学图书馆的"城东高校联合体"、四川大学图书馆的"高等学校中英文图书数字化国际合作计划"、中国科学技术大学图书馆的"NSTL 资源整合检索平台"和"国防科技信息服务系统"等。

(6) 网络导航库

网络导航库主要分为3类，第一类是本校学科导航，如广西大学图书馆的"广西大学重点学科导航库"和四川农业大学图书馆的"四川农大重点学科导航库"等；第二类是各类期刊与网络资源导航，如东北师范大学图书馆的"东北网址导航库"，重庆大学图书馆的"学术期刊导航库"和四川大学图书馆的"口腔医学网络资源导航库、皮革导航数据库、中国语言文学网络资源导航库"等；第三类是各类高校项目合作组织资源导航，如中国药科大学图书馆的"JALIS重点学科导航库——生药学及中药学"，云南大学图书馆的"CALIS导航库"和西北工业大学图书馆的"CALIS重点学科网络资源导航库"等。这类资源最为丰富的是东北林业大学图书馆的"西文期刊导航库、英语学习站点导航、国内主要报纸导航库、全球重要信息导航、国家级重点学科导航库"。

(7) 专题网站

专题网站主要包括中国人民大学图书馆的"经济学知识门户"，北京交通大学图书馆的"数字铁路博览馆"，重庆大学图书馆的"西部轻合金信息网"，内蒙古大学图书馆的"蒙古学信息网"，东北林业大学图书馆的"冷泉港实验室中文网站"，中国科学技术大学图书馆的"火灾科学学术资源网"，武汉理工大学图书馆的"信息技术学科信息门户"、"材料复合新技术学科信息门户"、"交通运输学科信息门户"和"船舶与海洋工程信息门户"等专题网站。

3. 各类专题中特色资源的类型

一是本校或本馆的各类出版物电子版，如清华大学图书馆的"《清华大学一览》、《清华校友通讯》、《新清华》"，南京师范大学图书馆的"校内出版物、本馆出版物"等。二是本校专家库与教师的学术成果库，主要包括论文和获奖情况等信息，如中国人民大学图书馆的"中国人民大学教师成果库"等。三是各高校馆结合自身专业制作的各学科专题数据库，如北京交通大学图书馆的"铁路交通运输特色数据库"，大连海事大学图书馆的"中国航运信息资源库"，北京林业大学图书馆的"馆藏文献花卉库、馆藏文献蝴蝶库"，南京航空航天大学图书馆的"航空航天民航特色资源"。四是各类高校项目合作的成果，如苏州大学图书馆的"清代图像人物研究资料数据库、张謇研究特色数据库、车辆工程特色文献数据库、海洋专业数据库、中外药品质量标准数据库、汉画像石砖数字资源库建设与研究、混凝土安全性——碱集料反应专题数据库、公安文献全文数据库、矿业工程数据库（以煤矿行业为主）、食品科学与工程专题数据库"就是江苏高等教育文献保障系统联合各高校制作的项目成果，中国科学技术大学图书馆的"NSTL资源整合检索平台、NSTL引进资源"就是国家科技图书文献中心的项目成果，四川大学图书馆的"高校联合书目数据库（CALIS）"是中国高等教育文献保障系统的项目成果，华南理工大学图书馆的"轻工技术现代图书"就是高等学校中英文图书数字化国际合作计划项目的项目成果。

4. 特色资源的主题分布

(1) 基于地域资源的数据库

以反映特定地域和历史传统文化，或与地方政治、经济和文化发展密切相关的独特资源为对象，构建特色数据库成为高校馆建设特色数据库的首选，如西南交通大学图书馆的"峨眉山特色库"，四川农业大学图书馆的"大熊猫专题库"，西华师范大学图书馆的"南充名人信息网",阿坝师专图书馆的"羌族藏族研究文献数据库",贵州财经学院图书馆"贵州经济电子地图",重庆大学图书馆的"抗战历史库"以及西南大学图书馆的"抗战文献库"等。

(2) 基于学科专业的专题数据库

学科专业的特色性能体现出一个高校办学的特色,因此高校馆注重以本校学科专业的特色来建设专题特色数据库,如四川农业大学图书馆关于农业畜牧方面的6个特色数据库,成都中医药大学图书馆"养生保健数据库",西华大学图书馆和重庆大学图书馆的"汽车特色数据库",重庆大学图书馆的"生物医药数据库",西南大学图书馆的"农业经济管理专题库",四川理工学院图书馆"酿酒数据库"、"中国盐文化数据库"等。

(3) 基于学校教研成果的数据库

学校师生特别是教师的科研成果能反映出一个学校的科研能力,以此为对象组建特色数据库也是众多高校馆的选择,如西南交通大学图书馆的"交大教学参考书数据库"、电子科技大学图书馆的"成电人著作收藏库"、云南师范大学图书馆"云南师范大学专家信息库"、重庆大学图书馆"硕士学位论文全文库"、四川广播电视大学图书馆的"四川电大网络课件库"以及西南交通大学图书馆的"国家级重点学科网上信息资源导航库"等。

(4) 基于馆藏书刊资料的数据库

具有他馆、他校所不具备或只有少数馆收有的特色馆藏,往往也成为高校馆建设特色数据库时的选择对象。西南地区也有31所高校馆建立了这样的特色数据库,如西南大学图书馆"自建光盘数据库(世纪大讲堂、随书光盘)",昆明理工大学图书馆的"馆藏书目数据库",西南科技大学图书馆的"新书全文数据库",四川烹饪高等专科学校图书馆的"特色书目数据库",贵州民族学院图书馆的"《图情快讯》数据库",西南政法大学图书馆的"缩微图书篇名数据库"和云南大学图书馆的"本校善本书目索引"等。

(5) 音像影视数据库

受众多因素的制约,建有音像影视特色数据库的高校馆不多,仅有3个,分别是重庆大学图书馆的"非主流音乐空间"、贵州民族学院图书馆的"影视空间"和遵义医学院图书馆的"遵医图书馆VOD视频点播数据库"。

三、高校图书馆特色资源建设存在的问题及策略

1. 高校图书馆特色资源建设中存在的问题

(1) 复合型人才缺乏

开发馆藏特色资源的步骤很多,牵涉的方面也很广,对图书馆相关人员的要求也更高。一方面,仅有基本的业务知识已经不够,还需要计算机操作、图像处理扫描、网络技术等基本技能;对于开发专题来说,还需要具有一些学科专业化的知识;更需要了解学校历史、发展历程和学科专业方向。另一方面,随着数字化、网络化、自动化图书馆的到来,图书馆工作人员在逐步减少,而特藏岗位的编制有限,在这种情况下亟须与编研部门联合起来,进行馆内特色资源的开发。编研人员应在开发的过程中熟悉馆藏,了解相关文献,加强自身业务能力,不断学习、吸收新的知识。图书馆也应该以此为契机,抓紧培养人才,锻炼队伍。

(2) 资金、设备和空间不足

在特色资源的建设方面，各图书馆近年已开始投入一定的人力、物力和财力，但相对于图书馆整体的数字化进程来看，特色资源的建设仍显得基础设施不足、技术落后、人员数量少。例如，要开发一个"国内机车车辆发展历程"的专题，首先需要收集大量的资料，这就要花费大量的人力、财力和时间；第二步要进行加工、录入、扫描；第三步，编研整理；第四步，出版、展出电子版或纸质件。由此可见，开发一个专题花费的时间长，人力、财力投入都很大。另外，由于信息技术的快速发展，图书资料等迅速膨胀，所需空间越来越多。建议经费问题可以通过项目申请、国家有关部门规划、学校投资、个人或企业资助等多种渠道解决。

(3) 版权、标准问题

数字化图书馆的发展速度相当惊人，校园网络及大量的电子书刊、数字资源在现代意义的图书馆中起到非常重要的作用。同样，随着特色资源建设数字化程度的提高，版权问题、标准问题凸显。一些单位和部门花费很大力气做特色资源的开发，并出版或提供网上阅览，结果被一些人员轻而易举地拿做他用，严重侵犯开发者的利益和权利。

(4) 少数民族文献数字化资源收藏规模不大

各民族高校图书馆虽然在民族特色文献、民族地域文献、民族重点学科文献的收藏上较其他高校图书馆占有优势，但在馆藏特色文献的全文数字转换上，还没有形成规模。数据库更新慢，数据库之间重复现象较为严重，信息量太小，查全率低，特色不明显。

(5) 无整体、长远、全面的规划体系

由于所处区域、形成历史、自身地位各不相同，每个图书馆在长期的发展过程中逐渐形成了自己的收藏特色，有些以地方文献为主，有些以民族特色为主，有些以重点学科或者某个专题为导向，形成自己独特的馆藏资源。在研究资料上，特色资源因强调其特色，各图书馆之间无论在形式和内容上都有差异，还没有形成一定的体系，更没有给出一个较为完善的合理规划。各高校之间基本上是各自为政，自由发展，重复建设，资源浪费。建议由中国高校图书馆学术分会统筹规划，每年定期召开会议，探讨开发特色资源，形成整体全面的规划体系，各高校图书馆应及时就本校的开发计划与有关组织机构沟通。

(6) 共享渠道不畅通

特色资源建设还面临一个瓶颈——由于知识产权问题没有解决好，导致各高校图书馆花很大力气开发的特色资源，认为是自身的"秘密"，不愿通过印刷、出版或电子网络发行出去，让大家共享。导致共享渠道不畅，利用率不高，造成人财物的浪费。应用跨库检索整合数据资源缓慢。由于数字资源整体呈现无序化分布，内容组织的程度不高，资源间交叉关联程度较低，致使用户需要在不同的网络环境和不同的信息空间中切换，这无疑已成为用户获取信息的一种障碍，使得越来越多的用户希望能够得到关于数字资源的空间范围和基于知识内容的相互联系的整体揭示。宏观协调和协作能力不强。各民族高校图书馆仍然在条块框架下独自建设，对现有资源如何共享，对未来资源如何共建，形不成一个共同遵循的原则，建库缺乏整体性，信息组织有序性差，网络信息质量参差不齐，查准率不高，影响了信息资源的交流和共享。

2. 高校图书馆特色资源建设的策略

高校图书馆经过数十年的发展，不再仅仅是一座藏书楼，面对新的挑战，不同区域、不同类型的高校图书馆建设馆藏资源时需突出地方、学科、历史等特色，为教育和科研工作提供完整的文献保障，促进当地文化和经济的发展。

（1）加强技术性人才引进，提高信息资源服务水平

目前，印刷型馆藏虽然在图书馆中仍占据主要地位，但是数字资源的拓展已不容忽视。如果能更好地服务读者，吸引读者使用图书馆，数字资源的引进以及二次深加工都在很大程度上决定了读者的利用率。因此，仅有图书馆业务知识的馆员已经不能满足图书馆的需要，而熟知计算机、数据库或者编程的技术人员则应该加大引进力度，快速加入到图书馆的队伍当中。近年来，各个图书馆都加强了技术型人才的引进工作，数据库的二次开发，自建数据库、特色资源库的建设都离不开他们的努力。

（2）特色资源建设的资金投入应加大，提高宣传推广的力度

目前，各个图书馆都在大规模地购买数据库，"211"工程大学的图书馆，每年购买数据库的经费都在千万以上，但是特色资源库的建设，只占了其中一个很小的部分，且特色馆藏具有稀缺性、排他性和学术独特性的特点，一般情况下通过纸质文献与电子文献、实体馆藏与虚拟馆藏、馆际互借与资源开发的结合，逐步建立具有特色的馆藏资源体系，使馆藏信息资源配置合理化、数量最大化、质量最优化和利用高效化，从而满足读者对特定知识的需求或实现某些特定的目标。但这都需要大量的资金投入和后续费用的维持。最大限度地发挥馆藏特色资源的利用价值，实现馆际之间和网上信息资源的共享和共存互补，充分发挥图书馆信息服务的整体效应，扩大特色资源的宣传和推广服务工作，使越来越多的人了解特色资源，使用特色资源，从而从根本上达到图书馆服务读者的目的。

（3）坚持数字信息资源的自主权

数字信息资源的独有特征——共享性，使其不像物质和能源的利用那样表现为独占性。但是，在市场机制的作用下，数字信息资源的保护问题相当敏感，其中最为突出的就是版权保护，它涉及如何保护作者、资源建设者和用户的合法权益。据世界知识产权组织统计，大约有130多个国家和地区的著作权法以各种方式规定了对数据库的著作权保护，许多国际多边条约和区域性条约对此也作了规定。因此，在图书馆数字资源的建设过程中，一定要坚持数字信息资源的自主权。

（4）加强民族文献的收集和整理，加强民族文献特色数据库的建设

民族高校图书馆的特色馆藏数字化建设依赖于资源共享平台，但目前只有内蒙古大学承应了我国高校文献资源保障体系CALIS的重点学科专题数据库的建设工作，蒙古学特色数据库是CALIS项目资助的25个特色数据库之一，在蒙古学的建设与揭示方面具有一定的学科导航意义，西南民族大学、中南民族大学对民族网站作了相关链接，吉首大学对海外中国学网站作了链接。但从整体上看，普遍缺乏对网上动态信息资源的跟踪、评价、揭示。因此，民族高校图书馆要遵照CALIS的技术标准与规范，选择一个合适的信息加工平台（提供全文检索的支持），加强与联盟馆的协调与合作，用统一的标准建设有所分工、各具特色的数字资源库，真正实现信息资源共建、共知、共享。

（5）统筹规划、合理安排，加强特色资源的整体规划，防止重复建设

特色数字馆藏的可持续发展能力决定数字图书馆的生命力。图书馆要在丰富的、可靠的、持久的、适用性强的数字资源中挖掘特有的内部资源，并将其保存、转化为特色数字馆藏，同时加强馆际合作与交流，有计划、有组织、有步骤地建设数字馆藏。图书馆特色

资源建设应充分发挥本馆资源优势。通过统一的协调管理，采取分工协作、联合建设的工作方式，不断更新和丰富各种特色资源内容。

（6）实现资源的共建共享，防止资源浪费

互联网的快速发展，改变了高校用户以往的信息获取方式，信息资源共建共享以及高校内图书馆利用网络满足用户需求显得越来越重要。因此，需要建立区域性高校图书馆信息资源共建共享体系，开展联合咨询与开发，提升图书馆的核心竞争力，更好地为用户服务。

第二节　国内公共图书馆特色馆藏建设现状

公共图书馆的职责是满足当地经济建设、社会发展、文化保护和群众文化生活对于文献信息的需求，因而特色资源的建设首先是以地方文献为主。因此，全国各地的公共图书馆在特色馆藏文献方面，基本上以地方文献为主。而国家图书馆，建馆已逾百年，馆藏丰富，且在更大程度上涵盖了目前国内公共图书馆的印刷型特色馆藏资源。

一、公共图书馆印刷型特色资源建设现状

在长期的文献积累过程中，国内公共图书馆形成了宝贵的地方特色馆藏，包括地域型特色文献、社会型特色文献、历史型特色文献、其他特色文献和民族特色文献。

1. 地域型特色文献

在地方特色文献信息资源中，首当其冲的就是地方史志、家谱、风景名胜古迹、世界文化遗产、水文气象资料、地理资料、特产资料等地域型特色文献。例如，黄河流域文化和长江流域文化各具特色，再细分有秦陇文化、中原文化、齐鲁文化、青藏文化、巴蜀文化、荆楚文化、吴越文化等，进一步细分则各省（自治区、直辖市），市，县，乡甚至村，都有自己的文化，反映在文献上也就各具特色了。历史上，国家编正史、州县纂方志、家族修谱牒，旁及山河志、名胜志、庙宇志，当今又新增了行业志、部门志、村镇志等，地域型特色文献可谓汗牛充栋。目前，国内存世的解放前编印的家谱达5万部，剔除重复者仍有3万种，其中上海图书馆便收藏了11200部。由于在移民史研究、历史人口研究和社会历史研究中具有存史、资政、教化、造福等诸多功用，因此家谱是值得大力开发利用的。

2. 社会型特色文献

社会型特色文献中，以各个民族、各个部落所创造的各具特色的亚文化信息资源为大头，除器物文化藏品由博物馆收藏外，反映观念文化和制度文化的文献资料都是由图书馆收藏的，并且主要保存在各级公共图书馆里，它们包括记录汉族、藏族、蒙族等56个民族的风土人情、礼仪习俗、宗教信仰、生活方式、典章文物、道德准则、人生哲理等的文献资料。从这些文献资料中，不仅可以发掘出影响社会心理和行为的文化价值观念，还能探寻各民族各族群繁衍生息、生产劳动、革命斗争、文化娱乐的风貌。例如，湘西土家、苗、汉、回、白、瑶、侗、壮等民族的神话传说、巫文化、渔猎文化、喜庆文化、服饰文

化等，均在湘西土家族苗族自治州图书馆的馆藏中得到了较充分的保存。

3. 历史型特色文献

历史型特色文献包括记录历朝历代政治、军事、外交、经济、教育、文化、民众生活等活动的文献资料，如江西省图书馆收藏地方文献 500 部，地方志 1200 部，人们从《欧阳文忠公集》、《野议·谈天·论气·思怜诗》、《江西通志》、《江西民国日报》等镇馆之宝可饱览赣鄱大地的悠久文化和历史风云。辽宁省图书馆以东北地方文献和伪满时期文献著称，其中《盛京时报》、《东北日报》、《满洲报》、《大同报》、《奉天统计月报》、《北满经济月报》、《新满洲》、《大同文化》等历史报刊以及《东北文献图录数据库》、《张学良将军专题资料数据库》久负盛名。在历史型特色文献中，江西、湖南、湖北、陕西、山西、江苏、上海等地方的革命历史文献，更构成公共图书馆的一道亮丽风景，是开展乡土教育、党史教育、革命传统和爱国主义教育的珍贵信息源。

4. 其他特色文献

由于某个特殊时期、某种特殊历史地位或者特殊的地缘关系，公共图书馆还可能拥有其他一些特有的文化资源，如广东省立中山图书馆的东南亚及华侨资料、重庆市抗日战争时期有关"陪都"的馆藏、厦门市图书馆的台湾地区文献、深圳图书馆的港澳台资料、江西省图书馆的中央苏区文献、辽宁省图书馆的满铁等伪满时期资料，也是这些图书馆特有的地方特色文献信息资源。

5. 民族特色文献

从 1978 年实行改革开放政策以来，民族地区的各类型图书、信息、档案等文献信息单位和全国各相关科学研究、出版机构，先后编制了蒙古文、藏文、满文、朝鲜文、维吾尔文、哈萨克文、纳西族象形文、傣文、彝文等民族文字文献书目、索引、文摘、提要等，其数量之大、类型之多、质量之高、效益之巨都是前所未有的。例如，国家书目性质的综合目录有《中国蒙古文图书综录》（1974—1986 年）、《中国朝鲜族图书总目录》（1974—1991 年）等；全国性的联合目录有《全国蒙文古旧图书资料联合目录》、《全国满文图书资料联合目录》等；专题书目索引有《大藏经丹珠尔目录》、《蒙古学论文资料索引》（1910—1985 年）等；出版发行目录有《民族出版社图书目录》（1953—1993 年）、《（蒙古语文）杂志总目录》（1954—1984 年）等，其他各文献信息单位编辑的馆藏民族文献目录及用汉文编辑的民族文献目录，数量更大。

全国目前有 596 所民族地区公共图书馆，藏书总量 3000 多万册。其中，内蒙古、广西、西藏、宁夏、新疆五大自治区图书馆图书总量达 518.8 万册，内含少数民族文字图书 125.1 万册，占总藏书量的 24%。各民族地区图书馆逐渐成为本地区民族文献的存储中心、信息中心和交流中心，如内蒙古自治区图书馆已经成为全国蒙古族文献收藏和书目中心，现收藏蒙文图书 5 万多册，另与蒙古族历史文化有关的藏、满及日、俄、西文藏书 10 万余册，成为全国收藏蒙古族文献最丰富的图书馆。

随着民族古籍工作的不断发展，民族古籍整理、出版、研究机构已遍及全国各地。在北京、辽宁、吉林、黑龙江、内蒙古、甘肃、宁夏、新疆、青海、云南、贵州、四川、广西、广东、海南、河北、河南、西藏、浙江、福建、山东、湖南、湖北等省、自治区、直辖市相继建立了民族古籍整理研究所、民族古籍出版社以及相应机构。到目前为止，全国已出版了5000多种民族古籍，有些重要典籍诸如《中华大藏经》、《甘珠尔》、《丹珠尔》、《八旗通志》、《新疆图志》、《西南彝志》、贝叶经、菩提经等还在国际书展中引起学术界的广泛重视和好评。

二、公共图书馆数字型特色资源建设现状

公共图书馆的特色数据库，是指能够体现公共图书馆文献和数据资源特色的信息总汇，是公共图书馆根据本馆的馆藏特色、地方特色，集中收集各类带有指引性的专题文献建立起来的独具特色的、可共享的文献信息资源库。根据百度搜索中国地图对市级以上公共图书馆逐一进行统计，共有78个公共图书馆建立了483个特色数据库，建设特色数据库最多的省份是江苏，有13个市级以上公共图书馆建有特色数据库，其次是广东省，有10个市级以上公共图书馆建有特色数据库，再次是浙江，有6个市级以上公共图书馆建有特色数据库。而地处西部较落后的西藏、青海、云南、贵州省没有一所公共图书馆建设特色数据库，这说明公共图书馆自建的特色数据库与所处的地域经济有关。调查发现省级图书馆在建设特色数据库中真正起到龙头作用，充分发挥了在地方文化建设等的重要作用。

1. 地方文献特色数据库

地方文献特色数据库是指有关本地有历史价值或参考价值的资料，包括史料、人物、出版三个组成部分。史料主要包括地方史志、年鉴、家谱、族谱等历史资料，如国家图书馆建立的敦煌文献、西夏文献、地方志，山西图书馆建立的山西家谱等就属于此类数据库。反映人物的数据库不仅包括当地籍贯的古今名人，也包括对当地有影响的人物；不仅有以个体建立的数据库，也有以团体建立的数据库，如常熟图书馆建立的古代名人、近代名人、现代名人、金曾豪文学数据库。出版主要为反映地方的图书、期刊、报纸而建立的数据库，如哈尔滨图书馆建立的馆藏哈尔滨地方文摘、建国前报纸全文数据库、中东铁路画册数据库。公共图书馆作为地方文献信息中心，拥有大量的地方文献，这是目前公共图书馆特色数据库建设的主体。一些图书馆把地方文献转化成全文数据库，一些图书馆仅建成文献目录。

2. 地方文化特色数据库

地方文化特色数据库就是以特色文化为数据报道源而建立的数据库，它是指某一地区特有的且又有一定影响和较大价值的文化，具有地方性、特色性、影响性、价值性等特点，既包括物质文化也包括精神文化。它涵盖历史、文学艺术、风景名胜、土特产乃至风俗习惯、宗教信仰等领域。

3. 专题特色数据库

专题特色数据库是指为满足特定读者需求，根据本地发生的特定事件建立的特色数据库。这类数据库有些反映了特定的历史事件如抗日战争期间很多地方留下了不同的珍贵历史资料，也出现了一大批为了民族而奋斗的英雄，为了保存历史资料和弘扬民族精神，辽宁图书馆建立了"东北抗战事件库"、"九一八专题数据库"、"东北抗战图片库"、"张学良专题数据库"；武汉图书馆建立了"二七工人运动数据库"，山东图书馆也建立了"五

三惨案数据库"。也有一些专题特色数据库根据当地的特定事件而建立,如甘肃图书馆建立的"沙尘暴研究专题数据库"、"甘肃工业发展研究专题数据库"等。

4. 图片、多媒体数据库

图片、多媒体数据库是指以当地遗留下来的珍贵图片、照片等为来源通过扫描、翻拍等技术制成数字资源以及将当地的视频进行收集建立的数据库,如首都图书馆建立的"古籍插图库"、"奥林匹克运动会与艺术多媒体资源库"、"中国人民解放军将帅多媒体资源库",南京图书馆建立的"古代体育图片库",湛江图书馆的"多媒体视频点播"等。

5. 经济参考决策数据库

经济参考决策数据库是指支持本地经济、参考决策建立的数据库,如黑龙江图书馆建立的"黑龙江边境贸易"、"黑龙江农业"数据库,常州图书馆建立的"参考消息"数据库,张家港图书馆建立的"决策参考"数据库等。

公共图书馆特色数据库文献类型多种多样,除有图书、期刊、会议录、论文集等,很多特色数据库还具有图片、音频、视频信息,成为真正意义上的多媒体数据库,如国家图书馆自建的数据库有中文电子图书、博士论文、民国文献、在线讲座、在线展览、甲骨实物与甲骨拓片、敦煌文献、金石拓片、地方志、西夏文献、年画、音像资源。特色数据库资源总量已达130TB,其中全文数据内容已达到1.2亿页。在数据库类型方面,大多数数据库都提供了全文,可直接满足用户获取信息原文的需求。

三、公共图书馆特色资源建设存在的问题及策略

1. **公共图书馆特色资源建设存在的问题**

(1) 反映地方经济、政治、参考决策等内容的数据库偏少

从公共图书馆建设的特色数据库现状分析可以看出,反映地方经济的特色数据库仅有9个,参考决策的特色数据库也仅有5个。公共图书馆应为当地经济发展、政府决策以及当地的企业、社团和利益集团提供必要的信息服务,而目前的情况却与公共图书馆职责相差甚远。

(2) 重复建设,缺乏协作,资源不能共享

从公共图书馆所建特色数据库看,有重复建库现象,如哈尔滨市图书馆、辽宁图书馆、大连图书馆都在建"振兴东北老工业基地"数据库,只是专题名称稍有差异,造成资源浪费。一些特色数据库规模太小,专题分得过细,如常熟图书馆建设的"古代名人、近代名人、常熟两院院士"显得太臃肿,如果能改为"常熟名人"让人看了一目了然。建设特色数据库需要大量的人力、物力、财力,数据库建成之后一些图书馆由于缺乏以上资源,对数据库深层次开发也不够重视,数据库建设宣传的资料更是少之甚少,使得建设的数据库不为广大市民所知。还有一些公共图书馆网络连接也不够通畅,数据传输速度较慢,部分数据库还受到IP地址限制,给用户使用带来诸多不便。这显然违背了特色数据库建设初衷。

(3) 数据库缺乏标准化和规范化

建设数据库需要选择建库软件,某些公共图书馆自行开发数据库软件,某些公共图书

馆则购买相应的软件,这样公共图书馆建设特色数据库都是在各自的系统平台进行,没有统一标准,由此造成数据格式各不相同。数据库建设的标准化、规范化是实现信息资源共建共享和文献信息检索自动化的重要基础与前提之一。目前,公共图书馆自建的特色数据库大多数标准化程度低,这给数据交换、联网带来诸多麻烦,其利用、共享也受到影响。由于国内缺乏统一的信息资源建设系统,管理方面也处于比较混乱的状态,各系统都有各自的标准。在数据库管理系统的标准化方面,具体表现在基于数据库管理系统的标引系统、检索系统和操作系统等多种多样,数据库格式、字段不一;数据的标引、分编、检索点选取没有统一的标准和严格的质量控制,由此造成数据库的兼容性与互操作性差,原始数据处理不完备、不准确、不规范、不统一,从而影响了数据库的共享,限制了数据库作用的发挥。

(4) 检索方式和途径单一

在所调查的公共图书馆中,自建的特色数据库只有少部分提供高级检索,多数特色数据库没有简介,用户操作界面也不够友好;一些数据库在本馆主页很难找到,要找到它需要多次点击,如福建省图书馆、上海图书馆等建立的特色数据库就很难找到;一些数据库甚至没有检索功能,只能简单浏览,如杭州图书馆建立的"艺术鉴赏"、"之江文学"、"文澜书话"、"杭州杂志"、"文化杂志"只有分类浏览,没有检索功能。在检索途径方面,虽然一些数据库提供了题名、著者、关键词等多种检索途径,但多数数据库没有提供检索式的构建,更没有提供二次检索,造成用户查全率和查准率不高。

(5) 知识产权问题突出

知识产权问题导致全文数据库开发以古籍为主在数字信息资源建设过程中,涉及许多知识产权问题,特别是著作权问题,这就迫使各馆在建设全文数据库上,处处小心谨慎。各馆开发特色数据库的重点依然停留在古籍上,如首都图书馆的"北京记忆",上海图书馆的"家谱数据库",浙江省图书馆的"民国期刊"、"古籍"等都是与古籍保护相关的,而对现代的文献的数字化工作常常因为知识产权的问题而搁置。

(6) 建设经费得不到保障

随着信息社会的到来,计算机和网络设备等硬件设施得到了各级部门的重视,往往容易获得省市财政和经费支持,图书馆没有专项资金进行馆藏资源数字化工作,这也客观上导致了数据库开发深度不够,数量不足,更新缓慢,大量数据库由于版权问题仅能在局域网上使用,造成数据库利用率不高。

2. 公共图书馆建设特色资源的策略

(1) 加大数据库建设的力度,加强联合,建设专题知识库

公共图书馆应为当地领导科学决策本地的经济、政治等建设提供参考服务。数据库建设需耗费大量的人力、财力、物力,若每个图书馆都独立进行,必然受到技术、人力、资金及资源的制约,难以保证数据库的质量。省级公共图书馆在建设地域特色数据库中应发挥龙头作用,规划布局市级公共图书馆的建设,避免重复建库。另外,还应与当地高校图书馆、地方研究所、博物馆、文化馆、各地县志办等共建特色数据库。这些部门都收集了大量有价值的地方文献,如果将这些资料联合整合、形成资源相互补充,实现各单位人、财、物优势互补,走联合共建之路,建立专题知识库,可以使知识库内容丰富、充实,从

而可推进网络资源共享。

(2) 加强数据库的标准化和规范化

公共图书馆特色数据库建库软件的自主选择，致使软件平台、系统等不统一、元数据标引格式不规范、文献著录不标准等，因而各图书馆所建的数据库不仅数据库结构本身不兼容，用户检索界面、语言等方面也存在较大的差异，这些都影响了数据的质量和查询服务效果，给数据交换带来诸多不便。针对上述种种情况，主管公共图书馆的政府部门应下放权力或委托权威机构，如国家图书馆、上海图书馆制定一套适合其特色数据库建设的统一标准和规范，使之具有共享性。1999年由教育部启动的中国高等教育文献保障（CALIS）体系，规划了自建特色数据库的标准，2003年有88所高校图书馆获得资助，自建的特色数据库都要按照 CALIS 建库标准建设，以后高校图书馆自建数据库应遵守 CALIS 相关标准。这方面高校图书馆系统建立的 CALIS 系统无疑起到了带头作用。2002年由文化部和财政部组织实施的"全国文化信息资源共享工程"，建立由国家中心、省级分中心、基层中心组成的网络，进行文化信息资源的建设与传播，为社会大众提供信息服务，多数公共图书馆也参与了此项工程的建设。这些举措无疑对数据库的建库标准和规范起到良好的作用。

(3) 合理解决知识产权纠纷问题

从特色数据库现状分析可以看出，目前版权保护问题已成为制约数据库建设的突出问题。我国2001年新修订的《中华人民共和国著作权法》应网络环境的需要，修改了权利限制条款，同时确立了著作权集体管理机构解决统一授权的法律地位，这无疑为自建特色数据库中知识产权问题的解决提供了法律依据。公共图书馆在自建特色数据库中应注意版权保护的标准、数据的合理使用、使用后出处标引和平衡各方利益等问题。

(4) 宣传推广

数据库建设的最终目的在于利用。目前，公共图书馆只注重数据库的建设、更新维护，忽略了数据库的推销，使得本来很有使用价值的数据库变得无人知晓，浪费了宝贵的资源。图书馆应该借鉴企业发展中的营销运作方式，融入市场机制，提高数据库应用率。

第三节　国内高校图书馆特色资源建设案例

本节以清华大学图书馆、北京大学图书馆、浙江大学图书馆、中山大学图书馆为例，介绍国内高校图书馆特色资源建设案例。

一、清华大学图书馆

清华大学图书馆的特色资源以印刷型资源为主，并对部分特色资源进行了数字化加工，建成了特色数据库。下面从印刷型特色资源和特色数据库两个方面来介绍清华大学图书馆的特色资源建设情况。

1. 印刷型特色资源

清华大学图书馆在近百年的发展历程中，积累了一批颇具特色的馆藏，其中包括古籍，清华文库，清华学位论文库，"保钓、统运"资料，科恩图书室，玻尔文献室，社会名人捐赠，地方志及地方文献，工艺美术特色资源。

① 古籍。清华大学图书馆目前珍藏有中文古籍 28000 余种、230000 余册，其中被《中国古籍善本书目》收录有 1885 种、孤本 425 种。这些馆藏古籍文理兼优，四部咸备，在海内外古籍界有一定的影响。

② 清华文库。"清华文库"主要收藏清华大学学人（包括曾在清华任职的教师、工作人员和历届校友）的个人学术著作；清华大学自建校以来的校刊及其他内部或对外出版刊物，以及各种有关清华大学人、事、物、历史等的书籍资料等。

③ 清华学位论文库。"清华学位论文库"包括从 20 世纪 20 年代末到 60 年代的部分毕业论文和 20 世纪 80 年代起至今的全部博士、硕士学位论文。

④ "保钓、统运"资料。20 世纪 70 年代，在美国的一批中国台湾、香港留学生发起了以"保卫钓鱼岛"为中心的爱国运动，历经 10 年之久。"保钓、统运"资料是由当年参与保钓运动的人士捐赠给清华大学图书馆的。这批史料真实地记录和反映了这段历史。

⑤ 科恩图书室。"科恩图书室"收藏了美国波士顿大学教授、科学哲学大师罗伯特·科恩捐赠给清华大学图书馆的私人藏书 21000 余册，其中包括从出版至今共计 250 卷的 *Boston Studies in the Philosophy of Science*、*Vienna Circle Collection*，共计 350 卷的 *Syntheses Library* 以及哲学、社会科学、马克思主义研究及艺术建筑领域类的图书期刊。

⑥ 玻尔文献室。尼耳斯·亨利克·戴维·玻尔是丹麦著名物理学家，诺贝尔物理学奖的获得者。他是原子结构学说之父，哥本哈根学派的创始人，因其学说已被历史证明是现代原子学说和量子力学的起点，被公认为是 20 世纪与爱因斯坦并驾齐驱的伟大人物之一。清华校友戈革先生是 12 卷《尼耳斯·玻尔集》的独立汉译者，为此获得丹麦女王玛格丽特二世授予的"丹麦国旗骑士勋章"。戈革先生几十年来收集和整理了诸多珍贵文献、照片、物品，在他去世两年后，于 2009 年 7 月由其女戈疆全部捐赠给清华大学图书馆以成立玻尔文献室。

⑦ 社会名人捐赠。"社会名人捐赠"包括国际知名记者爱泼斯坦先生的藏书在内的诸多国际友人、政府政要的捐赠。

⑧ 地方志及地方文献。自 21 世纪初开始，清华大学图书馆大力收集各地方志和地方文献，目前已收藏来自北京、上海、浙江、江苏等 24 个省、市、自治区地方志 3000 多册。

⑨ 工艺美术特色资源。清华美术图书馆特色馆藏包括各个历史时期的中国陶瓷，古今名家书法绘画，明清古典家具，明清及现代染织刺绣作品，民间工艺美术与少数民族工艺美术的各类作品，世界 29 个国家和地区的传统及民间工艺品等。

2. 数字型特色资源

自 20 世纪末以来，清华图书馆一直在开展馆藏数字化工作，目前已建成可提供在线阅览的自建数字化资源主要有清华大学学位论文服务系统、清华大学学生优秀作品数据库、中国科技史数字图书馆、清华大学教育资源数字图书馆。

（1）清华大学学位论文服务系统

"清华大学学位论文服务系统"收录了清华大学 1980 年以来的所有公开的学位论文文

摘索引，绝大多数可以看到全文。为保护版权，学位论文全文为加密的 PDF 格式，需下载"阅读器插件"才能阅读，保存在本地的论文只能在本机阅读，不能通过邮件转发或复制到其他机器阅读，加密论文阅读期限为 1000 天，过期需重新下载。读者在查阅电子版论文过程中，若确有打印需求，可到清华大学图书馆信息服务中心，按版权规定付费打印。

该服务系统的检索分为三大部分：基本检索、高级检索、分类浏览检索。在基本检索中用户可以任意选择三个字段进行组合检索；在高级检索中用户既可以自己输入检索表达式进行检索，又可以利用系统提供的检索表达式生成器来检索；而在分类浏览检索中，用户可以先找到自己要浏览的类目主题，然后再根据具体情况在此主题下检索或二次检索。该服务系统支持直接在页面上取词检索，可以拖动鼠标左键来选择检索词检索。在检索时可以选择检索和二次检索，检索是在读者上次检索范围内检索，二次检索则是在读者检索内容的基础上检索。检索系统在关键词、主题词、作者、来源刊名、分类号等字段内容显示时支持相关查询；检索字段包括论文题名、作者、摘要、学校、学科、正导师、副导师、学位、关键词、学号、ID、正文。

该系统仅对该校在职教工和在校研究生、该科生开放，默认为 IP 登录，如果读者的 IP 在许可范围内，则可以直接检索；如果在校外使用，需通过校外访问控制系统登录。

（2）清华大学学生优秀作品数据库

"清华大学学生优秀作品数据库"是清华大学图书馆与清华大学教务处、清华大学经管学院等单位合作建立的，收集了清华大学学生特别是本科生优秀成果，是一个展示清华大学本科教学与科研成果的窗口。该数据库的内容包括本科生优秀毕业论文、课程优秀作业、大学生研究训练（Students Research Training，SRT）优秀报告等。

"清华大学学生优秀作品数据库"为 OAPS（Outstanding Academic Papers by Students）数据库中的共享数据库之一。OAPS 数据库是由北京清华大学、香港城市大学、台湾逢甲大学三校联合首创，厦门大学、上海交通大学等单位陆续加入的共享项目，主要收录各成员单位的学生优秀作品。OAPS 数据库所收录作品的所有题录信息由各成员单位共建共享，作品全文的授权分为三个级别：VA1 级只在校园网内供本校师生使用；VA2 级可供 OAPS 成员单位共享；VA3 级将开放浏览，并有可能通过电子、网络等数字媒体形式公开出版。作者（或其他著作权人）可选择授权级别。

该数据库提供简单检索、高级检索和浏览功能，检索字段包括：题名、作者、关键词、学科、摘要、系列等；读者可以按作品类别、发表日期、作者、题名、学科进行浏览。

（3）中国科技史数字图书馆

中国科技史数字图书馆包括清华大学建筑数字图书馆、中国机械史数字图书馆、中文数学数字图书馆、中国水利史数字图书馆。

① 清华大学建筑数字图书馆。英文为 Tsinghua University Architecture Digital Library，简写 THADL，是由清华大学图书馆、计算机科学与技术系、清华大学建筑学院三方精诚合作共同研制开发的。THADL 网页包括营造学社历史、建筑论坛、个性化服务、站内留言等版块。"营造学社历史"版块以营造学社年代为主线，详细介绍营造学社的历史、主要成员，学社拍的照片，学社画的测稿，学社画的图纸，学社出的汇刊，学社出的专著，梁思成的影音文件，照片内容的现状，营造法式的动画等。这部分以图文并茂的形式展

示。"营造学社历史"版块提供简单检索、高级检索和浏览功能，简单检索提供题名、责任者等基本字段的检索，高级检索界面具有很多检索字段，可以进行多字段的匹配检索，检索限定范围包括：系统管理、资源名称、内容描述、主要责任者、其他责任者、主题、出版社、资源格式、资源唯一性标志、资料出处、语言、关联、时空覆盖范畴、数字式资源权限管理，在每一个检索限定范围内都提供具体的限定字段，如系统管理限定字段有资源ID、数字化资源制作、资料整理、内容标引、标引指导、数据审核、质量控制；页面提供学社汇刊、学社专著、学社图纸、学社测稿、学社照片等资源的浏览。"建筑论坛"版块具有加入讨论区和聊天等类似的功能，大家可以对感兴趣的问题进行讨论。"个性化服务"版块通过用户登录来实现，首页右边有用户登录要求，登录后用户可以享有个性化服务，可以申请的公开权限只有一般用户，如果要申请高级用户，可以发信给主页管理员。"站内留言"版块为用户提供留言给管理员的功能，并且其他用户可以浏览留言。此外，页面还提供"清华大学建筑数字图书馆"利用方面的帮助，方便读者了解、利用本网页资源。

② 中国机械史数字图书馆。是清华大学图书馆利用其丰富的收藏和特色资源，收集中国古代机械技术典籍和清华大学中国工程发明史编辑委员会所抄录的卡片等珍贵的资源并数字化，展示了中国古代机械史的丰富内涵。同时，从多方面积极反映当前机械史研究界的研究成果。"中国机械史数字图书馆"数据库包括历史文献原文、二次文献、图片、手稿、卡片、动画等多种资料形式。"中国机械史数字图书馆"数据库包括机械技术典籍、机械工程简史、研究论著索引、机械史图像库、工程史料卡片、人物专题、古代发明争鸣、动画演示等版块。该数据库提供站内留言、国内外科技史相关机构的链接。

"机械技术典籍"版块收录了清华大学图书馆馆藏的近60种机械技术典籍，包括《考工记》、《农政全书》、《远西奇器图说》、《天工开物》等；检索项包括书名、作者、书成年代和版本，选择"and"或"or"可实行组合检索；在检索结果列表中，点击"详细信息"可查看相应条目的详细内容，包括出版信息和馆藏信息等；点击图标可在线阅读全文。

"机械工程简史"版块内容包括冯立昇教授撰写的《中国机械工程简史》一文，刘仙洲先生的专著《中国机械工程发明史》，以及张春辉、游战洪、吴宗泽、刘元亮合著的《中国机械工程发明史（第二编）》目录；读者可以在线浏览。

"研究论著索引"版块收录了300余条机械史研究领域的相关论著；检索项包括题目、作者、出处、所属类目等；初次检索后，如果需了解进一步的详细版本与收藏信息，可点击链接"详细信息"；带有图标的有全文链接，点击该图标可在线阅读全文。

"工程史料卡片"版块的图像资料包括古文献插图、出土文物、画像砖石、绘画、壁画、手绘图和复原模型；该数据库主要检索项包括名称、朝代、类型、关键词和分类检索等；初次检索后，点击链接"详细信息"可查看相应条目的详细内容，包括关键词、分类、内容描述等；点击图标可在线查看该图像。

"人物专题"版块包括刘仙洲专题、刘仙洲图片库两个栏目；"刘仙洲专题"栏目内容包括《刘仙洲与中国古代机械工程发明史研究》、《刘仙洲与〈机械工程名词〉》两篇文章；"刘仙洲图片库"主要检索方式包括时间、地点、人物检索等；初次检索后，点击"详细信息"可进一步了解其详细内容，包括事由、时间、地点、人物背景等；点击图标可查看该照片。

"古代发明争鸣"版块收录了目前学术界争议较大的几种古代机械，包括水运仪象台、木牛流马、江东犁等；点击"相关资源"的链接可查看与该机械相关的站内资源；"相关文章"收录了相关研究论著，均为pdf格式；点击页面上方的导航按钮即可进入相应页面。

"动画演示"版块收集了6个动画视频，分别是水运仪象台、浑仪、地动仪、水排、风箱、河漏床，均为wmv格式（Windows视频文件），需用Windows Media Player播放；点击导航栏上的机械名称可进入相应页面；页面内对该机械作了简单介绍，点击"相关资源"的链接可查看与该机械相关的站内资源；页面底部嵌入了视频文件，点击"播放"（或Play按钮）可在线播放。

③ 中文数学数字图书馆。是清华图书馆与学校数学系、信息学院合作共同建设的。"中文数学数字图书馆"数据库包括：中国数学发展概论、中算典籍书目汇编、清华数学典籍目录、清华典籍目录、中算研究论文目录、算法算理动画演示、中文数学期刊论文库、中国数学图书导引、现代数学家资料库、数学竞赛建模精选、中外数学史辞典等内容。首页的用户登录功能，使用户可以享有个性化服务。该数据库提供数学史辞典库、华罗庚书库、数学竞赛建模精选、中算典籍资源通汇、中算研究论文目录、中算典籍书目汇编、华罗庚生活照片库、清华数学典籍目录等数据库的单库或多库的检索，可按标题、责任者、主题词、描述、出处、关联6种字段进行检索。该数据库还提供站内留言、与该数学数字图书馆项目相关的链接、帮助等内容。

"中国数学发展概论"数据库包括中国数学发展简史、中外数学史年表、现存算学典籍概述、古今数学人物简介、中算研究文献索引、中算名著导读、中算名词术语、中外数学交流、中国数学史家等内容，为读者提供详细内容的在线浏览。

"中算典籍书目汇编"数据库是在李迪、查永平所编《中算典籍书目汇编》和冯立昇、徐泽林、郭世荣所编《日本、韩国现存中国历算书目汇编》的基础上建成的。收录时间范围包括从古代到清末用中文写成的数学书，既包括现存书，也包括历史上存在现已失传的数学书。现存书都注明了藏书处，非现存书注明了书目出处。主要检索方式包括书名检索、作者（含注释者）和刊行时间检索。初次检索后，如需进一步了解详细版本与收藏信息，可点击链接"详细信息"。

"清华数学典籍目录"数据库是在对清华大学图书馆现藏中国数学古籍进行编目的基础上建成的。收录包括从古代到清末用中文写成的数学书。著录不仅包括丙类中的全部算学古籍，也包括了馆藏各类古籍丛书中所收的算学著作。主要检索方式包括书名检索、作者（含注释者）和刊行时间检索。初次检索后，如果需进一步了解详细版本与收藏信息，可点击链接"详细信息"。

"清华典籍目录"数据库是在对清华大学图书馆现藏中国数学古籍进行编目的基础上建成的。收录包括从古代到清末用中文写成的数学书。著录不仅包括丙类中的全部算学古籍，也包括了馆藏各类古籍丛书中所收的算学著作。主要检索方式包括书名检索、作者（含注释者）和刊行时间检索。初次检索后，如需进一步了解详细版本与收藏信息，可点击链接"详细信息"。

"中算研究论文目录"数据库为目录数据库，是在李迪、李培业先生所编的《中国数学史论文目录》（1906—1985）的基础上建成的，查永平先生又根据李迪先生近20年所做的中国数学史论文目录卡片和其他一些新的资料修订、增补。该目录数据库收录了从1906年到2004年间国内学者发表的中国数学史研究论文目录和少量译自外文的中国数学史论文目录数据。主要检索方式包括书名检索、作者和刊物名检索。初次检索后，如需进一步了解详细信息，可点击链接"详细信息"。

"算法算理动画演示"数据库包括乘法、除法、勾股定理、开平方术、开立方术、增乘开方法（解高次方程）、开立圆术（球体积公式）等算法算理的解说及动画演示，动画演示分为筹式动画和阿拉伯数字动画两种类型。

"中文数学期刊论文库"列出了12种中版外文期刊和40种中文期刊的刊名，读者通过点击刊名，可以获得期刊的详细信息，并可浏览具体卷期的论文题名。提供期刊检索和期刊论文检索两种检索方式，期刊检索提供期刊名称（中或英）、ISSN/CN号、主办单位3种检索字段；期刊论文检索提供标题、责任者、主题词、描述、出处、关联6种检索字段。

"中国数学图书导引"数据库的资源由广东省数字图书馆、深圳图书馆、浙江图书馆、超星数字图书馆等单位共同提供。按总论，数学理论，古典数学，初等数学，高等数学，代数、数论、组合理论，数学分析，几何、拓扑，动力系统理论，概率论与数理统计，运筹学，控制论、信息论（数学理论），计算数学，应用数学，数理逻辑与数学基础，中国数学等分别列出图书资源。

"现代数学家资料库"包括华罗庚、陈省身、熊庆来、杨武之4位现代数学家，涉及数学家的生平照片和学术著作。

"数学竞赛建模精选"数据库涉及历年的数学竞赛建模题。

"中外数学史辞典"列出了杜瑞芝主编的《数学史辞典》，该辞典是一部较为系统的综合性数学史工具书。包含了中外数学、数学家、经典数学著作、数学学科史等12个门类的约1280个词条。所收词条门类比较齐全，按时间或按知识结构排序，自成系统。该书收入了相当多的中外数学家、经典数学著作，并包括数学符号、数学名题与猜想、数学竞赛与数学奖等专题条目。清华大学图书馆征得主编和相关作者的同意，以其中部分词条为基础，建成了专题资料数据库。

(4) 清华大学教育资源数字图书馆

"清华大学教育资源数字图书馆"是将网上分散存在的数字化课件、备课素材、图片、课程资料、实验演示、练习、试题、题解等资源进行描述、整理建成的，在网络环境下提供教学资源的组织、集成与检索服务。使用户通过此门户网站，在尊重知识产权的前提下，进行网上教学资源的一站式浏览、检索、存取、评价、上载、下载等活动。该系统目前仅限于校园网内用户使用。

二、北京大学图书馆

北京大学图书馆特色资源以印刷型特色资源和特色数据库两种类型为主，还包括英美政府外交档案的缩微胶卷和胶片。"英美政府外交档案的缩微胶卷和胶片"资源主要包括与中国相关的历史档案，如英国外交部（Confidential British Foreign Office Political Correspondences, China：1906—1941）985卷，美国外交部档案（Confidential U. S. State

Department Central Files）中国内政（1930—1966）与外交（1950—1963）共394卷等多种；该特色资源可以供读者使用机器浏览。下面从印刷型特色资源和特色数据库两个方面来介绍北京大学图书馆的特色资源建设情况。

1. 印刷型特色资源

北京大学图书馆印刷型特色资源包括地方志、晚清民国旧报刊、民国图书、西文东方学文库、中德学会旧藏、中法大学旧藏、侯仁之赠书、方志彤赠书、侯思孟赠书、欧盟文献、珍贵西文文献、学位论文、北大文库、季羡林赠书、张芝联赠书、钱端升赠书、段宝林赠书、台湾文献、李氏专藏、马氏专藏。

① 地方志。北京大学图书馆收藏了1949年10月以后中国出版的所有综合类地方志。收藏类别包括：以三级志（省、地、县）编制的综合志为主，包括在综合志题名下面分卷出版的各类志书，如《黑龙江省志》、《辽宁省志·军事志》、《辽宁省志·卫生志》等；基层志（区、乡、镇、村、城市街道的志书）。北京大学图书馆收藏的地方志提供室内阅览。

② 晚清民国旧报刊。北京大学图书馆收藏了晚清和民国时期出版的报纸和期刊；该特色资源提供室内阅览。

③ 民国图书。北京大学图书馆收藏了燕京大学民国图书；该特色资源提供室内阅览。

④ 西文东方学文库。北京大学图书馆收藏了1980年以前"O"字头西文东方学文献，该特色资源提供部分开架阅览，不外借，部分可以复制。

⑤ 中德学会旧藏。北京大学图书馆收藏了中德学会（Deutschland-Institut，1931—1946年设立于北京有中德学者参与的文化机构）的部分藏书；该特色资源提供部分开架阅览，不外借，部分可以复制。

⑥ 中法大学旧藏。北京大学图书馆收藏了北京中法大学（l'Université Franco-Chinoise，1919-1950）的图书，主要是中法大学伏尔德学院（即文学院）的部分法文书，该特色资源闭架管理，不外借，部分可以复制。

⑦ 侯仁之赠书。北京大学图书馆收藏了中国科学院院士、著名的历史地理学家、北大城环系侯仁之先生（1911—　）的个人赠书，以历史地理，尤其是北京历史地理为主；该特色资源提供开架阅览，不外借，可复制。

⑧ 方志彤赠书。北京大学图书馆收藏了哈佛大学美籍华人学者方志彤先生（Achilles Fang，1910—1995）所赠个人西文藏书，包括人文社会科学各学科和少量自然科学类书籍；该特色资源提供部分开架阅览，不外借，部分可以复制。

⑨ 侯思孟赠书。北京大学图书馆收藏了法国著名汉学家侯思孟教授（Donald Holzman，1926—　）的赠书，主要是汉学方面的中外文书籍；该特色资源提供开架阅览，不外借，部分可复制。

⑩ 欧盟文献。北京大学图书馆是欧盟信息出版中心在中国的文献中心之一，藏有该中心向该馆寄送的欧盟官方各类出版物及其各分支机构和组织的出版物；该特色资源提供部分开架阅览，不外借，可复制。

⑪ 珍贵西文文献。北京大学图书馆收藏了一些出版年代较早或者具有某些特殊意义的珍贵西文文献；该特色资源仅对北京大学的教师和研究生开放室内阅览，有限制地接待

校外读者。

⑫ 学位论文。北京大学图书馆收藏了北京大学博士、硕士毕业生的学位论文；该特色资源可供读者室内阅览，并有数据库在校园网上供使用。

⑬ 北大文库。北京大学图书馆选择性地收集、保存北京大学在校师生员工和曾在北大工作学习过的北大校友的各类文化学术作品（专著、译著、科研成果和论文等）；该特色资源闭架管理，不外借，部分可复制。

⑭ 季羡林赠书。北京大学图书馆收藏了北京大学东方学系季羡林先生（1911—2009年）向北大图书馆的赠书，部分为个人藏书，部分为他人赠季先生的书；该特色资源提供开架阅览，不外借，可复制。

⑮ 张芝联赠书。北京大学图书馆收藏了北京历史系教授张芝联先生（1918—2008年）向北大图书馆的赠书，涉及中外文人文社科等诸多方面；该特色资源提供开架阅览，不外借，可复制。

⑯ 钱端升赠书。北京大学图书馆收藏了北京大学政府管理学院钱端升先生（1900—1990年）向北大图书馆捐赠的个人收藏，藏书涉及法律、政治、哲学、各国政府与议会、各国宪法、各国历史、外交、国际关系等诸多方面；该特色资源提供开架阅览，不外借，可复制。

⑰ 段宝林赠书。北京大学图书馆收藏了北京大学中文系教授段宝林向北大图书馆捐赠的个人藏书，赠书以中国内地民间文学、民间文艺学和民俗学为主要内容，兼及澳门、日本、韩国、美国、加拿大等地的民俗学资料；该特色资源供读者室内阅览，不外借，部分可复制。

⑱ 台湾文献。北京大学图书馆收藏的台湾出版物，多为人文社科类图书，另有部分理科图书及少量学术刊物；该特色资源提供开架阅览，不外借，可复制。

⑲ 李氏专藏。北京大学图书馆收藏了近代著名藏书家李盛铎的旧藏，计9309种，59691册。"木犀轩"是李盛铎藏书总堂号，始于其曾祖李恕。此外还有"麟嘉馆"、"凡将阁"等堂号。9000多种书中，善本书计5005种、32367册，约占李氏藏书的54%，而名贵和罕见本约占李氏书的30%。其中，宋元刊本301种，明刊本1421种（包括刻本及铜、木活字本），抄本1444种，稿本154种，还有一些名人手校题跋本。该特色资源提供室内阅览。

⑳ 马氏专藏。北京大学图书馆收藏了已故著名小说家及小说戏曲收藏家马廉的旧藏。马氏藏书堂号为"不登大雅之堂"或"不登大雅文库"，又称"平妖堂"，后者因收得明刻本《三遂平妖传》而得名。马氏书总计928种、5386册。其中，小说372种，占总数的40%，戏曲364种，占总数的39.2%，其余为笑话、谜语等文学类书籍。藏书中善本书计188种，占总数的20.3%，包括明刻本136种、抄本1种，清刻本45种、抄本4种、稿本2种。除善本外，多是清代坊刻书和抄本书，其中也有许多难得稀见的图书。该特色资源提供室内阅览。

2. 数字型特色资源

北京大学图书馆特色资源数据库包括北大博文、北大讲座、古文献资源库、北大名师、报纸热点、李政道图书馆。

① 北大博文。北京大学图书馆对目前散见于网络的北大师生在个人或团体博客及各种非正式网络资源上发表的与北大有关的内容做了初步的调查，发现这些内容与正式出版的同类内容比较，与北大生活的现实相关层度更高，形式也更加灵活和随意。尤其是一些师生对北大学习和生活的点评和回忆，情深意切，读来不无裨益。因此，北京大学图书馆建设了"北大'博'文"数据库，该数据库的建立可以有效地保存和组织与北大有关的非正式网络资源。博文分为人文时事、人生百味、休闲娱乐、北大往事、燕园论学、职场经验6大类。"北大博文"网站提供搜索分类文章、按院系浏览功能，同时列出了最新文章、最受欢迎博文；搜索分类文章即为读者提供在所有博文或在人文时事、人生百味、休闲娱乐、北大往事、燕园论学、职场经验6大类博文中的任一种博文进行搜索的功能；按院系浏览功能为读者提供北京大学不同院系的人的博文浏览，涉及的院系有中文系、心理系、生命科学学院、光华管理学院、外国语学院、心理学系、哲学系、新闻传播学院、历史系、图书馆、社会学系、艺术学院、法学院、国际关系学院、国家发展研究院、经济学院、马克思主义学院等。

② 北大讲座。"北大讲座"数据库共有1243条记录，涉及北京大学的各类讲座，在北京大学校园网范围内，通过网络直接点播资源；该网站为读者提供检索和浏览功能，不限定字段检索，读者通过点击讲座名称，可以获得讲座题目、演讲人、主办单位、举办日期、讲座内容介绍、语种等详细的信息。

③ 古文献资源库。"古文献资源库"，是在北京大学图书馆馆藏善本古籍、普通古籍，以及金石拓片、舆图、契约等特藏文献的基础上进行相关的数字化加工而建设起来的，目前可供用户使用的有善本古籍和普通古籍、地方志、家谱书目数据库及图像库，拓片目录、录文库及图像库等。该数据库包括：古文献目录、图像、全文数据库；古籍、拓片、舆图等文献资源的系列著录系统；提供给最终用户使用的检索平台。读者可通过检索、浏览、索引、时空检索等多种方式查询数据库中的资源。

④ 北大名师。"北大名师"数据库收录了北京大学数百位名师的生平介绍、著作、照片等资料。该数据库提供检索和浏览功能，读者通过输入检索词可以根据需要检索到相关的北大名师，读者还可以根据北大名师的名字进行浏览。

⑤ 报纸热点。"报纸热点"数据库是北京大学图书馆通过整理各种报纸的热点内容建成的。涉及宗教话题、社会问题、美国问题、国家政治、法律话题、世界经济等几十个类别的报纸热点内容。该数据库提供简单检索、高级检索、二次检索和浏览功能；检索字段包括文章名称、报纸名称、热点全文，还可以进行时间范围的限定；读者可以根据该数据库主页设置的热点类别进行不同类别话题的浏览；提供文章题目、报纸名称、日期、版面等基本信息，部分文章提供全文阅读。

⑥ 李政道图书馆。"李政道图书馆"数据库是李政道先生委托中国高等科学技术中心与北京大学图书馆合作建设的，所列的专著均获授权发布。北京大学图书馆除了为李政道先生的经典著述制作电子书外，还全面搜集相关的新闻资料、研究文献、照片图片和视频等。该网站包括生平传记、经典著述、新闻资料、研究文献、照片图片、相关视频等栏目。

三、浙江大学图书馆

浙江大学图书馆的特色资源包括古籍文献、浙大文库、民国文献和大型丛书4种类型。

1. 古籍文献

浙江大学图书馆现有线装古籍约18.7万册,对这些珍贵的线装古籍书进行整理、修补、分类、编目,建成古籍数据库。通过揭示和整合优秀的古籍资源,实现繁、简汉字的统一检索和繁简汉字书目记录的存取以及索引比对等功能,为全校师生提供更为完善的古籍书目服务。

2. 浙大文库

作为一所具有百年历史、在国内外又颇具影响的高等学府,浙江大学的广大师生和校友在长期的教学科研实践工作中取得了丰硕的成果,产生了一批批数量庞大的著作,浙大文库是收集、展示、保存该校教职工及校友著作的学术宝库,是全校师生及校友进行学术交流和学术研究的园地,目前已收藏教职工和校友著作近万册,并已数字化。

3. 民国文献

民国时期是中国现代文明的开端时期,产生了大量中国现代文明的原生成果——民国文献。作为我国悠久历史文化宝库中的有机组成部分,民国文献因其内容丰富,领域广阔,成为研究民国时期社会经济、政治、军事和历史文化的重要史料。浙江大学图书馆将其馆丰富的民国文献加以集中收藏,形成特色,满足学校教师对民国文献的需求。

4. 大型丛书

丛书内容广博,涉及文学、历史、哲学、语言、艺术、宗教、政治、经济、军事等诸多领域,如果能妥善收藏与利用,对学术文化的发展必将大有裨益。浙江大学图书馆现有历代大型丛书4万余册,内容包含四库全书、清代史料、历朝史记、地方志、佛道典籍、民国史料等方面,已形成一定的馆藏特色。

四、中山大学图书馆

中山大学图书馆建有丰富的印刷型特色资源,按照馆藏库室分为校史文献室、聚珍厅、民国珍藏馆、特藏厅、藏书纪念室、岭大珍藏馆、邹鲁校长纪念厅、珍藏馆。

1. 校史文献室

"校史文献室"收藏1952年院系调整前中大、岭大的各种书、刊及学位论文共8000余册;1952年院系调整后的中大各种书刊、教工著作、校友赠书、出版社赠书共5000余册;1978年以来的博硕士学位论文、博士后出站报告11000余册。该库室开架阅览,不外借。

2. 聚珍厅

"聚珍厅"收藏中文善本3996种、45382册;朝鲜本198种,日本本279种,越南本3种;西文善本7533册;碑帖38161件。

中文善本书以元刻本年代最早,明刻本最精,以广东地方文献及抄本戏曲为特色,另有不少珍贵稿本和名家批校题跋本,如广东清代著名藏书家曾钊的批校本和广东清代著名学者陈澧的手稿本,弥足珍贵。

西文善本包括从17世纪到20世纪初的英文、德文、法文、拉丁文文献,其中不乏初刻初印本,如《中国丛报》(*Chinese Repository*)为近代外国人眼中看中国的典型文献,参考利用价值很高。

碑帖包括从秦代到清代的碑刻,其中不乏名家作品、江南寺庙的碑刻,唐以后的名人题记、题刻尤多,为北方各馆藏拓本中少见。该库室闭架阅览,校外读者需携带身份证。

3. 民国珍藏馆

"民国珍藏馆"收藏1952年前岭南大学和中山大学所藏民国时期中文图书近10万册,期刊17余万册,报纸约3000册,基本涵盖了1952年之前的出版物。该库室闭架阅览,不外借。

4. 特藏厅

"特藏厅"收藏新版古籍2.4万册、新方志8000余册和校史文献3.6万册(件)。新版古籍包括四库系列、敦煌文献、丛书集成、民国丛书、大藏经等大型丛书,以及其他新影印古籍和大公报、申报等新影印民国报刊。新方志专藏新中国成立后新编地方志约8000册,按省市地区排放。校史文献包括1952年院系调整前中山大学、岭南大学的各种书、刊及学位论文共8000余册;1952年院系调整后的教工著作、校友赠书、出版社赠书、学校简介、招生情况、学生社团刊物等共6000余册;1978年以来的博硕士学位论文、博士后出站报告19000余册。

5. 藏书纪念室

"藏书纪念室"包括陈寅恪纪念室、商衍鎏、商承祚纪念室、梁方仲纪念室、金应熙纪念室、戴镏龄纪念室、李新魁纪念室和安志敏纪念室。该库室开架阅览,不外借。

陈寅恪(1890—1969年)纪念室资料分4部分:陈先生著作及部分书稿、墨迹和生平照片,今人写的传记、回忆录,研究陈先生学术思想的论著,陈先生留赠中山大学的中文藏书。其代表著作有《隋唐制度渊源略论稿》、《元白诗笺证稿》、《柳如是别传》等。

商承祚(1902—1991年)代表著作有《殷墟文字类编》、《石刻篆文编》等;梁方仲(1908—1970年)著作有《明代粮长制度》、《中国历代户口、田地、田赋统计》等;戴镏龄(1913—1998年)翻译作品有《浮士德博士的悲剧》、《乌托邦》等;李新魁(1935—1997年)出版专书凡27种,如《古音概说》、《韵镜校正》、《广东的方言》等;安志敏(1924—2005年)出版专著10多种,论文近400篇,论文先后结集为《中国新石器时代论集》(1982年)、《东亚考古论集》(1998年),主编《庙底沟和三里桥》(1959年)、《双砣子与岗上——辽东史前文化的发现和研究》(1996年)等多种,许多论著被译成日、英、德等多种文字在国外发表。

6. 岭大珍藏馆

"岭大珍藏馆"收藏旧中大中文图书35000册,旧岭大中文书30000册。旧中大、旧岭大西文图书6万册。新中国成立前旧期刊30000册,旧报纸7000册。该库室闭架阅览。

7. 邹鲁校长纪念厅

"邹鲁校长纪念厅"收藏中山大学首任校长邹鲁的相关资料。

8. 珍藏馆

"珍藏馆"收藏普通古籍3万余种,30万册,涵盖经、史、子、集、丛各个门类,以地方志及岭南地方文献为收藏特色。该库室架阅览,校外读者需携带身份证。

第四节 国内公共图书馆特色资源建设案例

本节以中国国家图书馆、首都图书馆、上海图书馆为例,介绍国内公共图书馆特色资源建设案例。

一、中国国家图书馆

中国国家图书馆的特色资源包括印刷型特色资源和特色资源数据库两种类型。其中,印刷型特色资源共12类,包括:台港澳文献、学位论文、国际组织和外国政府出版物、法律参考文献、海外中国学文献、善本特藏、普通古籍、敦煌吐鲁番文献、中国少数民族语言文献、地方文献、工具书、中国年鉴;特色资源数据库共17个,包括:厦门特色资源库、浙江特色资源库、敦煌遗珍数字化资源库、馆藏博士论文与博士后研究报告数字化资源库、馆藏地方志数字化资源库、馆藏甲骨实物与拓片数字化资源库、民国中文期刊数字资源库、民国图书数字化资源库、民国法律数字化资源库、馆藏年画数字化资源库、馆藏石刻拓片数字化资源库、馆藏西夏文献与西夏论著数字化资源库、海外中国学导航、文津讲坛在线讲座视频库、音视频数字化资源库、中国学汉学家、馆藏中文图书数字化资源库。

1. 印刷型特色资源

(1) 台港澳文献

中国国家图书馆自1984年起开始收集台港澳文献,是大陆台港澳文献的重要收藏地和提供地。台港澳文献内容涵盖哲学、经济学、法学、教育学、文学、历史学、理学、工学、农学、医学、军事学、管理学等学科门类。台港澳文献有很多特色文献,如《故宫书画图录》、《清史馆未刊记志表传稿本专辑》、《李敖大全集》和日治时期台湾研究资料等,其中很多都是我国大陆地区较难寻觅的珍贵清史研究资料。

(2) 学位论文

学位论文是中国国家图书馆特色专藏之一。中国国家图书馆学位论文收藏中心是国务院学位委员会指定的全国唯一负责全面收藏和整理我国学位论文的专门机构;也是人事部专家司确定的唯一负责全面入藏博士后研究报告的专门机构。自1981年我国实施学位制度以来的博士论文收全率达到98%。此外,还收藏部分院校的硕士学位论文、台湾博士学位论文和部分海外华人华侨学位论文。

国外博士论文的载体是缩微制品,自20世纪80年代初开始入藏美国、加拿大、德国及其他国家的博士论文,其中1976年以后以华裔留学生在国外撰写的博士论文为主。

（3）国际组织和外国政府出版物

国际组织和外国政府出版物是中国国家图书馆特色专藏之一，无论从收藏的历史、品种还是数量均为国内之最。中国国家图书馆是国内最早成立的联合国文献保存馆，自1947年起开始收藏联合国资料。目前收藏范围包括：联合国及其专门机构、联合国相关机构、欧盟（欧共体）、经济合作与发展组织、美国和加拿大政府出版物、美国国会信息服务公司、美国兰德公司等国际组织与外国政府的出版物。国际组织和外国政府出版物主要由会议文献、统计资料和专题调查报告组成，具有权威性强、信息广泛、内容新颖、见解独到等特点，因而具有特殊的参考价值，为国内研究各国际组织、各国政府以及关注国际社会动态提供了第一手资料。

（4）法律参考文献

中国国家图书馆历来重视法律参考文献的典藏。自2009年9月始，该馆为到馆读者提供中文法律图书、中文法律期刊、西文法律图书、西文法律期刊、日俄文法律图书、日俄文法律期刊等文献。此外，该馆还编辑制作了《国家图书馆法律文献服务导航手册》，导引读者更好地利用馆藏法律资源，每月定期选取馆藏法律新书向读者进行介绍、推荐，使法律工作者、学者以及法学专业院校的学生等能够更加高效地利用该馆法律文献资源进行学术研究。

（5）海外中国学文献

中国国家图书馆历来重视收藏海外出版的研究中国的学术文献。自2009年9月始，该馆为到馆读者提供西文（包括英、法、德等语种）中国学图书，日文、俄文中国学图书，西文、日文、俄文中国学期刊以及部分中文译著和研究国外中国学的中文专著。此外，该馆还定期编辑《中心通讯》和《文献资讯》向读者发放，使研究中国学的国内外专家、学者以及相关专业的学生能够更加高效地利用该馆文献信息资源进行学术研究。

（6）善本特藏

中国国家图书馆善本特藏始于清末京师图书馆成立初期。现藏善本古籍近27.5万册（件），按传统的经、史、子、集分类。宋元刊本达1600余部，多为孤本和罕见本。其中，南宋缉熙殿、元翰林国史院、明文渊阁、清内阁大库等历代皇家珍藏，以及社会名流、私人藏书家的捐赠，是善本特藏中的珍品，《永乐大典》、《四库全书》、《敦煌遗书》、《赵城金藏》等代表藏品举世瞩目。万余种善本现已拍摄成缩微胶卷，供读者检索使用。国家实施的"中华再造善本工程"选用中国国家图书馆善本精品就达千余种，读者可从陆续问世的"再造善本"中领略本馆善本特藏精品的风韵。

该馆特藏包括：金石拓片27万余件，年代上起殷商，下至当代，所藏甲骨文献为稀世珍宝；中外舆图20余万件，古今中外舆图精品纷呈，是集史料价值和艺术价值于一体的资料宝库；新善本1.5万种3万余件，包括辛亥革命前后的进步书刊、马列经典著作的早期译本、中国共产党成立前后的重要文献、抗日根据地和解放区出版物等，藏品件件珍贵异常；少数民族古籍3.5万余件，包含16种少数民族古文字和语言，其中西夏文献占国内藏量一半以上，明清两代刻印的藏文、蒙文古籍弥足珍贵，西南地区各少数民族文献也颇具特色。

（7）普通古籍

普通古籍藏书始于建馆之初，接受民国政府调拨的清内阁大库、翰林院和国子监南学中被称为"观览类"的旧藏图书。从版本上看，包括明中晚期、清代、民国间的刻本、活字本、石印本、影印本、抄本等，以清代和民国版本为主。其中，不少是名人学者或著名藏书家用书，还有部分珍贵的名家批校题跋本。

（8）敦煌吐鲁番文献

敦煌吐鲁番文献是中国国家图书馆特色专藏之一。敦煌吐鲁番文献的收藏始自1910年清学部将劫余的敦煌遗书运至京师，入藏该馆。1980年又将英国、法国的敦煌藏品复制成缩微胶卷。该馆现收藏敦煌遗书1.6万余件，敦煌学研究著作1.8万余册，中外期刊2300余册，照片1.3万余幅，缩微胶卷100余卷。重要收藏有：大英图书馆藏、法国国家图书馆藏、中国国家图书馆藏敦煌文献胶卷，王重民等学者所摄敦煌文献照片，《敦煌宝藏》、《英藏敦煌文献》、《敦煌吐鲁番文献集成》等系统刊布的敦煌吐鲁番文献，各种大藏经典等大型参考书。入藏文献涉及西文、日文、中文等语种以及中国少数民族语文。

（9）中国少数民族语言文献

少数民族语言文献是中国国家图书馆藏书体系的重要组成部分，其特色主要体现在数量多、品位高、载体形式多样上。现收藏有1949年以前各种版本的少数民族语文古籍约3.4万件（涵盖的语种达18种）；1949年以后全国40多家出版社出版的少数民族语文图书、期刊10万余册（涵盖的语种达31种，期刊达200种以上）。

少数民族语文古籍的价值主要体现在：为消失民族和现存民族历史的探讨和研究提供了宝贵资料，如藏文古籍《西藏王臣记》、彝文古籍《西南彝志》等；通过对该民族宗教的翔实记载和精辟论述保留了大量的宗教资料，如著名的纳西族东巴经、老彝文经和傣文的贝叶经，以及多版本的蒙、藏文古籍《大藏经》、满文古籍《钦定满洲祭神典礼》等；对祖国医学成就卓有贡献，如藏文巨著《四部医典》、蒙文《济事杂方》、纳西族的《玉龙本草》等；为我国印刷史的学术研究提供了重要依据，如该馆收藏的西夏文《大方广佛华严经》就是活字印本，中国早期活字印刷实物在中原地区没能保存下来，这类藏品弥补了印刷史研究资料的不足。

（10）地方文献

地方文献是中国国家图书馆特色专藏之一。方志馆作为中国国家图书馆地方文献的重要收藏部门，主要收藏了地方志、各类专志、家谱和政协文史资料4类文献。中国地方志是记述某一区域自然、历史、政治、经济、人物、文化、科学、风俗、物产等内容的文献典籍，其门类齐全，内容丰富，可视为该地区的百科全书。其中，中国国家图书馆馆藏的旧方志居海内外收藏之首，近百种明清孤本方志尤为珍贵。

家谱是以记载一个血缘家族的世系与事迹为主要内容的史类文献，是中华民族的三大文献（国史、地志、族谱）之一，属珍贵的人文资料。中国国家图书馆1928年即向社会广泛征集家谱资料。现存明代至民国间家谱4万余册，如清代戏剧家孔尚任所修《孔子世家谱》、曾为周作人收藏的《越城周氏支谱》等。中国国家图书馆自2001年开始接受新编家谱的捐赠。专志包含专业志、部门志、专类志等几方面的内容，专业志反映的是某一专业或行业发展的历史；部门志反映的是某一部门或单位发展的历史；专类志则是以某事物作为研究、记录的对象。

文史资料是由全国各级政协编撰的连续性出版物，主要收录各地人士亲历、亲见、亲闻的第一手史料，是独具特色、极为难得的近现代历史资料。目前，中国国家图书馆方志馆收藏有全国各级政协编写的文史资料，涵盖了 31 个省、市、自治区。

（11）工具书

中国国家图书馆工具书专藏始建于 1987 年 10 月，提供文津阁四库全书（影印版）、文渊阁四库全书（影印版）及相关丛书，世界主要文种的外文百科全书、字词（辞）典、传记资料、书目索引等外文工具书，各类中文百科全书、字词（辞）典以及部分港澳台地区出版的中文工具书。

（12）中国年鉴

中国国家图书馆中国年鉴专藏始建于 1995 年 6 月，年鉴具有权威性、历史性和实效性。收藏的类型包括全国综合性年鉴、地方性年鉴（含港澳台地区的部分年鉴）、统计年鉴、专业年鉴等。

2. 数字型特色资源

（1）厦门特色资源库

中国国家图书馆整合了厦门图书馆特色馆藏的"厦门记忆"，包括"图说厦门"、"厦门人物"、"闽南戏曲"系列的十个数据库。"图说厦门"收录了如大小八景、中山公园、市街、闽南特色建筑以及摩崖石刻等有关厦门历史痕迹的照片，内容涉及政治、经济、城市建设、文化教育、民风民俗等方面。厦门人物收录了汉代（公元前 88 年）以来厦门辖区内各行各业的杰出人物，从学术研究的角度对厦门人物进行了全面客观的反映。闽南戏曲收录了歌仔戏、高甲戏、南音等闽南特色的地方戏曲、视频、音频资料，可与厦门图书馆网站上的《视频点播》进行链接。

"厦门特色资源库"为互联网公开访问资源。该数据库的检索字段包括：题名、责任者、关键词、正文，可在"厦门风光"、"厦门建筑"、"厦门民俗"、"厦门戏曲"、"文物古迹"、"厦门记忆—厦门人物"、"闽南戏曲—布袋戏"、"闽南戏曲—高甲戏"、"闽南戏曲—歌仔戏"、"闽南戏曲—南音"这 10 个数据库中选择检索的数据库，可以选择一个或者多个数据库进行检索。

（2）浙江特色资源库

中国国家图书馆整合了浙江图书馆的"特色馆藏"和"浙江记忆"各资源库，包括风景浙江、浙江藏书史、越剧资料库、家谱总目提要、名山古寺、民国期刊和中国名人图像库（上、下）8 个数据库，记录总数约 31000 条。

"浙江特色资源库"为互联网公开访问资源。该数据库的检索字段包括：题名、责任者、关键词、正文，可在"风景浙江"、"家谱总目提要"、"名山古寺"、"越剧资料库"、"浙江藏书史"、"民国期刊"、"中国名人图像库（上）"、"中国名人图像库（下）"这 8 个数据库中选择检索的数据库，可以选择一个或者多个数据库进行检索。

（3）敦煌遗珍数字化资源库

"敦煌遗珍数字化资源库"包括 10 万多件来自敦煌和丝绸之路上的写本、绘画、纺织品及器物的信息和图片。收集品来自英国、中国、日本、韩国、法国、德国、俄国等国家，既可以按国家浏览收集品，也可以通过检索框检索收集品。敦煌遗珍数字化资源库为互联网公开访问资源。

(4) 馆藏博士论文与博士后研究报告数字化资源库

20 多年来，中国国家图书馆收藏博士论文达 20 多万种，此外，还收藏部分院校的硕士学位论文、台湾博士学位论文和部分海外华人华侨学位论文。"馆藏博士论文与博士后研究报告数字化资源库"是以中国国家图书馆 20 多年来收藏博士论文近 12 万种为基础建设的学位论文全文影像数据。

"馆藏博士论文与博士后研究报告数字化资源库"为互联网公开访问资源。目前，博士论文全文影像资源库以书目数据、篇名数据、数字对象为内容，提供简单检索、高级检索、二次检索、关联检索和条件限定检索，检索字段包括：题名、作者、导师、学科类别。中国国家图书馆博士论文资源库现提供近 19 万种博士论文的展示浏览。

(5) 馆藏地方志数字化资源库

地方志文献为我国所特有，也是中国国家图书馆独具特色的馆藏之一，所存文献数量与品质极高。中国国家图书馆采用数字图书馆方式，整理、加工编纂清代（含清代）以前的方志资源，建成了"馆藏地方志数字化资源库"。

"馆藏地方志数字化资源库"为互联网公开访问资源。该资源库具有简单检索、高级检索、二次检索、关联检索和全文影像浏览功能。检索字段包括：题名、责任者、出版者、年代、地点、馆藏号、目录。

(6) 馆藏甲骨实物与拓片数字化资源库

甲骨文被誉为 20 世纪四大文献发现之一，其集文献性、文物性、收藏性于一体，是研究我国商朝晚期不可多得的珍贵史料，中国国家图书馆珍藏甲骨 35651 片，多是名家捐赠和从市肆收购而来的，约占出土总数的 1/4，是我国乃至世界上收藏甲骨最多的单位之一。中国国家图书馆在甲骨自然保存状况最佳时期用先进的影像数据库方法整理出来，建成了"馆藏甲骨实物与拓片数字化资源库"，使学者能够随时随地地通过互联网所提供的书目数据库和影像数据库，像阅读一般书籍一样对清晰的高质量的彩色图像进行学术研究。截至 2008 年，该库包括甲骨元数据 3764 条，影像 8036 幅；甲骨拓片元数据 5275 条，影像 4514 幅。

"馆藏甲骨实物与拓片数字化资源库"为互联网公开访问资源。该库提供简单检索、高级检索、二次检索、关联检索，检索字段包括：通用编号、贞人名字、背面痕迹、综合信息、内容主题、参考信息、释文、馆藏编号、旧藏编号。

(7) 民国中文期刊数字资源库

民国中文期刊是中国国家图书馆保存的民国时期文献之一。中国国家图书馆在早已完成馆藏民国期刊的缩微胶片制作的基础上，近年来又开展缩微胶片的数字扫描工作，建成了以馆藏民国期刊的缩微胶片数字化资料为基础建设的数据库，即"民国中文期刊数字资源库"。

"民国中文期刊数字资源库"为互联网公开访问资源。该数据库以书目数据、篇名数据、数字对象为内容，提供简单检索、高级检索、二次检索、关联检索和条件限定检索。现提供 4350 种期刊电子影像的全文浏览。资源库以民国图书出版时间排序，提供单一字段的简单检索和多条件限定组合的高级检索，检索字段包括：题名、责任者、出版者、出版地、出版时间、目录。

（8）民国图书数字化资源库

民国时期是中国历史上从古代社会向现代社会转变的一个特殊历史时期，与当前的现实有着最为密切的关联，其间所产生的各类文献反映了民国时期的政治、军事、外交、经济、教育、思想文化、宗教等各方面的内容，不少图书表达了不同的观点乃至互相对立的立场，客观地反映了这一历史时期的真实面目，具有很高的研究利用价值。中国国家图书馆民国图书资源库首批推出民国图书8172种，全文影像8884册，读者可通过互联网进行浏览和研究。截至2010年，更新民国图书6856种。

"民国图书数字化资源库"为互联网公开访问资源。该资源库以民国图书出版时间排序，提供单一字段的简单检索和多条件限定组合的高级检索，检索字段包括：题名、责任者、出版者、出版时间、主题词、目录、全文。

（9）民国法律数字化资源库

民国时期是从清王朝到中华人民共和国之间的一个历史断代，从1911年10月辛亥革命后成立的湖北军政府时起至1949年10月中华人民共和国成立，前后历时38年。其间曾先后出现过多个性质迥异、对峙并存的政权：有以孙中山领导创建的"中华民国"临时政府（南京）、"中华民国"军政府（广州）、"中华民国"陆海军大元帅府大本营（广州）和"中华民国"政府（广州和武汉）；有北洋军阀统治的"中华民国"政府（北京）；有国民党统治的南京政府；有日本帝国主义侵华期间扶持建立的"满洲国"、"华北政务委员会"和汪精卫的"国民政府"等伪政权；有中国共产党领导建立的中华苏维埃工农民主政府和各革命根据地政府。上述政府在其存在期间制定颁布了大量法律、法规和其他规范性文件。这些法律文献从不同角度反映了当时的政治、经济、军事、外交、文化等诸多方面的历史原貌，其中不乏许多珍贵的历史文献，为研究中国近代史、中华民国史、中国革命史和中国法制史的重要文献源。中国国家图书馆将这些法律加工整理，建成了"民国法律数字化资源库"。

"民国法律数字化资源库"为互联网公开访问资源。该资源库已发布民国法律文献8117种，该资源库提供简单检索、高级检索和PDF在线浏览功能，检索字段包括：篇名、文献出处、主题词、公布单位、关键词、全文。

（10）馆藏年画数字化资源库

传统年画是深受我国人民喜爱的绘画样式，多以木刻彩色套印加彩绘而成，其画面线条清晰，色彩鲜明；其内容常以吉祥、喜庆的美好事物或民间传说典故为主题，反映了人民美好的愿望和丰富的生活情趣。天津杨柳青、苏州桃花坞、山东潍坊杨家埠和四川绵竹，是我国著名的四大木刻年画产地。中国国家图书馆收藏了杨柳青、朱仙镇等地制作的4000余幅年画作品，风景人物、故事戏曲、花鸟虫鱼、装饰图案等都有所涉及，其中以神像居多。中国国家图书馆推出了一部分精选的年画影像资源制作了"馆藏年画数字化资源库"，并为每种年画编写了内容说明，重点介绍了该年画的故事梗概、历史背景、制作特色和相关知识。

"馆藏年画数字化资源库"为互联网公开访问资源。2007年数据库更新元数据121条，影像148张。该数据库提供简单检索、高级检索、二次检索、关联检索，检索字段包括：题名、责任者、出版者、制作时间、分类号、索书号。

（11）馆藏石刻拓片数字化资源库

拓片是记录中华民族文献的重要载体之一。"馆藏石刻拓片数字化资源库"是以中国国家图书馆藏有的历代甲骨、青铜器、石刻等类拓片23万余件为基础建设的数据库，内容涉及历史、地理、政治、经济、军事、民族、民俗、文学、艺术、科技、建筑等方面，现有元数据23000余条，影像29000余幅。

"馆藏石刻拓片数字化资源库"为互联网公开访问资源。该资源库内容以刻立石年月排序，提供单一字段的简单检索、多条件限定组合的高级检索和元数据内容关联检索等查询方式，检索字段包括：拓片题名、责任者、年代、地点、关键词、索书号。

（12）馆藏西夏文献与西夏论著数字化资源库

中国国家图书馆馆藏西夏文献大多为西夏、元代孤本，距今有七八百年的历史，与宋、元时期的善本属于同一时代。馆藏西夏文献的纸张、封面和题签的绢绸，分别是研究古代西夏、元代纸张、丝绸质料、制作的珍贵实物资料。"馆藏西夏文献与西夏论著数字化资源库"是以中国国家图书馆保存的西夏、元代孤本及各种西夏的珍贵实物资料为基础建设的数据库。包括西夏古籍书目数据124条；西夏古籍原件影像近5000拍；西夏研究论文篇名数据1200余条。

"馆藏西夏文献与西夏论著数字化资源库"为互联网公开访问资源。该资源库提供简单检索、高级检索、二次检索、关联检索，检索字段包括：篇名、主题词、责任者、出版时间、ISSN号、刊名。

（13）海外中国学导航

"国外中国学家数据库"在参照、借鉴大量相关研究文献的基础上，专注于对海外中国学家及其文献的介绍，其中包括海外中国学家研究领域、学术研究简介、大事年表、主要学术成果等部分，一期数据涵盖了美国、法国、英国、德国、比利时、西班牙、意大利、瑞典、荷兰、（原）捷克斯洛伐克、波兰、以色列、日本、韩国，以及帝俄、苏联、俄罗斯等不同时期与国家的中国学家。

"海外中国学导航"在Internet海量的中国学研究站点中，通过比较、筛选，最终遴选出英、日、俄、法、西、中等不同文种、不同国家的310个中国学网站，并将其分属于学术研究机构、社会团体、社会组织、哲学、宗教、经济、历史、地理、社会、文化、资源等类目中。"海外中国学导航"从网站名称、语言、分类、创办人/机构简介、网站内容简介、栏目设置、特色资源等方面对所选网站进行了较为详尽的介绍，意在对海外中国学感兴趣的人士提供导航和桥梁。截至目前，数据库包括中国学网站元数据308条，图片308张。

"海外中国学导航"为互联网公开访问资源。该数据库提供简单检索、高级检索、二次检索、关联检索，检索字段包括：中文名称、网站名称、分类网址、内容简介、栏目设置、特色资源。

（14）文津讲坛在线讲座视频库

国图讲座是中国国家图书馆面向社会、面向大众推出的双休日学术文化系列讲座。早在20世纪50年代，在文津街七号，一流学者的公益性学术讲座，启迪众多年轻学子，使他们走上学术研究道路。今天，中国国家图书馆以宏富的馆藏为基础，加之学术界的广泛支持，聘请国内外著名专家学者莅馆开讲，深入浅出地讲授他们毕生研究的菁华。中国国家图书馆将专家学者的讲座资料建成"文津讲坛在线讲座视频库",供读者查阅。讲座内容涉及文学、历史、哲学、艺术、建筑等各领域,视频记录近 400 条。

"文津讲坛在线讲座视频库"为互联网公开访问资源。该数据库提供简单检索及浏览功能,检索字段包括:讲座名称、主讲人、讲座地点、讲座时间、讲座类别、主讲人简介、关键词、组织单位、讲座摘要。

(15) 音视频数字化资源库

音视频资源是中国国家图书馆馆藏中的重要组成部分。自 1987 年以来音视频资源收藏已达 165000 余种,其中音频资料 57000 余种,视频资料 108000 余种。载体形式包括录音带、CD、MP3 等音频资料及录像带、LD、VCD、DVD 等视频资料,目前音视频资料每年还以 7000~8000 种的入藏速度不断丰富着馆藏。这些音视频资源内容涵盖政治、经济、文化、教育以及工业、农业、医学等各个学科领域,其中有很多优秀的国内外影视资料及音乐资料为收藏珍品,可为来自不同领域的读者提供不同的音视频服务。为保存这些珍贵资料,中国国家图书馆已开展多年音视频资源的数字化工作,建设了"音视频数字化资源库",截至 2007 年年底,已完成数字化音频资源 515889 首,数字化视频资源 53305 小时,内容涵盖政治、经济、文化、教育以及工业、农业、医学等各个学科领域。

"音视频数字化资源库"为局域网访问资源、本地光盘访问资源。该数据库提供简单检索、高级检索、二次检索、关联检索,检索字段包括:题名、著者、出版者、主题词。观赏音视频资料的读者可在中国国家图书馆书目检索系统检索后到阅览室进行观赏,也可直接通过局域网 VOD 系统点播节目选择自己所喜爱的电影、音乐以及其他音视频资料进行观赏。

(16) 中国学汉学家

"中国学汉学家"数据库即"国外中国学家数据库",该数据库是在参照、借鉴大量相关研究文献的基础上,专注于对国外中国学家及其文献的介绍,其中包括国外中国学家研究领域、学术研究简介、大事年表、主要学术成果等部分,一期数据涵盖了美国、法国、英国、德国、比利时、西班牙、意大利、瑞典、荷兰、(原)捷克斯洛伐克、波兰、以色列、日本、韩国,以及帝俄、苏联、俄罗斯等不同时期与国家的中国学家。截至目前,数据库包括汉学家 150 个人物,主要是对国外中国学家及其文献的介绍,涵盖了美国、法国、英国、德国等不同时期与国家的中国学家。

"中国学汉学家"数据库为互联网公开访问资源。该数据库提供简单检索、高级检索、二次检索、关联检索,检索字段包括:英文名、中文译名、国籍、生卒年月、人物介绍、研究领域、主要著作。

(17) 馆藏中文图书数字化资源库

"馆藏中文图书数字化资源库"是中国国家图书馆依托其馆藏的中文图书,经加工、整理建成的数据库。该库包含图书 17 多万种,涉及各个学科。

"馆藏中文图书数字化资源库"为互联网公开访问资源。该数据库提供简单检索、高级检索、二次检索、关联检索及浏览功能,可以在线阅读,检索字段包括:题名、作者、出版社、出版时间。

二、首都图书馆

首都图书馆建有8个特色资源数据库,包括:北京记忆、古籍插图库、中国共产党北京党史资源库、北京地方文献报刊索引数据库、明清北京城垣资源库、视听资料子目数据库、奥林匹克运动会与艺术多媒体资源库、中国人民解放军将帅多媒体资源库。

1. 北京记忆

"北京记忆"是首都图书馆推出的历史文化网站。该网站是一个提供北京建城3000年、建都800年以来独特历史文化发展轨迹的资源站点。内容包括"北京文汇"、"旧京图典"、"燕都金石"、"京城舆图"、"昨日报章"、"京华舞台"、"专题荟萃"、"乡土课堂"等版块,以数字文献的形式提供北京经典文献的全文资源、北京历史照片资源、北京地方艺术多媒体资源,以及舆图、金石拓片和艺术档案等地方文献资源。"北京文汇"版块收录地方文献1200余种;"旧京图典"版块包括反映老北京方方面面的珍贵老照片数百幅;"燕都金石"版块包括拓片种类1400多种;"京城舆图"版块收录了首都图书馆专藏的单幅或图集形式的地图集馆藏古籍文献特别是地方志中以插图形式存在的地图等;"昨日报章"版块提供20世纪前半叶发表在报刊上的数万条北京信息全文;"京华舞台"版块包括戏剧、曲艺、舞蹈和音乐等类别的内容;"专题荟萃"版块包括"春节专题"、"北京城市生活百年回顾"、"往日京华"等专题,各专题采用图文结合的方式展示内容;"乡土课堂"版块以图文并茂的形式向公众发布北京历史文化的科普性内容,包括北京的自然与人文环境、历史、人物、语言、风俗、艺术等方面。"北京文汇"、"旧京图典"、"燕都金石"、"京城舆图"、"京华舞台"、"乡土课堂"等版块提供检索或浏览功能,"昨日报章"、"专题荟萃"等版块只提供浏览功能。

2. 古籍插图库

"古籍插图库"是古籍插图图像数据库,包含古籍插图数据1万条。这些插图是从首都图书馆馆藏古籍文献中拣选制作的。每条数据包括插图全文影像和内容标引。插图内容包括人物、小说、戏曲、军事、宗教(佛教、道教)、动物、植物、风景、建筑、历史故事等几大类。读者可以通过插图题名、绘图者、刻印者、图像内容类别(前述各类)、图中人物、地点、成图方式(木板画、石印、影印)、绘制年代、插图选取文献题名等多种途径使用关键词进行检索,也可以分类浏览,选图赏鉴。

3. 中国共产党北京党史资源库

"中国共产党北京党史资源库"一期为1919年至1949年部分,共319张,其中收录了中国共产党在北京不同历史时期的党史资料,内容包括主要代表人物、重要历史事件及革命遗址、遗迹等,自1919年"五四"运动起至1949年中华人民共和国成立跨度30年。其中,包含大量罕为人知的图片及珍贵照片,每幅照片均附有详细的说明注释文字。读者可以通过题名、分类号、著者、团体著者、个人主题、团体主题、地名主题、普通主题、年代范围主题、检索词、图片颜色、照片拍摄日期等多种途径进行检索。

4. 北京地方文献报刊索引数据库

"北京地方文献报刊索引数据库"是首都图书馆组织开发建设,并经多年积累完成的一个关于北京地方信息的报刊题录数据库。收录了20世纪初至今百年来，各类报刊中所刊载的北京信息近40万条数据。内容包括历史、地理、人物、社会生活、政治、经济、文化教育、文学艺术等诸多方面的信息，涉及报刊品种约2800种。读者可以通过题名、年代范围主题、非控主题、个人主题、团体主题、地名主题、分类号、第二分类号、著者、译者、团体著者等多种途径进行检索。

5. 明清北京城垣资源库

"明清北京城垣资源库"由图片及文字两部分组成。图片部分共收录358幅，内容反映明清两代内、外城及皇城的城垣建筑，包括城楼、箭楼、城门、城墙、瓮城、护城河以及附属设施等。文字部分共引自59种文献的202条文字段落，包括明清古籍中的北京地方文献经典著作及近代研究成果的相关论述。读者可以通过题名、分类号、著者、团体著者、地名主题、普通主题、年代范围主题、检索词、图片颜色、照片拍摄日期等多种途径进行检索。

6. 视听资料子目数据库

"视听资料子目数据库"的数据近3万条，内容包括约1800盘CD激光唱片的全部曲目，内容主要涉及歌曲和音乐两大门类，歌曲类的主要包括：流行歌曲、艺术歌曲、儿童歌曲、戏曲选段、电视歌曲、歌剧、舞剧、男声、女声、独唱、合唱等；音乐类的主要包括：轻音乐电影音乐、电视音乐、管弦乐、小夜曲、交谊舞曲、芭蕾舞选曲、歌（舞）剧选曲、打击乐曲、江南丝竹、广东音乐、电子音响合成器乐曲等。演奏乐器包括钢琴、萨克管、笛子、小号、小提琴、二胡、古筝、箫、鼓、琵琶等多种类型。读者可以通过曲名、演唱者/演奏者、主题词等多种途径使用关键词进行检索。

7. 奥林匹克运动会与艺术多媒体资源库

"奥林匹克运动会与艺术多媒体资源库"是自申奥成功后首都图书馆开发和建设的"都市文献多媒体数据库"的子库。其内容包括历届奥运吉祥物、奥运火炬、开闭幕式演出、奥运宣传画、邮票、纪念币和各种纪念品，以及以奥运为题材的商品广告和赞助商广告等。文献主要来自该馆外文馆藏和网络资源。目前，已制作完成约600条。读者可以通过题名、分类号、国家名称、行政区划名称、城市名称、奥运会届次、举办时间、艺术品名称、艺术品位置、地名主题、普通主题、年代范围主题、检索词、著者、团体著者等多种途径使用关键词进行检索。

8. 中国人民解放军将帅多媒体资源库

1955年9月27日，即新中国成立6周年国庆前夕，中国人民解放军首次授衔在北京中南海隆重举行。共10个元帅，10个大将，55名上将，175名中将，802名少将。这是中国共产党领导下的人民军队自1921年诞生以来首次实行军衔制。"中国人民解放军将帅多媒体资源库"提供了大量详尽的图片、文字和多媒体资料。读者可以通过题名、原名或别名、字号、性别、民族、军衔、军兵种、籍贯、出生日期、逝世日期、首次授衔时间等多种途径使用关键词进行检索。

三、上海图书馆

上海图书馆建有17类特色资源，包括：会议录资源、地图资源、围棋棋谱资源、传记类文献资源、桥牌文献资源、党史党建文献资源、化学化工文献资源、馆藏日文文献资源、外观设计文献资源、西文乐谱资源、百科全书资源、德语文献资源、年鉴及名录文献资源、特种文献之专利、体育文献资源、法律法规文献资源、经济类文献资源。

1. 会议录资源

上海图书馆针对读者在实际使用会议录资源中可能会碰到的各种各样的障碍与迷惑，建立了"会议录资源使用指南"网页，将馆藏资源与网络资源相结合，初步给出了一些建议和指导。"会议录资源使用指南"网页包括会议术语、会议文献分类、会后文献的种类、使用会议资源等基础知识；也列出了上海图书馆拥有的检索资源，包括：专门会议录、会议论文检索工具，报道会议的检索工具及收录会议论文的综合检索工具等三大类资源；还整合了网络资源，包括：国内学协会名录链接、国外学协会会议论文检索、会议预报类资源、收费数据库等四大类资源；并且，针对具体的馆藏资源及网络资源，均作出了详细的资源介绍及使用方法说明。

2. 地图资源

地图是一种变化较大、不断更新、信息量最丰富的收藏品，它包罗万象地表明了城市建筑、道路交通、行政区域、旅游景点、商业网络、文化娱乐措施等，综合性地反映出整个世界、一个地区或国家的地理环境、自然环境、社会经济、政治和文化历史的发展等多方面的现象，向用图者提供大量的信息和丰富的科学知识。它一般可分为古旧地图、新地图和电子地图。

上海图书馆收藏有各类地图工具书、各个国家的地图册及各种类型的地图集。新地图以中文为主，古旧地图则中西并举。上海图书馆通过提供该馆地图资源的收藏特色和一些较优秀的数字化地图资源的介绍，把馆藏特色和数字化资源有机地结合起来，建立了"地图资源"网页。该网页包括古旧地图、新地图和电子地图三个版块。该网页推荐了上海图书馆馆藏的几十种古旧地图书书目，并列出了一些地图资源的网站。

（1）古旧地图

"古旧地图"版块介绍了古旧地图的基础知识及上海图书馆馆藏古旧地图资源。上海图书馆目前收藏有古旧地图8700余种（不同版次算作不同品种），近14000册。上海图书馆馆藏古旧地图来源主要有4个方面：亚洲文会北中国支会图书馆，该馆于1858年建立，1955年由上海图书馆接管；上海市历史文献图书馆，该馆的前身为上海市私立合众图书馆，顾廷龙先生主持日常馆务；鸿英图书馆，该馆于1958年并入上海图书馆；私人收藏，由个人收藏、供研究之用，而后捐献给上海图书馆。上海图书馆地图资源的收藏具有3个特色：外文地图数量较多，收藏有英、法、德、西班牙、荷兰、日、俄等国文字地图超过1000种；地图内容涵盖范围较广，大至天文地理，小至个人土地面积等；手绘地图有一定数量，大都为专业地图。

（2）新地图

"新地图"版块介绍了新地图的基础知识及上海图书馆馆藏新地图资源。上海图书馆馆藏的新地图几乎涵盖了各种类型的地图，如按照其用途分类，可大致分为通用地图和专用地图两类。通用地图是为广大读者提供科学或一般参考的地图，主要包括：世界各国地理图、疆界图、一般的自然地理图、历史地理图、游览图等。专用地图是为各种专门用途制作的地图，它们是各种各样的专题地图，可分为3大类：自然地图，是以自然要素为主题，根据其表达的具体内容可分为地质图（P56 区域地质学）、地貌图（P94 区域自然地理学）、地势图（K99 地图）、气象图（P45 天气预报）、水文图（P7 海洋学）、土壤图（S159 土壤地理）、植被图（Q948 植物生态学和植物地理学）等；人文地图，是以人文要素为主题的地图，根据其表达的具体内容分为政区图（K992.2 行政区域图）、人口图（C92 人口学）、经济图（F1 世界各国经济概况、经济史、经济地理）、文化图（G1 世界各国文化与文化事业）、历史图（K99 地图）、商业地图（K99 地图）等；其他专题地图，不能归属于上述类型而为特定需要编制的地图，如航海图（U675 船舶驾驶，航海学）、交通图（F51 交通运输经济，K99 地图）、城市地图（K99 地图）等，它们是既包含自然要素，也包含人文要素，用途很专一的地图。专用地图在一般情况下只被一些专业人士参考使用，它的资源相对较少，但分布却很广泛，除了在K99 地图类目中有分布外，在其他的相关学科类目中也有分布，如上文所提到的：P56 区域地质学，S159 土壤地理，C92 人口学，F1 世界各国经济概况、经济史、经济地理等。

（3）电子地图

"电子地图"版块为上海图书馆整理的国际、国内的网络地图网站，提供每个网站的介绍及链接地址，供读者查阅。

3. 围棋棋谱资源

上海图书馆收集了各类围棋类资源1029种，其中重复检索结果有59篇。根据文献的内容和难易程度，将这些文献分成了5大类，其中，入门类文献251篇，主要适用于围棋的初学者和少儿入门，大致的适用的读者对象为业余围棋十级入门至业余围棋四级；中级类文献383篇，主要适用于对围棋有一定的了解，需要进一步加强和提高围棋的各种战术和初步的战略的读者，难度较前一类有一定的提高，大致的适用范围为业余围棋三级至业余围棋二段左右；段位类文献91篇，主要为围棋业余三段以上或职业棋手提供围棋战略的思路和最新的围棋研究变化；棋谱类文献219篇，主要收录了国内外的比赛对局、古谱、棋局评述等；其他类文献85篇，主要是围棋的名人传记、生平、围棋历史、围棋诗词、围棋比赛规则、围棋年鉴、围棋期刊等相关文献。

"围棋棋谱资源"网页推荐了上海图书馆藏有的围棋棋谱书目及围棋的相关网站，并为读者提供了"IPAC 检索指南"、"打谱软件介绍"、"棋谱库"等。

4. 传记类文献资源

上海图书馆作为国内和国际上著名的图书馆之一，在历史人物资料的搜集上一直比较重视，形成了一定的特色。上海图书馆馆藏的传记类文献资源包括：民国人物、1949年至1972年间资料、文史资料、地方资料（地方志、行业志、家谱）、影像资源等。

"传记类文献资源"网页的"传记分布"版块，从资源种类的角度介绍了传记资源的分布库室，并提供了各种资源的检索界面链接，传记资源涉及古籍列传、人物报纸、人物杂志、传记丛书、工具词典、家谱、名人手稿、地方人物、数字资源等。"传记类文献资源"网页的"书目推荐"版块，从"行业人物"和"人物工具书"两个角度，列举了数十种上海图书馆馆藏的传记类书目，每种书目都附有详细的内容介绍及馆藏索书号。"传记类文献资源"网页的"数字资源"版块，列出了人物数据库、网络资源、影像资料、辅助资料等资源,既有上海图书馆馆藏的传记类文献数据库,也有传记类网站。

5. 桥牌文献资源

上海图书馆将其现有馆藏中的桥牌中文图书资料进行了节选、整理,按各个专题进行编排,建立了"上图中文桥牌书目网"。该网页涉及桥牌基础知识、馆藏桥牌书目浏览、桥牌网站三项内容。"桥牌知识"包括:桥牌概述、起源与历史、世界桥牌运动、桥牌在中国、机构与赛事、比赛类型知识、桥牌术语、规则与礼节、名人介绍、桥坛轶事、桥牌趣闻、名局欣赏、名将与牌等内容,每一项内容都有详尽的介绍。"馆藏桥牌书目浏览"为读者提供按"书名检索"、"作者名检索"、"桥牌工具书"、"中高级牌手参阅书"等分类的书目浏览。"桥牌网站"列举了国内外十几个主要桥牌网站,提供网站名称及链接地址。

6. 党史党建文献资源

为纪念中国人民抗日战争暨世界反法西斯战争胜利60周年,上海图书馆将馆藏党史党建文献整理,并整合了网络资源,建立了"党史党建文献资源"网页。该网页从1978年至2008年间的五个时间段,分五个网页介绍各个年度的大事记和统计数字,并列举了馆藏图书关键词,读者通过不同的关键词可以检索馆藏书目情况,获得馆藏基本信息。该网页还从"馆藏资料"、"历史文献"、"抗战图书"、"长征之路"、"红色之旅"、"纪念建军"、"十七大"、"网站链接"等方面,介绍上海图书馆馆藏的党史党建文献资源及相关的网络资源。

7. 化学化工文献资源

上海图书馆将网上免费化学化工资源、上海图书馆专利标准阅览室的优秀资源以及上海图书馆科技图书阅览室和书库的化学化工纸制资源进行整合,并制作了相应的资源利用门户页面,即"化学化工文献资源网"。文献资源从内容上分为馆藏实体资源(纸制及光盘)和虚拟资源(网络数据库),即网络化学化工资源,专利标准阅览室化学化工资源,阅览室和书库化学化工资源。网络化学化工资源包括国内外化工类学术网站、国内外化工商业门户站、国外著名的数据库、国外专业化工数据库,读者可以通过网站及数据库的介绍及链接,了解并查阅相应资源。专利标准阅览室化学化工资源列出了上海图书馆馆藏的化学化工文摘、化学工具书共计80多种;还建有"书评"、"物质查找工艺"两个版块,"书评"版块介绍上海图书馆馆藏的化学化工类资源,"物质查找工艺"版块为读者介绍查某一物质的制作工艺的方法。阅览室和书库化学化工资源按中国图书分类法分类主要包括化学O6和化工TQ两大类,为读者列举了上海图书馆馆藏的数十种化学化工类图书的基本信息。

8. 馆藏日文文献资源

上海图书馆建立了"日语图书资料导航数据库",该数据库由下列6大项构筑:馆藏日语资料综述、日语图书阅读倾向调研、日语新书导航、日语馆藏资源检索、日语工具书、日本图情信息网上链接;通过该网页,读者可以了解上海图书馆收藏的日语资料,并且能够链接相关的日本图书馆团体、日本五大全国报纸以及一些与信息提供相关的日本网页。

"馆藏日语资料综述"版块对上海图书馆的日语文献资源进行揭示,包括:日语图书、开架新书、综合阅览室(书库)、日语旧版图书、日语杂志、日语报纸、日语科技资料、日语视听资料,使读者从不同的文献类别了解上海图书馆的日语文献资源。"日语图书阅读倾向调研"版块通过上海图书馆曾对阅读日语图书的读者阅读倾向做过的多方位调查,归纳出一些热点;经过调查研究等一系列措施的实施后,将制定出当前热点图书的针对性主动推荐,在"日语新书导航"项目中用中文向读者揭示。"日语新书导航"就是上海图书馆经过2005年6月到2006年6月的各项调研以及推荐分析,对推荐做了优先顺位安排;从大类上来说,首先围绕最热门的文化主题,从"社会文化"、"比较文化"、"宗教文化"、"建筑文化"、"世界文化"、"日本文化"等开始,依次对"企业经济"、"社会学"、"环境"、"历史"、"建筑"、"生化科学"等作简要内容的揭示。"日语馆藏资源检索"版块是对上海图书馆日语资源检索的导航。"日语工具书"版块揭示的是在"日语新书导航"推荐中的好的工具书。"日本图情信息网上链接"版块提供上海图书馆日语主页(有馆藏日文书目链接)、日本国立国会图书馆、日本主要图书馆团体及其会刊、日本五大报社的等主页的链接。

9. 外观设计文献资源

外观设计是指物品的装饰性或富有美感的特点。该外观设计可具有立体特征,诸如物品的外观或外表,也可具有平面特征,诸如形状、线条或颜色。外观设计广泛地应用于工业和手工艺产品上:从技术和医疗仪器到手表、珠宝及其他奢侈品;从家庭用具和电器到运输工具和建筑结构;从纺织品图案到休闲商品。

上海图书馆立足于其丰富的文献资源,并结合上海图书馆的数字资源以及从Internet上搜索到的中外设计类网络资源,建立了"外观设计文献资源"网页。该网页将外观设计分为时尚、珠宝、服装、纺织品、建筑、景观、室内、家居、工业、产品、平面、摄影、广告、包装、玩具、电影、舞台、综合、纯艺术、外观设计专利等14个类别,按上述类别,列出了相应的馆藏的图书、期刊资源,以及网络资源,读者可以浏览图书、期刊资源的基本信息,通过网站的介绍及提供的链接,访问相应的网络资源。

10. 西文乐谱资源

上海图书馆西文乐谱资源包括巴洛克时期、古典主义时期、浪漫主义时期、20世纪现当代器乐演奏作品、歌剧及舞剧作品乐谱。其中,以器乐独奏、室内乐重奏、管乐及交响乐队用谱为主,类目涉及:管乐(木管、铜管),弦乐(小提琴、中提琴、大提琴、低音提琴),键盘(主要为钢琴),打击乐(木琴、钟琴、定音鼓),管乐合奏、弦乐合奏、管弦乐及各类重奏,交响乐,歌剧、舞剧总谱等。

上海图书馆依托馆藏西文乐谱资源建立了"西文乐谱资源"网页。该网页提供书目检索界面,读者可以通过题名、著者、主题词、丛书名、出版者等字段进行检索;并为读者提供乐器略语、词汇术语等基础知识;该网页同时提供按作者名字、乐谱的专业类别浏览馆藏书目。

11. 百科全书资源

上海图书馆以其丰富的百科全书资源为依托,结合读者的实际需要,有选择地汇集整合了馆藏百科全书专题资源,设计、制作出"馆藏百科全书之窗"专题网页,将印刷型和网络版的馆藏百科全书一并呈现。对"世界三大百科全书"、"中国大百科全书"等现代世界权威、著名、主要的馆藏百科全书,以同一种类形式重点介绍;主要语种的馆藏百科全书,选取重点,以双语互查的方式提供多重服务。

"馆藏百科全书之窗"网页包括"印刷型百科全书介绍"、"百科全书知识与检索方法"、"百科全书网站"、"馆藏数字资源"等栏目。"印刷型百科全书介绍"栏目从综合性百科全书、专业性百科全书、地域性百科全书、百科词典等类别介绍上海图书馆馆藏的百科全书,涉及书名、馆藏地、索书号、出版者、出版年、内容简介等。"百科全书知识与检索方法"栏目介绍了百科全书小知识问答、利用百科全书查找资料方法10则、读者辅导讲座PPT、常用大百科全书使用实例等内容。"百科全书网站"栏目列出了12个免费网站和6个收费网站,涉及网站名称、网址、语种和网站的特点等内容。"馆藏数字资源"栏目包括"中国大百科全书网络版"、"不列颠百科全书网上数据库"两种数字资源,涉及每个数据库的数据库类型、载体类型、更新周期、数据库服务商、数据库简介、使用指南、使用地点等内容。

12. 德语文献资源

上海图书馆依托馆藏德语文献资源建立了"上海图书馆德语资料区"网页,该网页包括网上咨询、特色资源、使用指南、书目检索、最新资料、链接等版块。"网上咨询"版块为读者提供查找英语、德语资料方面的咨询帮助,提供学习德语、去德国留学和研究咨询的网站链接,提供网上联合知识导航站的链接。"特色资源"版块包括音像资料,德语思想大家,期刊和报纸(德语期刊、免费的"德国"杂志、德语报纸),德语作为外语的学习资料,主要德语工具书简目(相关中文图书、专题书目)等栏目,这些栏目为读者提供文献浏览功能。"使用指南"版块包括德语外借服务说明、德语书目检索指南、德语工具书使用说明、信息交流园地等栏目。"书目检索"版块提供书目检索系统的链接,读者可以通过题名、著者、主题词、丛书名、出版者等检索字段进行德语文献资源检索。"最新资料"版块从学科类别角度介绍上海图书馆最新的德语图书。"链接"版块提供丰富的德国知识、德语及德语相关网站的链接,包括:德国国情介绍、德国驻上海总领事馆文化教育处、上海锦创歌德德语培训点、上海DAAD信息中心——留德学习和研究咨询、歌德学院(中国)、北京西城区图书馆德国信息与德语自学中心、重庆沙坪坝区图书馆德语资料区、成都图书馆德语资料室、陕西省图书馆德国信息与德语自学中心。

13. 年鉴及名录文献资源

上海图书馆建立了"年鉴及名录文献资源"网页,分为"上海图书馆年鉴资源"和"上海图书馆名录资源"两个部分。

"上海图书馆年鉴资源"网页分为"文献资源"、"数字资源"和"网络资源"3个版块。"文献资源"版块从全国行业年鉴书目、全国地方年鉴书目、中国近代年鉴简介、最新年鉴书目推荐、国外年鉴介绍选列5个方面为读者提供年鉴资源的浏览功能。"全国行业年鉴书目"提供农、林、牧、渔业,交通运输、仓储和邮政业,工业、制造业、采矿业,科学研究、技术服务和地质勘察业等十几个行业的年鉴书目;"全国地方年鉴书目"按区域分布提供华北地区、东北地区、华东地区、华中地区、西北地区、西南地区、华南地区、特别行政区等区域的年鉴书目，每个区域又按区域内所包含的省份分别列出年鉴书目。

"上海图书馆名录资源"网页介绍了上海图书馆收藏的《台港澳，外国企业驻沪机构年鉴》、《中国产品信息年鉴》、《中国化工产品目录》。例如，《台港澳，外国企业驻沪机构年鉴》汇总了在上海市设立的外商代表机构的名录，每年一版，上海图书馆收藏的2006年版《年鉴》的机构名录分为贸易部分、商会部分、运输部分、咨询部分及其他5大类。该网页还提供网库、阿里巴巴、中国电信黄页、中国企业黄页在线、中国黄页网、欧洲制造企业名录等20多个名录相关的网站链接。

14. 特种文献之专利

上海图书馆建立了"特种文献之专利"网页。该网页由"导航"、"基本介绍"、"专利文献及检索"、"馆藏专利全文资源"、"网络资源"5个版块构成。"导航"版块介绍了读者在上海图书馆查询专利步骤，并且介绍了上海图书馆的专利资源；"基本介绍"版块介绍了专利基本概念、专利种类及有效期、专利辅助工具（分类、关键词索引、定期出版物等）、专利检索工具等内容；"专利文献及检索"版块介绍了专利题录的汇编或全文的集合、专利译文、专利公报、专利检索资源、专利基本知识辅导、专利法律、专利代理等内容；"馆藏专利全文资源"版块介绍了上海图书馆收藏的八国二组织的专利文献，包括中国、美国、日本、英国、德国、法国、瑞士、俄罗斯、欧洲专利组织、世界专利组织，介绍了上述八国二组织专利文献的文献类型、载体、起止年代和文献起止号；"网络资源"版块列出了欧洲专利局、美国专利局、德国专利局、加拿大专利局、中国专利局等官方专利网站，并针对查找全文、针对主题查找文献、查找法律状态等相关事务等检索需求，介绍了部分网站的检索专利的方法。

15. 体育文献资源

上海图书馆建立了"上海图书馆体育旅游文献资源"网页。该网页包括"北京奥运"，"世界遗产"，"足球"，"太极"，"桥牌、围棋"，"体育旅游阅览室"6个版块。"北京奥运"版块涉及奥运常识、奥运知识、中国奥运、IPAC检索、奥运相关网站、馆藏书目推荐等内容；"足球"版块涉及足球溯源、足球本色、足球经营、足球生活、IPAC检索、足球相关网站、馆藏书目推荐等内容；"太极"版块涉及太极诠真、IPAC检索、太极拳相关网站、馆藏书目推荐等内容；"桥牌、围棋"版块点击后直接进入上海图书馆建立的"桥牌文献资源"网页及"围棋棋谱资源"网页；"体育旅游阅览室"版块介绍了上海图书馆体育旅游阅览室的库室方位及联系方式，列出了上海图书馆125种体育期刊题名，通过点击具体的刊名可以获得期刊的出版信息。

16. 法律法规文献资源

上海图书馆建立了"法律法规文献资源"网页。该网页包括"法律文献"、"法律词汇"、"法律书屋"、"法律学人"、"专题导读"、"查找法律法规文献指南"、"馆藏数字资源"、"法学网络资源"8个版块。"法律文献"版块从工具书、法律规范、司法解释、司法判例、国际条约、图书、公报、期刊、报纸、论文、外国法等方面介绍了上海图书馆馆藏的纸质文献资源；"法律词汇"版块介绍了法理类、民法类、刑法类、诉讼法类、行政法类、国际法类等类别的常用名词的解释;"法律书屋"版块推荐上海图书馆新到的法律法规类优秀图书,介绍书名及主要内容;"法律学人"版块介绍了我国近现代的法学大家及他们的主要著作;"专题导读"版块介绍了法律英语学习、英译法律法规、网上法律法规、世贸组织规则、上海地方法规等专题相关的上海图书馆馆藏资源及网络资源;"查找法律法规文献指南"版块介绍了查找知识产权法、国际法、美国法、英联邦国家的法律的方法途径,既有关于查找上海图书馆相关馆藏资源的方法介绍,也有关于查找网络资源的方法介绍;"馆藏数字资源"版块列出了上海图书馆馆藏的法律法规类数字资源,包括"国家法规数据库"、"中国资讯行在线数据库"、"ISI新兴市场"、"清华同方期刊数据库";"法学网络资源"版块从综合类、学术、港澳台、民商法、经济法、公检法及律师、知识产权法、诉讼及其他等方面介绍了法学网络资源,涉及法律法规网站、知名的法律出版机构及法律类高校的介绍及链接地址。

17. 经济类文献资源

上海图书馆建立了"上海图书馆经济类资源"网站,该网站揭示了上海图书馆馆藏现有的经济类资源,主要把资源分为纸质资源、数字资源、网络资源三类。纸质资源主要为馆藏新进图书,连续出版物的更新;数字资源主要为馆内经济类数据库的相关利用;网络资源主要提供了各类官方网站的链接地址以弥补上海图书馆馆内资源的不足。该网页包括"馆藏资源"、"考试动态"、"核心期刊"、"馆藏书目检索(IPAC)"4个版块。"馆藏资源"版块按照物流、会计、证券、企业管理、贸易5个学科专业列举了上海图书馆馆藏的图书资源以及国内外相关专业的网站链接;"考试动态"版块介绍了现在市面上所流行的各类考试,包括人事部考试以及专业考试,主要搜集了各相关考试的日期、内容、性质、培训介绍,以及国内外相关官方网站;"核心期刊"版块揭示了被选入 EBSCO 与 CASHL 两个数据库核心期刊的数字资源与纸质资源;"馆藏书目检索"版块为读者提供了检索馆藏书目的界面,读者可以通过题名、著者、主题词、丛书名、出版者等关键词进行检索。

第三章 图书馆特色资源的保存与利用

图书馆特色资源的保存是特色资源建设的重要方面，而特色资源的利用又是图书馆特色资源建设的根本目的，本章从印刷型特色资源和数字型特色资源两个方面探讨图书馆特色资源的保存与利用的问题。

第一节 印刷型特色资源的保存与利用

现代社会处于信息爆炸的时代，信息资源的数量激增，信息资源的载体形式也五花八门，常见的有印刷型信息资源、缩微型信息资源、声像型信息资源以及数字型信息资源等，其中信息用户经常使用的是印刷型信息资源和数字型信息资源。尤其是数字型信息资源具有易检索、易传播、信息量大、内容广泛、可供多人同时使用、多次复制不损失等特点，深受信息用户喜爱，但其也具有诸多不足之处，如相关信息能否长期保存、能否连续使用、质量能否得到保证等方面都存在着不确定性。数字型信息资源的长期保存需要投入大量的人力、物力以及技术支持，知识产权问题也会影响信息用户对数字信息资源的及时连续运用，此外，有些数字型信息资源的时间覆盖面窄，年代比较久远的资源在网络上查不到，读者利用数字型信息资源需要借助电子设备，需要消除网络通道障碍、软件系统障碍、软硬件升级的不兼容障碍、断电干扰障碍等，电子信息浏览、信息打印获取等费用也比较昂贵，相比较而言，印刷型信息资源可追溯时间比较早，利用印刷型信息资源不受条件设备的限制，印刷型信息资源在购买时价格一次付清，信息用户在阅览室使用时，不需要再付费，因此不存在经济负担，此外，印刷型信息资源具有阅读方便、直观、符合人们正常的阅读习惯等特点也深受人们的喜爱。通过对比分析发现，在当前网络环境下，印刷型信息资源仍然作为图书馆馆藏的主体。

然而，印刷型信息资源与数字型信息资源相比，突出的劣势在于其不易检索、多次利用易破损、不能同时供多人使用等。这就要求对印刷型信息资源加强管理，在做好印刷型信息资源保存工作的同时，也要注重提高其利用率，最大限度地发挥其作用。在印刷型信息资源中有一部分信息资源能够反映本单位（本国）的重要研究成果与学科发展脉络，突出其特色和对（国家）世界发展与科技进步作出重大贡献的文献资源，一般称之为印刷型特色资源。下面将详细阐述如何对印刷型特色资源进行保存、管理和利用。

一、印刷型特色资源的保存

印刷型资源的老化与变质是世界各国图书馆一直关注的一个重要问题。据有关资料介绍，我国现存的1949年以前出版的各种平装书刊已因发黄脆化而不能使用，就连20世纪50年代出版的一些报刊，也出现了因纸张变质而不能使用的现象。特色馆藏资源是每个图书馆区别于其他图书馆并独立存在的基础，其中印刷型特色资源是特色馆藏资源的重要组成部分，因此，要做好印刷型特色资源的保存工作。

1. 影响印刷型特色资源保存的因素

印刷型资源置于大气环境中，受到光照、热、氧等因素的影响以及印刷品纸张、油墨制造工艺等因素的影响，会出现纸张变黄、机械强度降低、印刷品褪色以及失去光泽等现象，给印刷型资源的保存、使用造成很大影响。因此，在对印刷型特色资源进行保存时，应该综合考虑内外多种因素，使印刷型资源经过较长时间保存和使用后，依然保持物理及化学性质上的稳定。

影响印刷型资源保存质量的外部因素主要包括太阳光、氧、臭氧、热、水分及微生物、机械应力的作用、高能辐射的影响以及昆虫的破坏等。其中，太阳光是影响印刷品老化的最主要的外因之一，有研究表明，太阳光中紫外线是引起印刷品老化最主要的因素，与可见光相比，紫外线的特点是：波长短，能量高，穿透力比可见光弱，很容易被材料吸收，极易引起颜料分子间高能态的变化和能量的传递，为光化学反应提供活化能，导致一系列光化学反应的发生，而太阳光的红外线对印刷品老化也起一定的作用，因为材料吸收红外线后会转变为热能，加速印刷品的老化，此外，可见光对印刷品的老化也有一定影响，在一定条件下，可见光能够对含有有机颜料的油墨起破坏作用。热是促进印刷品老化的又一重要因素，根据阿仑尼乌斯经验公式可知：温度升高10℃，反应速度成倍增加。温度主要通过促进纸张和油墨中大分子的转变，使其性能和色泽发生改变。在大气环境中由于同时有光、氧等因素的参与和配合，热的因素对印刷品的老化会起到加速作用，气温越高，加速作用越大。此外，大气环境中的水表现为降水、潮湿（水汽的侵袭）、凝露等。雨水，特别是凝露形成的水膜，能够深入印刷品材料的内部，使体系内的某些水溶性物质和含亲水性基团的物质（如纤维素）被溶解或吸收，逐步改变材料的物料组成和比例，加速印刷品的老化。空气中的各种污染，特别是有害气体，可能会导致纸张、油墨的组分发生各种形式的变化，甚至造成颜料等的变质。

影响印刷型资源保存的内部因素主要是指印刷材料的因素，包括纸张和油墨两个主要方面，其中纸张的因素涉及纸浆的种类和质量、胶料、涂料、酸和金属化合物的含量及纸张中的其他成分等，这些都是由制浆造纸过程所决定的，油墨的性能是由油墨的原料种类、组成、配方以及工艺处理方法所决定的。

2. 印刷型特色资源保存方法

了解了影响印刷型特色资源保存的因素后，在保存文献资源时，可以有针对性地采取相应措施，尤其是对于一些重要图书和档案文献的保存，可以从源头着手，如从选择印刷材料入手，根据印刷材料选择适宜的存储条件，此外还可以对印刷型资源的寿命进行估算，采取相应措施。

（1）印刷型特色资源的基本保存方法

印刷型特色资源是以纸张为存储介质，以手写、印刷为记录手段而形成的文献资源，对任何种类的印刷型特色资源进行保存时，都应该遵循保存印刷品的最基本要求，该要求主要包括以下几个方面。

① 及时加工入库。及时为印刷型文献资源分配书库或阅览室进行保存，避免露天存

放时间过长。

② 防潮。印刷纸张吸湿性强,对空气湿度非常敏感。纸张中的水分含量是随着空气的湿度而变化的,所以储存印刷型特色资源时要选择清洁干燥的地方,印刷型文献资源堆放时,要垫搁脚,不能紧贴墙壁堆放,控制好存放印刷型文献资源的书库和阅览室的相对湿度。

③ 防晒。印刷型文献资源的材质含有木质素,要避免阳光直接曝晒,曝晒后纸中水分蒸发,易使印刷型文献资源的材质变脆或者变形。

④ 防热。印刷型文献资源存放时温度不宜过高,超过38℃时,印刷型文献资源材质的质量显著下降,尤其铜版纸类会粘结成块,变成废品,书库或阅览室的温度以18~20℃为宜。

⑤ 防折。印刷型文献资源较多时需要堆放,堆放时印刷型文献资源的四边不可交错凸现,否则会使凸出的部分破裂、起皱、变色等,因此印刷型文献资源要码放整齐。

⑥ 防火、防盗。

(2) 印刷型特色资源保存方法案例

印刷型特色资源的种类不同,其具体的保存方法也不同。因此,通过阅读文献、网络搜索以及电话或网络调查的方式,对印刷型特色资源的保存方法进行了了解。下面重点以古籍文献和学科特色资源的保存及管理为例进行介绍。

① 古籍文献的保存。古籍文献多以纸质载体为主,由于年代久远,受环境影响,易酸化、脆化、滋生虫霉,因此古籍文献的保存需要考虑馆藏建筑、管理设备、温度湿度控制、防虫防霉防蛀以及制定严格的管理、服务和利用制度。这里主要介绍防虫、防潮、防止纸张老化和修补装帧以及利用现代技术进行古籍文献保护的方法。防虫主要有以下几种方法。一是中草药防虫法。就是将药物浸入书纸中利用其毒性和散发出的刺激性气味来防虫。此种方法是我国传统的图书保护方法,大致又可分为三种:直接将药草洗净晒干后,放进书中,用中药的特殊气味来驱虫,使书虫不敢进入书库,这些中草药包括茶花叶、芸香草等;将驱虫草料和制纸的原料按比例调和,制造各种避虫纸,如潢纸、椒纸、万年红等;研制一些驱虫纸,其方法是将驱虫药混进糨糊内,将这种糨糊刷在纸上,等纸干了之后,再将这种纸放进书中,使之产生驱虫的效果。二是冷冻驱虫法,就是利用低温驱虫。该方法由美国耶鲁大学图书馆发明,他们发现蛀虫在 -40℃的环境之内被冻48个小时之后都会被冻死,从而保证善本古籍图书的安全。三是辐照方法,我国已经发明了γ辐射杀虫术,它不仅不会对纸张、字迹色彩及装帧材料发生损害,也不存在放射性污染,不会危害工作人员的身体健康,而且经济实惠,每万册书只需35元人民币,是一种既安全又便宜的驱虫方法。在防潮的方法方面,充分利用现代建筑中的通风系统和制冷、制热空调系统以及除湿技术,将古籍书库温度控制在14~19℃,湿度在50%左右,如果大于75%,古籍就会变霉,小于30%就会干燥引起纸张脆化。借助装订和修补技术对破损古籍进行修帧保护不仅是一项极为细致的工作,还要求装订人员对一部具体古籍的构造有基本了解,尤其是清理散逸书页的前后顺序这项工作,不仅要求装订工作者具有精湛的技术,还应该掌握古籍文献的相关基础知识。古籍善本不仅具有特殊的历史价值,而且具有珍贵的文物价值,作为文献史料为读者所阅读研究时,不可避免地会受到不同程度的损伤,由此产生了保护和利用之间的矛盾,而数字化技术的出现可以有效解决这一问题,古籍善本经过数

字化后，原件可以妥善入库保存，除特殊需要外，基本不再提供阅览和展示，这就与外界产生了相对的隔绝，有效保护了古籍原件。然而并不是任何单位都有能力对古籍文献进行保存的，仅就温湿度要求来说，中央空调设备是必不可少的，动辄几十万上百万，不是每个单位都能承受的，而且即便买得起相关设备，在以后的使用过程中需要投入的费用也是相当可观的，此外，现代图书馆的服务理念、功能定位发生了巨大变化，许多新建图书馆虽然空间大、外形美观，但在建筑要求、温湿度要求、空气净化与通风要求、照明和防紫外线要求等方面与文化部颁布的《图书馆古籍特藏书库基本要求》国家标准相比不符，也就是说不能为古籍文献提供良好的保存环境。上海大学图书馆盛兴军对大学图书馆古籍特藏文献合作存储问题所进行的研究，为解决古籍文献保存问题带来了重要启示。古籍文献的保存问题应该通过正规系统的收藏体系来解决，设立国家古籍文物馆（中心），收藏文物价值高的、珍贵的、稀有的善本文献，对于不能进入国家级文献保护中心的古籍文献，可以建立地区性古籍文献保护中心，与国家古籍文物馆（中心）相呼应，形成总馆（国家级）—分馆（区域性）模式，从而在人员编制和经费方面有所保障，同时，在保存条件、管理制度、修复标准等方面，具有较强的可操作性，这种国家级或区域性的古籍文献保护中心很容易制定出有针对性的保存策略，可以为文献保存提供技术支撑与资金保障，可以使古籍文献享受到较好的储存环境，尽可能地延长文献寿命，保存其物理价值，保证文化传承。在古籍文献保存方面，广大文献工作者和研究人员不论在实践中还是在理论研究方面都做了大量工作，如宁夏地区开展了古籍普查及古籍保护工作，从改善古籍的保存环境入手，采用恒温、恒湿书库集中保存、管理，延缓古籍的老化程度，延长其使用寿命，同时加强对古籍进行数字化处理，建立宁夏地区古籍收藏数据库，既能保护古籍文献，又能使其在更大的范围内实现资源共享，湖南图书馆耗资百万重新布局了古籍阅览室，并建立了新的保护性借阅制度，山西医科大学图书馆的王斌详细论述了影响图书馆古籍文献保存的因素，并给出了相应的对策。

②印刷型学科特色资源。指的是专业性较强的图书馆围绕着学校特色课程设置和科研需要收藏的相关印刷型特色资源，如音乐院校图书馆收藏的音乐专业方面的连续出版物、中外音乐理论书籍、国内外音乐作品的乐谱等，体育院校围绕体育运动中的教学、训练、管理与科研等工作收藏的艺术体操、跆拳道、武术、足球、冰雪项目等方面的特色资源，医学院校图书馆收藏的印刷型医学馆藏特色资源，农业大学图书馆收藏的印刷型农业文献资源，工科院校图书馆收藏的印刷型重型机械特色资源，等等。这些印刷型学科特色资源与古籍文献相比，保存环境在建筑、温湿度、空气净化与通风、照明和防紫外线等方面要求不严格，且大多为高等院校收藏，在保存方法方面大多符合印刷型资源的基本要求，但其具有数量多、利用率高的特点，在使用过程中，如果不加强管理，很容易出现破损现象，因此，在印刷型学科特色资源的保存管理方面，图书馆需要采取相应管理措施，图书馆可以根据实际情况对不同的文献和不同的读者群分别采用开架制、闭架制或半开架制。对于易得的利用率高的本国印刷型出版物一般采用开架制，此时，可以采取向读者发放代书板，使用彩色书标标示不同类别文献，不允许读者将所取文献归架而由图书馆馆员归架，设置文献流通监测系统等措施，尽量避免资源受到损害。对于价值比较高的乐谱、手稿、技术资料、图谱、内容不宜公开的文献或利用率很低的文献则采用闭架制，或仅对部分特殊用户实行开架借阅制度，如公共图书馆重点收集本地区的地方文献及适应本地区

政治、经济、文化发展需要的文献作为特色资源建设的重点，科研机构图书馆重点收集本机构科研工作所面对的重点学科和研究领域的文献作为特色资源建设的重点，高校图书馆则以本校重点学科、专业的教学、科研工作为重点收集文献资源进行特色资源建设，上述图书馆收藏的重点不同，面向的信息用户也不同，所以对于特殊的文献可以仅对部分特殊用户开放。此外，对特色资源进行有序组织，合理布局阅览室也能够减小损坏程度，以特色期刊为例，由于期刊属于连续出版物，各卷期在内容之间有密切的内在联系。实践证明，出版5~10年的期刊利用率最高，10~20年的次之，20年以上的期刊利用率就很低了，因此，可以根据特色文献资源的出版年代和出版内容进行布局，将出版年代比较久远、内容比较分散、利用率比较低的资源整理出来，单独放在一个阅览室，这样不仅可以减小工作人员的工作负担，提高特色资源的开发利用水平，还可以避免混放时出现的频繁摩擦，造成文献破损的现象，从而有利于该部分特色资源的保存。

另外，不同印刷型特色资源的出版周期也不一样，有的出版周期比较长，而有的出版周期则比较短，以印刷型特色期刊为例，有些是周刊、旬刊、半月刊，这样的期刊册数比较多，如果等一年的期刊全部到齐后再装订，那么期刊架上的期刊数量就会非常多，容易出现乱架现象，此外读者在借阅时，需要频繁挪动不需要的期刊，容易损毁期刊，这就需要根据期刊的出版周期，定期整理进行装订，在整理过程中，还可以统计缺刊情况，及时补齐。因此，在保存其他类型的印刷型特色资源时，可以借鉴印刷型期刊的管理办法，及时装订。

二、印刷型特色资源的管理

印刷型特色资源是图书馆特色的一个重要组成部分，不仅是一所图书馆区别于其他图书馆的优势所在，更是一笔独具品位和风格的珍贵资源，体现着图书馆的人文底蕴，在社会的发展过程中起着重要的作用，因此，图书馆在印刷型特色资源的征集、签收、加工入库、借阅流通、修补装订、保存利用等方面建立一套健全的管理制度，从而使印刷型特色资源能够长久发挥其优势和作用。下面重点从印刷型特色资源的收藏室管理、流通借阅制度以及资源的保护制度三方面对印刷型特色资源的管理进行介绍。

1. 印刷型特色资源收藏室管理制度

① 建立专门收藏室收藏印刷型特色资源，设专架、专柜、专人管理，设立指示牌明确列写该收藏室收藏的特色文献范畴。

② 根据所收藏特色文献的内容及特点，科学分编，选择合适的排架规则进行排架，方便读者利用。

③ 对印刷型特色资源收藏室定期进行局部顺架及处理错乱架工作，对特色文献资源进行清点，核查有无缺少，确保无误，发现问题及时报告，并做好记录。

④ 收藏室管理人员要随时检查印刷型特色馆藏破损情况，建立破损文献档案，有计划地进行装饰修复。

⑤ 如果有文献借出，要严格履行出库手续，并按期追还归库。

⑥ 对报销（丢失、损坏、调拨、剔旧）特色文献资源应按规定及时办理注销手续。

⑦ 经常进行擦架、清扫、除尘，保持收藏室内环境的清洁卫生。

⑧ 读者和工作人员不得带包入库、不准私自携特色文献资源出库，严禁携带打火机等易燃易爆物品进入书库、严禁在书库内吃零食。

⑨ 严禁使用明火、电热器，工作人员下班离库后必须关闭门窗、断电，经常检查电源安全情况。

2. 印刷型特色资源的保护制度

① 印刷型特色资源接收入库，应签章验收后立即做好文献资源统计，并由呈送方和签收方经办人共同签字。

② 对印刷型特色资源要定期清点，对破损、虫蛀、霉烂、散册的特色文献要逐一登记，及时送交装订和修补；发现书标脱落应及时补贴；发现错号应及时通知编目部门改正。

③ 读者查阅文献资料时，要轻拿、轻放、轻翻，严禁折页、圈点，尽可能减少复印。

④ 对特别珍贵的文献，工作人员要特别注意保护，读者查阅时应陪同。

⑤ 一些珍贵手稿、书画等处于危险状态的资源，要通过复制、缩微拍摄、刻录光盘等高新技术，保障其资源方便利用，同时确保原件完好无损，确定专人负责管理，并制定完善的管理制度。

⑥ 对线装书，每年要投放除虫药一次。

⑦ 认真做好防火、防盗、防虫、防尘、防湿等工作，要经常检查，定时更换、投放防虫药品。

3. 印刷型特色资源的借阅制度

① 读者需凭本人借阅证或阅览证进入印刷型特色资源收藏室。

② 印刷型特色文献资源的借阅采用开架和闭架两种管理方式，开架区域读者凭证件经工作人员同意后进入收藏室，在规定地点查阅文献；对于闭架阅览，读者需提前来馆或通过电话等方式向工作人员咨询，办理预约手续，读者查阅文献时，必须有工作人员陪同。

③ 印刷型特色文献资源一经入库，原则上不外借，只在图书馆内提供查阅，如果有特殊需要，须经馆长批准、签字后方可借出。

④ 对于提供复印、扫描、拍照的特色文献资源，请凭证件向工作人员申请办理出室复制手续。

⑤ 读者阅览后，将特色资源放回原处，对于珍贵文献，按收藏室规定放在指定的还书车或阅览桌上，由工作人员检查是否缺页、损坏，并于当天统一归架。

⑥ 做好入藏特色文献资源的动态统计及年终累计工作，要求统计准确、及时。

⑦ 对于保密资料，应当按《保密法》及有关保密规定执行。

⑧ 印刷型特色资源具有保存价值，读者阅读时请倍加爱惜，不得撕毁、污损、折叠、圈批点等，违者按相关规定处理。

印刷型特色资源的种类很多，如学科资源、学校资源、地方资源、历史资源等，不同种类的特色资源的管理侧重点不同，以借阅方式为例，学科资源主要是为教学科研服务，一般对读者采取开架阅览方式，而历史文献中的古籍善本则普遍采用闭架阅览方式，因此，在实际管理过程中，应该结合特色资源的种类及特点制定灵活的管理制度。

三、印刷型特色资源的利用

图书馆进行特色资源建设，不仅仅是为了保护这些特色资源，更主要的应该是开发利用这些资源，使其更好地为科学研究发展、为用户的信息资源获取提供一个开放、便捷、实用的平台与环境，为科研创新、教育创新、人才培养提供资源与保障。印刷型特色资源能够发挥多大作用，不仅与其自身的价值有关，也与利用方式方法有关。

1. 印刷型特色资源的作用

特色资源对社会的发展起着重要的作用，如记录某一地方信息、保存地方文化的地方文献可谓之地方发展的见证，若将各地的地方文献结合起来，便是一个社会、国家的最珍贵的史料，这些珍贵的地方文献保存了地方史料，增进人们对地方的了解，可作为乡土教材，尤其是有些地方特色文献资源在当地旅游文化的发展中具有举足轻重的作用，可为旅游景区的总体规划提供服务，为文物保护、古迹修葺与重建提供史料保障，为古镇文化景观的开发、特色旅游线路的开辟提供依据，可丰富民俗旅游活动和促进旅游商品开发；有些少数民族地方特色文献对研究该地区过去和现在的有关政治、经济、文化教育、风俗民情、山川形势、民族迁徙、地理沿革、天文气象、矿藏河流、城郭郊野等方面有重要价值；科技图书馆收藏的特色资源可以为当地的工业、农业等领域起到推进作用，如天津市农业科技图书馆紧紧抓住为三农服务这一契机，发挥馆藏特色资源在科技兴农中的先导和桥梁作用，为农民增收、农业增效以及农业可持续发展起到了有力的支撑作用；而高校图书馆的特色印刷型资源在科研和教学过程中所起的作用更是有目共睹的。

2. 提高印刷型特色资源利用率的策略

印刷型资源因其符合大多数人的阅读习惯而仍被广大信息用户所利用。为了满足广大信息用户的阅读需求，提高信息服务单位的服务质量，可以采取以下措施提高印刷型特色资源的利用率。

（1）做好印刷型特色资源的采集工作

印刷型特色资源的种类和数量一直在迅速增长，面对种类繁多的各种资源，文献信息工作人员只有深入信息用户，广泛地了解用户需求，才能有针对性地进行文献资源的收集、开发和利用，才能使文献资源在用户利用过程中实现其价值，收到较好的效益。为此，信息单位首先应大力开展用户信息需求调查，以高等学校图书馆为例，选择采购文献资源时，应根据学校学科建设、专业设置及科学研究方向开展调研，加强与教师和科研人员的联系，采取走出去、请进来的办法，即采访部门在每年订购印刷型资源前几个月就深入到各学院，进行走访调研，充分获取第一手资料，订购既经济适用又信息需求量大、符合教学科研要求的印刷型特色资源；其次是读者调研，走进读者、走进用户，加强用户对馆藏资源的使用程度的研究，重点观察用户借阅资源的学科门类、使用频率及效果，同时让学科带头人及有关专家参加到这项工作中，以保证重点学科文献的选订质量，只有科学地采集资源才能从源头上提高印刷型特色资源的利用率。

（2）对印刷型特色资源进行深层次开发

计算机技术、网络技术和信息技术的发展为深层次开发印刷型特色资源提供了便利条件，使其成为提高印刷型特色资源利用率的重要手段。虽然网络信息资源丰富，但多以二次文献或三次文献为主，只能够为信息用户提供文献检索线索，对于一次文献的索取大多是需要付费的，而很多时候信息用户需要索取一次文献，这就需要依赖印刷型资源了。由于印刷型资源不能实现自动检索，因此需要对其进行开发。对印刷型资源进行开发从内容上可以分为一般性开发和深层次开发，一般性开发指对期刊表面的内容进行揭示，深层次开发指对期刊的深层内容进行开发与揭示，由此看来，如果只对印刷型资源进行一般性开发，信息用户只能了解到相关的目次报道、馆藏信息等内容，无法了解其深层次的内容，从而影响其利用率，只有对印刷型资源进行深层次开发，特别是在数字资源的种类越来越多，对印刷型资源的冲击越来越大的今天，对其内容进行深层次揭示，才能最大限度地满足信息用户的不同需求，如将分散的学科和主题经过分析和筛选加以集中，编制成系统的专题文献，根据学校科研信息的需求和重点学科建设的需要，主动调研期刊信息动态，在图书馆主页上建立重点学科特色服务窗口，编制各种专题性的文摘索引、综述评论、参考资料、信息简报等，参与用户研究，为其定题、定期提供最新期刊资料信息，还可以针对读者的信息服务要求开发市场信息、金融信息、经济信息等，帮助读者挖掘不易察觉的信息，使文献信息得到充分有效的利用。

(3) 实行灵活的借阅制度

图书馆的借阅制度大致分为闭架制度、开架制度以及半开架制度。其中，开架制度是允许读者进入流通书库直接从书架上选取文献的借阅制度，而闭架制度则不允许读者直接从书架上选取文献，必须通过查阅图书馆目录，填写索书单，由图书馆馆员提取文献，读者办理借阅手续后方能使用文献。另外一种介于开架制度和闭架制度之间的借阅制度——半开架制，即将文献陈列在装有玻璃挡板的书架上，读者可隔着玻璃通过书脊、封面等文献外貌浏览和挑选文献，不能自行取阅，须由馆员代取。

开架制度最早出现在欧洲中世纪后期意大利的罗伦佐图书馆，当时图书还是铁链锁在书架或阅览桌上，读者不能外借。19世纪后期，美国有人建议将开架制作为一种主要借阅制度。1879年美国一些图书馆开始实行开架制，20世纪初欧洲一些国家相继采用，苏联也在20世纪30年代普遍采用。20年代中国北京大学图书馆在李大钊领导下，曾实行过开架制，80年代大多数图书馆已程度不同地实行开架制。随着图书馆服务观念的改变和新技术的采用，开架制将成为图书馆的主要借阅制度。实行开架借阅制度，读者直接接触文献，广泛浏览，自由挑选，省去了读者查检目录、填写索书单、等候取书的时间，可使那些在闭架情况下不易引起读者注意或在图书馆目录中未被充分揭示的文献被读者发现和利用，当读者所需文献缺藏或不在架时，可由读者自由选取内容相近的文献。实行开架借阅制度不仅可以节省信息用户大量时间，还可以改善馆员和信息用户间的关系，从而能够大大提高印刷型文献资源的利用率。此外，按读者接触文献和办理借阅手续的方式的不同，开架制可分为自由开架式和安全开架式。自由开架式是流通书库和阅览室处于同一空间，中间不加间隔，读者只需在入口处交验证件，即可入内自由取阅，而不必办理任何借阅手续；安全开架式是流通书库与阅览室之间设有间隔，读者可凭证件入库挑选文献，但办理借阅手续后方可出库阅览或借出馆外。由此可见，图书馆可以根据实际情况，实行灵活的借阅制度，对于易得的利用率高的本国印刷型出版物一般都采用开架制，对于珍贵文献、内容不宜公开的文献或利用率很低的文献则采用闭架制，或仅对部分特殊用户实行开架借阅制度，同时做好文献复制工作，对于复本少的特色资源，可以不外借，仅供读者阅览使用，在期刊阅览室内放置复印机，若读者有需要可以将所需文献进行复印，这样既可以保证所有的特色资源都在馆，不会因为滞留在某个人的手上而影响其他读者的使用，又可以给读者节约大量的文献摘录的时间和精力。

(4) 强化文献信息咨询和宣传服务

图书馆建设特色资源的目的是让信息用户更好地利用这些资源。为了让广大信息用户了解特色资源进而主动利用特色资源，图书馆需要以各种方式让更多的人了解图书馆的特色资源，常用的方式有将特色资源通过公告栏、宣传活页、专题讲座、读者培训等形式加以宣传，也可以利用网络环境下的 Lib 2.0 技术如 RSS 信息推送、手机报等形式向信息用户推送最新的文献信息和科研动态，从而增加图书馆特色资源服务的效益。同时，信息工作者还要主动参与到用户的科研过程和课题研究过程中，根据用户的需要开展定题信息服务，向用户提供所需的科研信息和课题研究信息，以最大限度地开展信息咨询服务，在宣传推荐图书馆的特色资源的同时，听取用户的意见和建议，便于对印刷型特色资源的建设进行改进，提高其利用率。

(5) 开展馆际互借与文献传递业务

在有限经费的前提下，任何一个图书情报机构都不可能仅依靠本身的收藏就能满足读者的所有需要，网络技术的发展使得异地信息资源的获取跨越了地理的限制，方便快捷地呈现在读者面前，通过馆际互借与文献传递，可以大大提高异地读者利用资源的范围，也使得本馆的印刷型特色资源更具收藏价值和意义。开展馆际互借与文献传递业务，要求各图书馆之间加强协作，建立联合目录，用户可以检索各图书馆印刷型特色资源的馆藏目录，了解特色资源的借阅状态，甚至更为详细的主题内容，方便异地用户决定是否要进行文献传递和借阅。与此同时，还可以加强对外联系，扩大国际交换途径，与国外信息单位建立长期稳定的交换关系，尤其是国外一些高校，不以赢利为目的，主要为了促进学术交流、扩大影响，常常创办一些学术性强的期刊，可以尝试和这类高校图书馆联系，建立交换关系，这样通过国际交换的途径，不仅可以提高资源的利用率，还可以扩充馆藏，为图书馆节省经费。

(6) 对印刷型特色资源进行数字化处理

尽管印刷型特色资源具有阅读方便、直观、符合人们正常的阅读习惯等特点，但与数字型资源相比，也有其不足之处，尤其是历史资源，若以传统纸质保存，固然有其历史意义，然而却不利于远程使用，通过对其进行数字化处理，将大大提高其利用率，使其具有现代意义。对印刷型资源进行数字化处理，在国外已经是一种比较普遍性的选择。例如，美国提出的数字图书馆计划选择将美国有重要价值的馆藏历史档案资料数字化，其提出的数字图书馆倡议选择承担计划的 6 所高校图书馆，将包括工程科学、地球科学、空间科学、环境科学等在内的特色馆藏文献数字化，罗马梵蒂冈图书馆拟数字化 14 世纪以来珍藏的各种版本的圣经，此外，日本国会图书馆关西电子图书馆选择日本历史悠久、影响力较大的期刊进行数字化。通过数字化处理可以将印刷型特色资源存储在 Internet 的无限信息空间内，使其能够实现跨地区、跨国家的信息资源共享，利用这种高效的网络情报服务，使信息用户通过统一的界面在全球的任何地点随时都可以获得所需的情报。

(7) 提高信息工作者和用户的综合素质

网络的发展为信息工作者和信息用户提供了便利条件，计算机技术被广泛地应用到了印刷型资源的管理与利用之中,仅能从事上架收藏、看守阅览室工作的人员显然已经不能胜任印刷型特色资源的管理工作,现代图书馆的印刷型特色资源管理工作不仅仅要求信息工作人员具备良好的政治素质,全心全意为读者服务,还要具备现代化技术操作能力,熟练应用现代化管理软件对印刷型资源进行编目、验收、下架、装订以及深加工等,还要具有开发利用信息资源的能力,在知识结构方面,信息工作者仅仅懂得图书馆专业知识远远不够,还应具有多元化的知识结构和较高的外语水平,这样才能最大限度地开发和利用信息资源。由此可见,图书馆要加强信息工作者的继续教育,鼓励他们参加各种业务知识学习,使其知识结构与专业素质在整体上体现出一专多能的优势,成为信息管理者、信息专家和系统专家,向用户提供高质量、针对性强的信息,与此同时,信息时代也要求信息用户具有一定的信息素质,即获取、识别、分析和利用信息的能力。

除了上述几方面提高印刷型特色资源利用率的方法之外,各图书馆还可以通过延长阅览室开放时间、增加阅览席位、缩短印刷型特色资源的加工时间,使其及时上架等细节服务,提高文献资源的利用率。

第二节 数字型特色资源的保存与利用

图书馆数字型特色资源的长期保存与管理问题是伴随着网络化发展出现的新事物。由于数字技术的飞速发展以及 Internet 的普及,数字型特色资源增长迅速,图书馆数字型特色馆藏急剧增加。与数字资源的生产能力相比,保存数字资源的技术和能力却远远落后,随之而来的数字资源保存管理与数字资源的使用问题也日益突出。图书馆作为各类知识、信息的集合地,在当今信息数字化、服务网络化的环境下,研究图书馆数字型特色资源长期保存与管理是十分重要的。

一、数字型特色资源的保存

1. 数字型特色资源长期保存的目标及原则

随着计算机技术、现代通信技术和网络技术的飞速发展,数字型特色资源正以前所未有的速度和数量扑面而来。数字型特色资源的长期保存和有效利用问题已经引起了人们的极大关注,成为国内外学术界和信息服务领域关注的战略问题。

(1) 数字型特色资源长期保存的目标

① 保证数字型特色资源的原始性和真实性。数字型特色资源之所以要保存,是因为它具有可以为用户提供长期使用的能力,因此要保证其原始性与真实性。数字资源的内容和形式与其原始资源相比是相对独立的,不仅其内容易于变化,而且形式不固定,因此对数字型特色资源的原始性的保存存在一定的难度。

② 保证数字型特色资源的永久性。数字型特色资源的永久性是指信息保存的时间。永久性保存是一个相对的时间概念,随着技术的迅速发展,无法准确地预测现有技术的未来。究竟"永久保存"需要保存多久,目前没有任何研究可以说明具体时间,而且从实际来看,依照现有的技术和条件,可行的理解是"能够实现的最长时间"。

③ 保证数字型特色资源的安全性。数字型特色资源的安全性是指信息内容、用户使用和技术等多方面的安全性，还包括现在和未来较长时间内信息的有效性和准确性。随着全球网络化的不断发展，数字信息面临的网络安全日益突出。同时，由于数字信息有共享和易于扩散等特点，它在处理、存储、传输和使用上十分脆弱，很容易被干扰、滥用、遗漏，甚至被泄露、窃取、篡改破坏和冒充，而且还面临着遭受计算机病毒的感染。因此，在数字型特色资源长期保存中保证数字信息的安全是一个重要问题。

④ 保证数字型特色资源的有效性。数字型特色资源的有效性是指信息使用的有效性，即是否能够"永久读取"，保存不是最终目的，最终的目的是便于使用。对特色资源进行选择、数字化加工与发布后，方便用户的有效利用，这就要求对特色资源的选择要有好的标准，对内容的发布要有高的准确性和合理性，提高资源的使用率。

(2) 数字型特色资源长期保存的原则

① 数字型特色资源长期保存的针对性原则。在图书馆所有资源中，并不是所有的资源都需要长期地保存，数字型特色资源的保存要以满足用户需求为宗旨，并进行针对性的长期保存工作。这就涉及了资源的选择问题，要发挥自身优势，结合图书馆的馆藏特色、学校的学科特色以及所处的地域特色进行考虑，同时还要立足现有和潜在的用户需求，要面向教学和科学研究的实际需要，充分考虑其实用价值和需求程度。

② 数字型特色资源长期保存的科学性原则。科学性原则是指对数字型特色资源进行长期保存时要遵循科学合理性，不能盲目，在科学的规划布置和指导下开展。在实际操作前要对本馆数字型特色资源保存的必要性和可行性进行充分的科学论证，不能随意凑合、拼凑。

③ 数字型特色资源长期保存的可用性原则。数字型特色资源的长效利用是长期保存的主要目的，保证数字型特色资源的可用性，首先要清楚数据和软件之间的关系，并根据数据和软件之间的关系选择合适的解决方案。不同种类的数字型特色资源的保存和利用的方式不同，应当根据资源的种类和类型制定合理的保存策略，保证资源的正常使用。

④ 数字型特色资源长期保存的可靠性原则。不论采取何种保存和使用方法，首先都必须保证所保存资源的安全可靠性，确保保存资源的"真实性"。

⑤ 数字型特色资源长期保存的经济性原则。经济性原则表现在以下两个方面：一是遵循针对性和适度性原则，在经济条件有限的情况下，通过最优化理论与方法，进行较小的经济投入来实现功能倍增；二是指经过整合后的特色性数字资源，要扩大使用范围，提高服务质量，以多样化的服务手段来产生最大的经济效益。

2. 数字型特色资源长期保存的技术策略

数字型特色资源的长期保存包括多方面的含义，基于不同的理解、不同的需求以及不同的关注层面，产生了各种技术和解决方案。这些技术实际上代表了数字型特色资源保存的不同策略，表达了人们对不同技术特点研究基础之上的、实践中的取舍。

(1) 数据迁移技术

保持数字对象的长期可用性是数字保存的重要内容，迁移是广泛使用的一种数字资源长期保存策略之一。迁移是根据软硬件的发展将数字资源迁移到不同的软硬件环境之下，保证数字资源的可识别性、使用性与检索性。迁移可分为硬件迁移、软件迁移、载体迁移、格式迁移、版本迁移、访问点迁移，等等。然而，传统的迁移方式存在一些问题，从而产生不同程度的失真，如果某一步骤存在错误、遗漏或其他情况，就会影响以后的迁移，或导致部分失真。与传统迁移技术相比，按需迁移则可以解释或读取特定文件格式的编码只执行一次。该方法还无法准确地保持和提供可信赖的还原机制，同时，需要迁移时就产生相应的迁移工具，也会造成相关费用的提高。

（2）环境封装技术

环境封装是在对数字资源进行包装的过程中，将该数字资源所需的运行环境，如动态链接库、运行环境等一起打包，从而实现在其他环境下运行该程序包，如在 JAVA 程序中加入 J2SDK，从而保证在新的环境下的 JAVA 环境要求。环境封装包括在 XML 中包含原始文件、在描述文件中包含指向软件的链接、包含软件本身 3 种情况。封装由于刷新元数据存在困难，而且其使用的软件在使用时也无法保证能够获得，因此实际上这种策略还停留在讨论阶段。

（3）数据仿真技术

仿真其实是生成一套软件，用于模拟保存、访问数据的硬件或软件，有时只是模拟硬件或软件的一部分功能，预期重现数字对象的原始操作环境，其优势在于与操作平台无关。通用虚拟计算机（UVC）是由 IBM 公司提出的新的技术方法，是一种新的用于还原数字对象的方法，它并不依赖现有的平台和格式。一个虚拟计算机可以用于详细说明今天的操作过程，这些过程可能在将来的某台未知机器上运行。这种方法唯一需求的就是要有 UVC 仿真器。在保存实践中，首先要编写一个基于 UVC 的格式解码程序，用于被保存内容格式解码和呈现，该解码程序运行在仿真的 UVC 平台上，把保存内容转换成逻辑视图（LDV），LDV 是数字对象的结构化描述，通常按照一个特定的构建，如果未来有人想要浏览被保存的内容，就可以编写一个 UVC 仿真器，然后运行解码程序生成 LDV。同时，根据保存的 LDS 再开发一个浏览器，这样就实现了对重点内容的保存。

（4）开放描述技术

开放描述是指信息系统通过计算机可识别的开放语言和规范方式来描述自己系统各个层次的内容。尤其是自己的数据格式、组织体系和管理机制、所形成的描述文件及其定义语言置于本系统公知位置，或递交公共登记系统，第三方系统能识别、理解本系统的格式和规则，并在此基础上实现系统间的互操作。数字资源的开放描述可以将数字资源的存储、描述、组织、传递方式以第三方可以获取的形式描述，从而实现第三方或未来对该类资源的使用。

（5）数据考古技术

数据考古是从损坏的媒体、损坏或过时的硬件和软件环境中恢复数据内容的方法与手段，即从原始的字节流中恢复数字资源的原貌，并保证数字资源的可读性与可用性。数据考古是具有挑战性的技术，如果已经无法获取数字资源的原貌，就无法评估数据恢复的成果。因此，在正常的数字资源保存过程中，不赞成使用这种技术策略，而是采用更为实际的运作方法。该方法仅在其他方法无法发挥作用的情况下使用。

（6）数据转换技术

广义的转换包括格式的转换、程序的转换、字符编码的转换、媒体的转换、操作系统的转换、硬件系统的转换等。转换的方法有 3 种：第一，把特色型数字资源的格式转换为通用的文本格式；第二，利用通用的、开放的数据库管理系统；第三，采用或开发对应的转换软件。转换技术应用的关键是对数据进行重定格式或转换时应考虑时机的把握、实体类型与格式标准的选择，因为这些问题都会给数字资源的可靠性带来一定的影响。

（7）数字图形输入板技术

数字图形输入板技术能同时保存软件和硬件，降低迁移费用，同时具备自含动力源，能将所保存的信息直接显示在自含屏幕上，并能执行原处理器软件说明，对原程序和数据采用仿真加以存储，缓存器可根据用户对原文献的要求实时显示有关数据。数字图形输入板的实体异常坚固，耐寒、耐高温、防水及抗重力。但是，数字图形输入板的开发费用较高，仅适用于对政府法律文献、政府报告、珍贵艺术品的保存，其存在的数字资源与引起错误结果的软件同归档等问题也需要加以解决。

（8）数据更新技术

数据更新是指通过复制将数据流从旧存储介质转移到新的存储介质上，保护数据本身少受存储介质质量恶化的影响。更新是目前使用得最为广泛的数字资源保存技术，但是只有当原数据格式没有淘汰时才能被读出，而且如果新、旧软硬件环境不能兼容，则无法利用，就失去了保存的价值。简单的数据更新也并不能对数据的结构特性、描述的原数据、检索及展示方面的能力进行维护，无法满足用户的检索需求。

3. 安全技术

（1）身份识别技术

身份识别技术主要用于正确识别通信用户或终端的个人身份。最常用的方法是给每个合法用户一个"通行证"，代表该用户的身份。通行证一般由数字、字母或特定的符号组成，只有本人和所使用的信息系统知道。当合法用户要求进入该系统访问时，首先输入自己的通行证，计算机会将这个通行证与存储在系统内有关该用户的资料进行比较验证。如果验明他为合法用户，就可以接受他对系统进行访问，如果验证不合法，信息系统就会拒绝该用户对系统进行访问。

（2）仿写技术

将数字信息文件设置为"只读"状态，在这种情况下，用户只能从信息系统中读取信息，而不能对其做任何修改，可以有效地防止用户更改数字信息内容，从而达到保护其真实性的目的。另外，数字信息的存储，如果采用一次写入光盘，由于它是使用不可逆记录介质制成的，可以有效防止用户更改数字系统内容，从而保持数字信息的真实性和可靠性。

（3）系统还原卡技术

通过使用系统还原卡后，尽管用户可以随意对系统中的数字信息进行增、减、改，但一旦系统重新启动，数据又会恢复到原来的状态，用户的操作不会留下任何痕迹，从而保护了系统中数字信息的原始性。

二、数字型特色资源的管理

随着网络的发展与普及，大量数字化信息资源等待着去管理。数字型特色资源的保存是一项长期而又艰巨的任务，在数字型特色资源的长期保存中所涉及的许多问题都将是传统文献管理中所没有涉及的，除了技术问题外，管理问题迫在眉睫。由于数字文献具有不同于传统文献的特点，因而数字信息只有在其产生的环境中加以保存才是最经济、最可行的。

1. 制定特色数字资源长期保存标准体系

所谓体系标准，是指通过协商建立的并由公认机构认可的一种文件，它对一些具有共通性、重复性的规则、方针或某种行为的特征、结果作了规定。但是，标准远不止于此，它是变化的，代表了任何一个领域中必不可少的实际知识。任何一种标准都是集体工作的成果，它通常由制造商、用户、研究机构、政府部门以及购买者共同商讨，以使其能满足社会和技术的需要。

在数字资源的长期保存中，使用标准不仅可以确保数字信息管理和保存中的重要实践，而且还可以减少信息丢失的风险，节省数字资源保存费用。数字资源长期保存是一项复杂而又艰巨的工作，涉及数字资源生命周期的全过程，数字信息资源长期保存的每一个过程都需要标准的支持。OAIS模型将数字信息资源长期保存系统划分为摄入、保存、访问和管理4个部分，每一个部分需要相应的标准和转换标准，同时，一些基于OAIS的系统采用了标准元数据框架、元数据标准，采用通用协议和技术等，这些标准为建设高质量的数字资源长期保存系统提供了科学依据。

具体的数字资源长期保存标准如下。

（1）元数据标准

元数据是用来描述信息的内容、物理状态、地址和类型等的结构化数据。元数据包括了名称、地址、描述性和评价性的数据，用于识别、发现、选择、定位、使用和开发资源。元数据是一种有效的信息资源组织和管理的工具，是一种编码体系，对于数字资源的管理和保存具有重要意义。它可以帮助人们检索和确认所需要的资源，可以对数据单元进行详细、全面的著录描述，可以支持资源的使用和管理，支持对数字资源进行长期保存。

数字资源长期保存中涉及的元数据内容应该包含：内容信息，包括数据内容和数据内容表现元数据、涉及编码、格式、显示样式、压缩、色彩等方面的技术和系统要求数据；保存描述信息，包括确认信息、起源信息、固化信息；封装信息，涉及将各种信息内容组合封装为一个完整独立信息单元的有关数据；内容描述信息，包括基本数据，支持信息内容发现。

（2）数据格式标准

用于生产、交换、存储电子文件的格式有很多，其中有些是只可浏览不可编辑的信息，另一些是关于信息内容而无关于信息的外观的编排的；有些适用于图像，有些提供了压缩算法以方便存储，有些则没有。在选择存储格式时认识这些区别是非常重要的。总之，使用标准是有助于保持数字信息的真实性和可存取性的一种方法，虽然标准不是一个长久的解决办法，但在一种真正的长期的解决方法还未形成时，把数字文件转化成标准形式，必要时迁移到新的标准上去，可能是一种有效的过渡措施。

2. 加强数字资源长期保存相关法律建设

针对数字资源保存中面临的知识产权等相关法律问题，在国家层面必须建立一个有利于图书馆保存数字资源的完善的法律保障体系，做到既有利于信息资源的保存，保障广大公众的利益，又有利于保障知识产权人的利益，使整体利益、长远利益与个体的、局部的和暂时的利益之间保持平衡。具体来说，在今后的数字资源采集与保存行动中，除了在实践过程中应自觉遵守著作权法、商标法、专利法等专门法律外，还应解决以下知识产权问题。

（1）完善著作权集体管理制度

在数字信息资源采集与保存中遇到的最大难题是著作权问题。图书馆需要采集的数字信息资源数量庞大，要一一妥善协商根本不可能，而且许多作者也难以认定。2005年3月实施的国务院颁布的《著作权集体管理条例》提供了可资解决问题的法律依据，其中明确规定：著作权法规定的表演权、放映权、广播权、出租权、信息网络传播权、复制权等权利人自己难以有效行使的权利，可以由著作权集体管理组织进行集体管理。因此，建立并完善著作权集体管理制度，并将其扩展到数字信息资源领域，即建立网络著作权集体管理制度，这将有助于解决数字信息资源保存过程中复杂的网络著作权问题。

另外，著作权集体管理组织的地位也得到了法律的肯定。新修订的《中华人民共和国著作权法》确认了著作权集体管理组织的法律地位，使著作权集体管理制度有了法律保障。

（2）加强与版权人的协作

虽然可以通过对合理使用制度的修订来解决一些数字资源长期保存中的知识产权问题，但是因为法律对合理使用的适用条件有着严格的限制，所以图书馆等机构需要长期保存的许多数字资源无法适用合理使用。例如，法律规定合理使用只能针对馆藏作品，但是对于图书馆所购买的他人开发的电子数据库以及图书馆可以利用的一些在线出版物，图书馆对其拥有的仅仅是使用权而不是所有权，因此他们不是传统意义上的馆藏作品，从而不能利用合理使用来进行长期保存。在这种情况下，最可行的办法就是通过和版权人协商，获取其授权来解决数字资源的长期保存问题。

（3）加强专门的立法工作

为了使今天的在线出版物能得到及时的保存，我国通过立法赋予相关机构享有收集、保存在线出版物的权利。目前，澳大利亚国家图书馆研究计划的重点之一就是促使法律就在线出版物的长期保存问题做出修订。世界上有些国家已经针对此问题出台了专门的立法。例如，瑞典政府颁布的法令不仅允许皇家图书馆收集在互联网上瑞典的网站，还允许公众在图书馆的权限内存取。法国政府修改的一项法律要求每一个法国网站都必须存档，并允许保存机构随时获取资料。丹麦、芬兰、挪威和南非等国已经在有关缴存本的立法中包括了对在线出版物的缴存。当然，这些立法只是存在于少数国家，多数国家的立法仍有待制定。

（4）与国际法协商的问题

数字资源保存不仅在内容方面要与有关国际法协调，而且归档数字信息资源一旦在Internet上传播，还会有许多与国际法相关的新问题产生，这也是需要认真研究解决的。因此，数字信息资源保存行动的法制保障、法律体系中应该包括国际条约、协定，在制定相关法律、法规、规章时必须充分考虑怎样有机地融合与容纳国际条款、协定的宗旨和精神，特别是那些我国政府已经签署参加的国际公约、协定，从而使法规体系建设更加科学、完备。

3. 建立数字型特色资源长期保存的信息归档系统

由于数字资源保存要涉及法律、经济、文化、技术、社会道德等方面的因素，因此，数字资源长期保存需要多方面、多形式的合作与支持。为有利于有价值信息的长期存取，并让用户相信所使用数字信息是完整、真实的，必须建立统一的数字资源归档系统，来保证数字信息的长期运行。

建立数字资源归档系统使它与众多的数字图书馆相互连接形成一个高度的分布式网络，围绕着归档的职能对数字资源进行选择、获取、存储与提供长期存取。数字资源归档系统可以被看做是数字信息资源库，它对数字格式的社会、文化、经济职能与遗产具有维护其长期存取与可靠性的作用。数字资源归档系统最重要的任务是对归档的数字信息进行选择与鉴定，并对其完整性与质量进行控制与管理，使被保留的数字信息作为文化记录的可靠资源。

4. 建立数字型特色资源长期保存的责任制合作体系

数字资源的长期保存超越了任何一个单独机构能够承担的能力，任何一个部门不可能独立地解决数字信息保存的问题，而需要全社会的努力。图书馆作为保存社会记忆的传统机构，需要采取行动，呼吁政府部门、学术界、出版界紧密合作，共同建立数字资源保存的合作体系。需要在国家层面上建立数字资源长期保存系统，联合各图书馆等相关保存机构，力求建立一个以国家图书馆为中心的分布式保存责任体系。保存合作体系的合作伙伴可以包括地方图书馆、高校图书馆、档案馆、数据库商、出版社、数据档案馆等。各结构之间只有通过合作才能完成数字资源的定位、选择、鉴别与保留。另外，它们之间的合作也有利于数据格式标准的统一，数字资源长期保存措施的制定。

在数字资源的合作体系中，国家保存机构通过中央站点的作用，在国家层面上来组织和领导数字资源的采集和保存，起到领导的作用。国家级保存机构在考虑合作伙伴时应主要考虑其依赖性、资源和内容3个方面，并与合作方签署正式协议，保存协议应该包括资源类型（学术论文、政府文献等），收集的方法，相互之间的关系，检索（合作方应该提供检索），风险及预防措施等。国家级保存机构可以采取国家投资与成员付费相结合的资金筹措方式，只实施保存功能，只在成员机构的存档资料发生意外无法读出时才提供备用检索，而且提供备用检索的收费可以高一些，鼓励各保存机构采取足够保险的安全措施。各成员机构可根据自己的特色需求保存部分特色资源，并向国家级保存机构提供数据备份，以降低保存风险。中心保存机构可以作为一定范围内的权威机构保持最全面的数字馆藏，同时对各机构个体的保存行为进行协调控制，避免不必要的重复保存。

三、数字型特色资源的利用

1. 检索服务

数字型特色资源可以为用户提供检索服务，包括简单检索和高级检索。简单检索提供按资源类型的检索，包括学位论文、期刊论文、会议论文、多媒体资源、电子图书、课件、音频、多媒体、专利文献、标准文献、网络资源以及检索字段。高级检索可以选择多个检索资源，输入多个检索词进行检索，检索速度快，检索结果精确。

2. 个性化服务

在数字型特色资源进行保存与发布后，可以在相应网站或数据库系统中通过建立我的图书馆、邮件等个性化服务来提高资源的利用率。

（1）我的图书馆

个性化服务是根据用户需求提供的特定服务，基于网络的个性化服务是图书馆服务的必然趋势。"我的图书馆"（My Library）是基于网络的高校图书馆个性化服务的一种方式，它将成为未来图书馆个性化服务的重要方向。"我的图书馆"主要为用户提供一个图书馆资源的定制界面，其本质上是一个基于网络的带有网络前台的关系型数据库应用系统。

① 我的电子书架。当检索或浏览资源时，用户可以对感兴趣的资源，通过点击"放入电子书架"进行保存，下次登录系统时，可以直接通过"我的图书馆"浏览。

② 我的链接。在"我的链接"管理界面，用户可以根据自身的喜好，添加相应的链接资源，可以是电子书、文章、音频、视频等，用户只需要添加相应资源链接的url、链接名和描述信息即可。

③ 我的检索历史。首先，利用平台的统一检索服务，用户可以检索到相关资源，然后选择感兴趣的资源，保存到收藏夹，这样在"检索历史"界面可以看到相关资源。"检索历史"可以包括检索表达式、检索资源、检索时间、删除操作。这样，用户在下次登录系统时，如果需要检索相同的检索词，就不需要再次输入检索式了。

④ 我的关键词和学科分类。在该模块，用户可以自己设置"我的关键词和学科分类"，为进行邮件推送服务提供基础。"我的关键词"提供按照题名、关键字、全文这3种检索方式。"我的学科分类"可以通过学科导航树来选择用户关心的学科分类。

（2）邮件推送服务

在邮件推送服务配置里，可以配置如下参数：接收邮件地址，推送周期、推送内容，然后启动邮件推送服务。这样，用户就可以定期收到系统的推送信息。

（3）RSS 推送服务

RSS（Really Simple Syndication）是基于 XML 技术的 Internet 内容发布和集成技术。RSS 服务能直接将最新的信息即时主动推送到读者桌面，使读者不必直接访问网站就能得到更新的内容。读者定制 RSS 后，只要通过 RSS 阅读器，就可看到即时更新的内容。RSS feed 的信息来源是本地特色数据库中的所有已经成功发布的资源，这些资源按照学科代码分类号进行分类。在"RSS 推送服务"模块，用户在浏览器中创建自己的 RSS 频道，可以添加相应的频道名称、频道地址、更新时间、保存条目，配置完这些信息，一个 RSS 频道就创建完成了，每当该频道有相关资源，用户就可以在阅读器中浏览。

3. 数字型特色资源的整合

图书馆采用引进或自建数据库等方式构建了特色数字信息资源，并通过互联网为用户提供信息服务，极大地提高了满足用户信息需求的能力。然后由于这些数字资源分布在不同的地方，由不同的技术开发人员开发和提供服务，对各自的资源拥有知识产权，用户往往需要花费很多时间来学习不同的数字资源的使用方法，这在很大程度上影响了数字资源的利用，因此如何整合已有的数字型特色资源，为用户提供一个统一检索、简单方便、功能强大的资源使用环境便成为目前图书馆亟需解决的重要问题。

整合意为一个完整的数，数字型特色资源的整合是指根据用户的需求和资源的特点，将图书馆相对独立的众多数字资源按照它们之间内在的知识关联进行重组，形成统一的高效利用的数字资源体系。

数字型特色资源的整合从技术和方法方面分为4种类型：建立数字资源导航系统，为用户提供众多数字资源的统一入口；基于OPAC系统整合各类数字资源，提供在OPAC系统框架内的整合利用；建立开放链接整合系统，以参考文献为线索整合图书馆各类数字型特色资源；建立整合检索系统，为用户提供同时检索多个数据库系统的统一界面，进而提供"一站式"的检索服务。

第四章 图书馆特色资源评价

近年来，我国图书馆界频繁提及图书馆评价这一理念，并将其作为提高图书馆管理水平的手段之一，广泛应用于图书馆工作的各个环节。将评价方法用于图书馆特色资源的研究，实际上就是从特色资源运行效果的角度出发去衡量和测度图书馆特色资源建设状况的过程，其间涉及众多因素和环节，是一项十分复杂又极其重要的工作。本章试图通过对图书馆特色资源评价的概念、意义、评价标准、评价方法和评价原则的分析，使读者对图书馆特色资源的评价问题有一个初步的理解和认识。

第一节 图书馆特色资源评价的概念与意义

一、图书馆特色资源评价的概念

所谓图书馆特色资源，指的是依托馆藏信息资源，针对图书馆用户的信息需求，对某一学科或某一专题有利用价值的信息进行收集、分析、处理、存储而形成的，满足用户个性化需求的信息资源的综合。而评价从字面上看是评定价值的意思，所以图书馆特色资源评价，具体来说，就是按照特色资源的建设目标及有关标准，对图书馆现有特色资源进行衡量和测度，并作出客观、公正、合理的全面评价，从而找出特色资源建设状况与希望取得的目标之间的差距，以寻求解决方案，进一步推动图书馆特色资源建设事业发展的过程。

从内涵上讲，人们对图书馆特色资源评价有两种主流的看法。一种是狭义上的特色资源评价，指的是图书馆有系统、有组织地描述某一特定时间内图书馆的某一类特色资源及其效用的过程，即依据一定的标准对特色资源的规模、质量及其利用情况进行测度、分析与判断，所获得的评价结果可为该类特色资源的进一步建设提供数据支持。另一种是广义上的特色资源评价，指的是对图书馆的特色资源建设体系、运行状态及效果等进行全面的衡量和测定，其基本功用是检测，即通过对特色资源的检测，反馈相关信息，从而为控制特色资源建设过程和进行科学决策提供客观依据。

无论哪一种内涵，其本质都是一样的，都是图书馆为加强文献资源建设、提高文献信息质量和利用率而采取的措施。图书馆特色资源评价的根本目的在于了解特色资源是否符合图书馆的建设宗旨，是否能够满足读者的需求，有哪些特点和不足之处等，并通过对特色资源建设活动的结果、工作效益、系统运行状态及能力进行全面的总结和衡量，认识和分析目前存在的不足之处，从而制定科学合理的资源建设方针，为广大读者提供更好的服务。

二、图书馆特色资源评价的意义

阮冈纳赞在著名的《图书馆学五定律》中说:"满屋子的书也许不过是一堆废物,而仅仅一架书却可以构成一个图书馆,因为这些书都是为着明确的目的而挑选和订购的,可以把这样一批既可以起到相互充实和加强的作用,又可以避免重复和浪费且十分协调的专门藏书,看做是一个好的普通图书馆。"实质上,这些为着明确的目的而挑选和订购的书,就是图书馆的特色资源,而阮冈纳赞的言论正好体现了特色资源的重要性。

对特色资源进行评价是目前图书馆馆藏发展工作的基本内容之一,它的重要性不仅在于通过评价可以正确地描述馆藏特色资源,并获得有关特色资源的范围、深度和科学研究程度等可靠信息,还能进一步辨析图书馆特色馆藏的强弱所在,并能把过去一段时间里特色馆藏的发展情况反馈给图书馆管理人员,为制定或修改特色馆藏发展政策,开展特色馆藏补充、复审、滞书剔除等工作提供直接或间接的指导。

1. 测量图书馆活动状况,为改进工作提供依据

通过对图书馆特色资源建设情况、服务情况、利用情况等内容的评价,可以更好地了解特色资源建设是否符合图书馆的建设宗旨和发展方向,并确定图书馆特色资源建设的价值和优缺点所在,为改进工作中的不足之处提供翔实的依据。

2. 帮助管理者制订发展规划

对图书馆过去一个时期中特色资源建设情况进行评价和总结,可以了解图书馆资源购置经费是否得到合理、有效的使用,从而帮助图书馆管理者对特色馆藏建设的方向和效果作出正确的判断,制定更适合图书馆发展状况的特色资源建设方针。

3. 提高人们对图书馆特色资源的认知

对馆藏特色文献资源进行评价,可以让读者参与其中,使其在充分了解馆藏特色资源的同时,找到对自己最有价值的文献。这样一方面可以使馆藏文献资源得以充分利用,另一方面还可以提高读者对图书馆特色资源乃至对图书馆整体资源的认知程度。

4. 激励馆员的工作热情

对馆藏特色文献进行评价,评价的不仅是特色资源本身,还有相关的服务等内容。通过评价,一方面可以加强馆员对特色资源的熟悉程度;另一方面还能使馆员认识到自身服务的优点和不足,从而扬长避短,为读者提供更为优质的服务。

第二节 图书馆特色资源的评价标准

图书馆特色资源评价指的是对图书馆现有特色馆藏体系及其运行状态、运行效果等各个方面的属性进行衡量和测量,作出价值判断的过程。它包括对特色文献数量、质量、结构等总体状况进行评价。其功能主要在于通过各种方法,找出既定目标与实际效果之间的差距,从而根据评价反馈信息对图书馆特色资源建设的各个环节加以控制及制订发展规划,有效地防止出现和纠正对既定方向的偏离现象。

标准是衡量事物、并对同类事物进行比较的准则。图书馆特色资源评价以什么为标准，目前的看法比较多，如文献标准，即依据特色文献本身的特征而制定的标准；社会标准，即以特色文献对读者文献需求的满足能力及文献被利用程度为标准；系统标准，即以系统为核心，在系统内部同时考虑系统内的地区差异，制定出不同水平系统的标准，等等。但常见的评价标准主要有数量评价标准、质量评价标准和文献效能评价标准三种。

一、数量评价标准

一直以来，传统图书馆封闭的办馆思想和"重藏轻用"的价值取向决定了图书馆文献资源的评价一般以馆藏量为主要标准，这一指标也是由图书馆的管理体制、服务意识和功能定位所决定的。不可否认，任何类型的图书馆要想发展，都离不开一定数量的文献资源的保障，所以数量评判标准对于图书馆特色资源评价来说同样适用。特色馆藏数量评价标准主要包括以下几个方面。

1. 特色文献资源保障率

特色文献资源保障率即特色资源的目标读者平均占有特色资源的数量。因为文献资源数量是图书馆开展服务工作的物质基础，也是衡量一个图书馆资源建设状况的主要标志之一，更是图书馆制定特色资源发展战略的重要依据之一。在进行特色馆藏数量评价时，要注意适用性，因为如果人均特色资源的数量太低，会影响到用户的使用效果；同样如果人均特色资源的数量太高，会造成资源的闲置浪费。所以在实际工作中，要重点处理好特色资源数量增长与满足读者文献需求能力之间的比例关系，既保证特色文献的建设规模，又避免资金、资源的浪费。

2. 读者满足率

读者满足率是指读者在实际使用中获得的文献数量与其实际需要的文献数量之比，考察的是特色资源满足读者需求的能力。特色文献资源建设的根本目的在于最大限度地满足读者专业性的文献需求。一方面，如果图书馆特色文献资源的品种齐全，数量上能够形成规模，就能更好地满足读者的需求；另一方面，对于单个的图书馆而言，不可能也没有必要完全满足所有读者对特色文献资源的需求。因此，图书馆要根据自身的经费、读者群等指标制定出满足读者需求的文献资源的合理比例，并通过馆际互借、资源共享等方式来进一步提升文献资源的保障率。

3. 特色文献资源覆盖率

特色文献资源覆盖率指的是馆藏特色文献占图书馆所收藏的各领域文献的比例，该指标是衡量特色文献收藏完备程度的重要标志。从文献资源整体建设来看，这种覆盖率越高越好，但就单个图书馆而言，应该根据需要和条件，使某一方面（即主要服务对象方面）的文献收藏达到较高的完备程度，否则，就难以形成馆藏文献特色，读者的满足率也将降低。总体而言，各个图书馆应根据自身需求和可能的条件，选择本馆的特色资源重点收藏，进行特色资源建设。

4. 特色文献资源增长量

特色文献资源增长量的评价内容在于确定增长的数量是科学的、合理的，还是不合理的。一般情况下，把特色文献年平均增长量作为其增长量指标。特色文献资源增长量过低，会造成馆藏特色文献贫乏、知识断层，读者利用文献受到限制；特色文献资源增长量过高，会造成文献利用率下降。由此可见，把特色馆藏文献增长量作为特色文献评价内容是很有意义的，它可以在适度的情况下鼓励图书馆加快文献信息资源的更新。

总之，数量评价标准能够直观地反映出特色资源的建设状况，容易操作，但该评价标准也存在一定的局限性。在强调信息资源合理配置与图书馆间合作、交流的今天，单纯地强调特色资源馆藏量的标准，会引发很多问题，如单纯的数量标准会进一步加剧图书馆经费拮据的困境，会在信息资源建设上造成不必要的重复，也会降低图书馆的工作效率。因此，在采用数量标准评价图书馆特色资源时，一定要结合资源的特点，注重发挥数量标准的优势，并尽量弥补其不足之处。

二、质量评价标准

特色文献资源的质量评价标准主要有两个，一个是利用率标准，另一个是效益标准。这两个标准的确立是图书馆对其特色文献信息资源服务宗旨认识和判断的结果，是图书馆对其价值判断从量到质的飞跃，也是图书馆工作管理服务模式重视信息利用和投入产出核算的开始。特色文献资源质量评价标准主要包括以下几个方面。

1. 特色文献资源的结构

馆藏文献的结构体现了文献各部分之间的关系和构成状态，其合理与否直接影响着馆藏文献体系整体功能的发挥。同理，特色文献的馆藏结构也是特色资源质量评价的重要内容之一。特色文献资源的馆藏结构主要包括学科结构、文种结构、文献类型结构、时间结构和范围结构等内容。

① 学科结构。是指各学科门类文献的比例结构。学科因素是特色文献馆藏结构一个最基本的构成面。及时统计各学科门类特色文献的比例，分析是否与本学科结构、本馆读者的需求结构相适应，将有利于图书馆及时优化特色馆藏学科结构。

② 文种结构。是指特色馆藏文献中各语种出版物的结构状况，该指标主要统计馆藏特色文献的文种比例，分析这些比例是否和本馆读者的语种结构相符合，是否和各种语种文献的出版量大体相适应。一般来说，图书馆对某一学科领域收藏文献涉及的文种越多，其完备程度也相对越强。

③ 文献类型结构。是指特色馆藏体系中各种不同出版形式、不同载体的文献结构状况，主要考虑图书期刊比例、纸质文献与数字文献比例。各个图书馆可根据本馆经费情况、网络化和数字化的条件来构建不同文献类型的结构比例。

④ 时间结构。是指按特色文献出版时间划分的层次结构。根据文献半衰期理论，文献的价值是随着时间的流逝而逐渐降低直至消失的（特殊文献除外）。3~10年的文献其老化程度进入半衰期，11~20年的文献内容被视为陈旧，20年以上的文献内容基本上失去了利用的价值。在评价特色馆藏文献质量时，图书馆应掌握特色馆藏文献的半衰期，合理调整文献时序比例，及时补充更新相关文献资源，定期剔除价值低或者已经丧失价值的文献。

⑤ 范围结构。是指专业文献与非专业文献收藏的内容标准。根据图书馆的目标用户

群，制定图书馆收藏的专业文献与非专业文献的比例及标准，将有利于馆藏特色文献质量的定性评价。

总之，通过对特色文献资源结构的评价，在内容方面，可以掌握特色文献资源的建设比例，考察读者需求率；在文种方面，可以掌握各语种特色文献资源的构成，保证重点学科文献的质量；在类型方面，可以掌握特色文献资源中图书、期刊等纸质文献和数字文献的比例，科学使用经费；在时间方面，可以为特色文献资源的更新提供依据；在范围方面，可以为提高特色资源中专业文献的比例提供参考。

2. 特色文献资源的利用率

利用率的高低是特色文献资源在质量和结构等方面的综合反映。一个图书馆收藏的特色文献资源质量越高，读者使用频率就越高。对图书馆印刷型资源而言，借阅率是对文献资源利用率最好的反映；对数字资源特别是网络数据库来说，点击率、下载率是其最好的反映。在评价时，可以重点统计特色资源中图书的借阅率、数据库的点击率和下载率，并对相关用户进行跟踪调查，获取利用率等数据，为及时调整图书馆所藏特色文献的资源配置提供参考。对于使用效率偏低、质量不能满足读者需求的文献资源进行及时清理，保证所藏特色文献资源的质量。

3. 特色文献资源的知识信息含量

读者的信息需求在很大程度上取决于图书馆文献资源的知识信息含量。任何一个图书馆在面对迅速扩大的文献资源市场时，都不能盲目选择，应明确采购标准，合理地利用图书馆经费，保证学术价值高、内容新颖的核心文献的收藏。对于图书文献类资源，可以根据学科核心书目等工具，保证核心图书的入藏；对于中文期刊文献，可以利用北京大学四年一版的《中文核心期刊要目总览》圈定各学科的核心期刊范围，保证核心期刊的入藏；对于外文期刊文献，可以利用期刊的影响因子或《乌利希国际期刊指南》，确定核心期刊的入藏，以满足读者的相关信息需求。

三、文献效能评价标准

文献效能是指在一定费用条件下，满足读者文献需求的能力。图书馆作为读者与文献的桥梁，其职能是在特定的时间将特定的文献提供给读者使用。至于使用者能在多大程度上吸收文献的知识、能在多大程度上发挥文献的作用，则完全取决于使用者自身的知识水平和创造能力，图书馆只在其中起一个中介的作用。因此，需要把评价的基点移到图书馆文献的效能上来，考察它的被利用率，而不考虑被利用后所能产生的社会效益和经济效益，因为这两种效益是难以确定的。所以可以合理地认为，文献的社会效益和经济效益体现在文献的利用上，利用率越高，文献的效益也就越大，这样就把文献的效益评价融于可度量的文献利用率评价之中。文献利用率的高低同时也是对文献内容的质量、结构等方面的综合反映。

为了全面地反映特色文献的效能，需要同时使用"特色文献周转率"和"特色文献拒借率"这两个指标对其进行评价。

特色文献周转率=（借阅的特色文献总册数/馆藏特色文献总册数）×100%
特色文献拒借率=（未借到的特色文献总册数/借阅特色文献总册数）×100%

特色文献利用率、特色文献周转率和特色文献拒借率从不同侧面反映了馆藏特色文献被利用的程度，是文献效能评价的主要内容。

第三节　图书馆特色资源的评价方法

特色资源评价是利用特色资源评价指标对特色资源建设、运行和组织行为进行评测和计量的具体实施手段。由于图书馆特色资源是由不同载体类型的文献组成的，所以对于不同载体类型的特色资源，其评价方法也有所不同。

一、印刷型特色资源的评价方法

印刷型特色资源的评价方法可以分为3大类：文献数量评价法、文献质量评价法和文献效能评价法。在具体运用中，每个图书馆应根据自身的情况，有区别地选择各种评价方法并综合运用，尽量达到准确、细致和客观。音像型资料和缩微型资料的评价方法与印刷型资源相同，可与印刷型资源评价一起进行。

1. 文献数量评价法

文献数量评价法是利用各个数量指标对特色资源进行测评的方法，数量是印刷型特色资源建设规模的标志，也是特色资源建设质量的依托和保障，因此合理的资源数量是图书馆评价特色资源的标准之一。

（1）统计数字分析法

统计数字分析法使用的前提假设是：足够的文献数量是其质量的一种准确象征。在这种假设基础上，通过收集特色文献的册数、种数、采访费用数据，并分析采访费用同文献规模、图书馆总预算的关系，进而测度和描述文献量、文献增长率等数量指标。

统计数字分析法的优点是易于获得统计数据，尤其便于从计算机管理系统中取得；有助于减少主观性；便于图书馆之间比较以及本馆不同时期的纵向比较等。它的局限性在于当记录失误、归类不当、统计前后不一致时，结果会发生较大偏差。

（2）标准公式比较法

标准公式比较法主要是运用各种标准公式对图书馆特色文献的数量进行对照，以衡量是否达到标准。最著名的评价公式是C—J公式，它是1965年由美国学者格兰普（Clapp）和乔丹（Jordon）根据大学图书馆统计资料，利用插值和归纳等数学方法提出的公式，该公式主要用教师人数、在校注册学生人数、本科优等生人数、本科所设专业数、硕士和博士学位专业数6个变量来评价学术图书馆藏书的充足性，具体公式如下：

$$V = 50750 + 100F + 12E + 12H + 335U + 3050M + 24500D$$

式中：F——教师人数；

E——在校注册学生人数（包括研究生和本科生）；

H——本科优等生人数；

U——本科所设专业数；
M——硕士学位专业数；
D——博士学位专业数。

其后，美国又出现了用于学院图书馆的 ACRL（学院与研究图书馆协会）公式，用于公共图书馆的 Beasley 公式等，这些公式都是对 C—J 公式的修正和补充。经过修正的公式也可用于对图书馆特色资源进行数量评价。

标准公式比较法的优点在于为深入比较和解释结果提供了更多可能性；缺点是不能评价质量指标，对于要测度哪些指标缺乏明确和一致的界定。

2. 文献质量评价法

对图书馆特色文献资源的质量进行评价，可选用以下一些方法。

（1）专家评价法

专家评价法是由学科专业背景的学者、专家根据被评价客体的方针、任务，直接观察馆藏特色文献后得出的价值评价方法。专家评价的内容有：特色文献的规模、特色文献的深度、特色文献收集的缺陷等。该方法简便易行，也比较容易获得馆藏特色文献收集强弱方面的初步信息，既可以对馆藏特色文献整体进行评价，也可以对特色文献局部进行评价。但其致命弱点是过于依赖主观判断，结论受专家的知识水平影响较大。如果在评价时能将此法与其他方法结合使用，便可扬长避短发挥该评价方法的独到作用。

（2）读者评价法

读者评价法一般采用与读者座谈、问卷调查等方式。问卷调查方式较全面，但注意调查表设计内容要符合实际，重点突出。对于高校图书馆而言，其评价者一方面要选用各个学科的专家、教授和学科带头人，因为他们都具备相当丰富的学科知识，了解本学科领域内最新、最深、最有代表性的文献信息，对文献质量优劣评价能力强，最具权威性；另一方面也要对大学生群体进行调查，因为大学生是图书馆最大的读者群，是利用文献资源最活跃的因素，他们思想开放，反应敏捷，对新知识、新事物有一定的评价能力，通过对他们的调查，可获取有效信息，从而改进图书馆特色文献资源建设工作。对于公共图书馆和其他类型图书馆而言，也要针对其特定读者群进行调研，以获取有参考价值的数据。

（3）书目对比分析法

书目对比分析法指的是将本馆的特色资源与该领域、该行业的标准书目、核心书目进行比较，检查本馆的特色文献在数量、品种、文种及某些重要著作方面有何不足，从而评价特色资源的质量。利用书目对比分析法评价特色文献有两个基本条件：一是有一部分文献被确认为某一学科的核心文献；二是选用的数目必须是经过各学科专家精选设计的。该方法有一定的适用范围，可用于某一领域、某一行业印刷型特色资源的评价，但不能用于一些特殊的特色资源评价，如学位论文等。书目对比分析法使用灵活、简便，可以直接确定馆藏特色文献的不足之处。虽然国内近几年出版的综合性图书大型书目较少，但书目对比分析法仍是测量印刷型特色馆藏质量的主要方法之一。

（4）引文分析法

引文分析法是书目对比分析法和引文研究法的结合物，是利用专家通过对文献的被引用情况加以分析研究所编撰的文献目录，对照检测馆藏特色文献的收录情况，以确定馆藏特色文献的质量和保障率，主要用于分析特色资源支持读者从事学术活动的能力，评价特色资源被利用或可能被利用的情况，操作方法如下。

① 选取有代表性的本馆读者的研究成果（专著、论文、研究报告、学位论文）。

② 对选取的研究成果中参考、引用文献的情况（成果中的参考文献和脚注、尾注等）与本馆馆藏进行对比。

③ 统计参考、引用本馆特色文献的比例。比例越高，表示特色馆藏支持学术活动的能力越强。

通过引文分析，可以推算出特色文献的完备程度，同时可以掌握读者引用过但本馆欠缺的特色文献资料，以此来补充馆藏特色文献的不足。此种方法最大的问题在于受引用动机复杂性的影响，可能会使其评价质量受到影响。

3. 文献效能评价法

特色资源效能评价是对读者利用特色资源的记录进行统计分析的一种方法。通过效能评价可以掌握特色资源的实际使用状况，以此来确认特色资源的强弱之处、对读者的适用程度，并据此修正特色资源发展的实施政策，从而使图书馆的特色资源建设更能符合读者的需求，最大限度地发挥特色资源的效用。

（1）流通记录分析法

流通记录是了解读者使用印刷型特色资源情况的一种具体依据。图书馆可依据流通记录中所记载的读者类型、文献类型、语言种类、出版年代、入馆日期等内容来分析读者对特色资源的使用情况。分析流通记录有以下几个目的。

① 了解读者在近一段时间内不使用或很少使用的特色资源，以便把它们移至储备书库或较经济的储存场所，为今后滞书剔除做准备。

② 了解占流通量一定比例的核心资源，根据具体情况增加其复本数量或改进服务方法来增加读者获得这些特色资源的机会。

③ 了解馆藏使用者的特性，以便有的放矢地建设特色资源。

流通记录分析法的主要优点是：数据易于归类便于分析；时间跨度和样本大小可以灵活选取；流通记录容易计算；流通分析中所得信息是客观的；自动化的流通系统可能产生常规统计数据中的一部分；读者类型可以和文献类型相关联。

其不利之处在于由于流通分析所得数据主要是特色资源的外借数据，排除了馆内使用情况，所以无法代表全部特色馆藏的使用情况；只记录了读者成功借书的情形，而读者查找失败或馆藏特色文献中根本没有所需的情形，在流通数据中无法体现；由于频繁使用的文献可能无法借到，这会影响流通记录以致出现较大偏差；此外，流通记录不能体现馆藏特色文献陈旧还是质量不佳导致使用率较低的问题。尽管如此，流通记录分析法仍是文献评价的一种常用手段。

（2）阅览记录分析法

通过阅览记录分析法，可以了解阅览室中的特色资源被读者利用的情况。

① 要求读者将阅览过的图书、期刊放在指定的地方，如阅览室内的小书桌、书车上。

② 图书馆定时收集读者留在指定位置的图书、期刊，并进行统计。例如，用计算机集成管理系统中的"馆内流通"功能统计被读者利用过的特色馆藏记录。

③ 根据某时间段统计结果，分析特色资源的利用情况，进行评价。例如，找出利用率高或利用率低的特色资源，分析其原因并进行处理。

阅览记录分析法的优点在于：比其他方法更能体现读者在馆内的使用情况，可以与同一部分馆藏的流通分析结合起来使用，以提供特定馆藏特色文献更精确的使用信息；也可以将文献类型与读者类型互相关联起来，更适用于非流通馆藏文献，如参考书、工具书、非书资料等的使用分析。

此方法的缺点在于：时间的选取（如使用高峰和低谷的不同阶段）可能会对结果产生影响；流通中的文献不适于馆内使用研究，而且这种方法和流通分析一样只显示成功的情形，不能反映读者查询失败的情形。

（3）馆际互借要求分析法

馆际互借要求分析法在某种程度上代表了馆藏文献的使用情况，因为它表明馆藏中虽然没有但读者仍然需要的文献。一般而言，馆际互借要求应被看做是部分读者未被满足的文献需求的标志。相应的，对馆际互借要求的那些数字进行分析，可以识别馆藏文献未能满足读者需求的那些领域。

馆际互借要求分析法具有3个方面的优点：统计数据相对较容易获得；分析是建立在已知需求的文献基础上进行的，因而可信度较高；能够识别变化着的读者需求或馆藏特色文献的不足之处。但这种方法也有缺点，如统计数据可能会难以解释，忽略或无法体现向别处查找文献的那些读者。

（4）文献提供测试

文献提供测试是用来评价在读者需要文献时，图书馆提供文献的能力，此种评价方法也适用于特色文献的评价。修正后的评价项目包括以下几个方面。

① 馆藏特色文献支持特定学科领域需求的充分程度。

② 图书馆提供特色文献的速度。

③ 读者为获取特色文献必须花费的努力和时间。

④ 提供所需文献和滤去不需要文献的准确程度。

一般而言，文献提供测试要以一批假设的书目（最可能为读者所需）来核对馆藏文献，分析图书馆所能提供的文献的比重以及此刻能提供多少文献，提供所有文献需花费的时间等内容。因此，这种方法实质上是用模拟的读者情报需求来评价图书馆提供特色文献的能力。

文献提供测试评价特色馆藏文献的优点在于：提供了馆藏文献满足特定读者需求能力方面的客观信息；数据具有可比性，便于进行不同图书馆间的比较；设计、理解和使用该方法比较容易。其不足之处在于：在考察实际提供能力时，编制有代表性的测试表或书目表较为困难；由于是馆员们进行测试研究，所以不能真正反映读者查找文献时所遇到的困难，也可能会低估读者所面临的问题，因为读者并不完全掌握图书馆的检索技巧；要求重复进行测试或与其他图书馆进行比较，才能使测试结果更有意义。

（5）书架可得测试法

书架可得测试法实质上是文献提供能力测试的另一方面，这种评价方法实施的过程是：当读者进入图书馆时，请读者在调查单上填写其所需要的文献并自行查询馆藏，其后读者在调查单上注明是否获得所需文献。如果读者查询失败，则由馆员重复查询，以找出读者查询失败的原因。这种方法实质上是对读者查询馆藏文献实际能力的分析，以及对读者查找失败原因的研究。可得性研究的重要性不仅在于确认虽有读者查找,可是图书馆并未收藏的文献,还在于可以揭示本馆服务的弱点,找出读者查询失败的真正原因,如根本没有收藏、已被外借、文献丢失或排架错误等。书架可得测试法一方面有赖于读者合作,另一方面它仅适用于到图书馆查询特定文献的读者。此外,设计和实施书架可得性测试不仅较难、而且耗时,所以该方法并不常用。

(6) 读者调查法

读者调查法是图书馆通过问卷或与读者面谈等方式来直接了解图书馆馆藏文献满足读者需求程度的一种方法。读者调查一般集中在以下 4 个方面。

① 读者对各类型文献和服务的需求。

② 读者对文献满足其需求程度的认识。

③ 读者对提高文献质量、服务水平和图书馆改进工作的意见。

④ 读者对各类型文献和服务的利用情况。

精心设计和实施的读者调查有助于图书馆识别读者需求的层次和种类,可以反映读者阅读兴趣和趋势的变化,有助于图书馆明确特色文献建设的目标,还可以影响未曾与图书馆进行交流的读者的态度和意见。图书馆应该把获取读者对特色资源的意见作为特色资源发展的日常工作之一,经常用面谈或问卷的方式与读者进行交流,调查读者使用特色资源的情况及其对特色资源发展的建议。

读者调查法也有其不足之处:好的调查表不容易设计;调查所得数据的分析和解释并不那么容易;读者可能会不予以合作;许多读者并不了解图书馆期望他们做什么,所以读者不能断定何为完备、何为不完备;调查可能会记录一些并不反映实际意愿的意见,这样可能会给结果带来一些偏差。

二、数字型特色资源的评价方法

1. 数字资源评价的基本内容

数字资源的评价主要是对数字文献的绩效进行评价,是对数字文献使用情况以及作用于读者的效用进行测度和评价,也就是投入和产出之间效益的评估。它是对图书馆先前订购数字文献计划和决策的重新审核。通过数字文献绩效评价,评判先前数字文献发展政策的得失,修正数字文献发展政策,为以后的管理与决策提供科学的依据。与印刷型馆藏评价一样,数字文献的绩效评价也需要多种方法相互验证,最后得出客观的结论。

(1) 数字型特色资源评价的主要内容

① 特色数字资源的数量规模。

② 特色数字资源的类型是图书、期刊还是题录、文摘、事实数据库等。

③ 特色数字资源的时间跨度,即收录的文献是从何年开始。

④ 特色数字资源内容的丰富程度,即收录文献的种、册、篇数的多寡。

⑤ 特色数字资源收录文献中的全文文献比例等。

⑥ 特色数字资源收录出版物的权威性,其出版物的作者、文章在学科中的影响力和知名度情况等。

⑦ 特色数字资源出版商的权威性,即出版物机构的知名度和学术影响力。

⑧ 特色数字资源收录文献内容的连续性和完备程度。
⑨ 特色数字资源收录文献内容的新颖性，更新的频率。
⑩ 特色数字资源收录文献内容与其他数字资源收录的文献的重复比重，与馆藏各类文献信息资源的重复比例。

（2）特色数字资源的功能评价

在对特色数字资源的内容进行评估的同时，也需要对特色数字资源的检索系统进行评估，因为系统的好坏直接影响到对内容的使用。

① 检索界面。检索界面的友好性和专业性。越方便、专业和学术品位越高的检索界面越容易被读者所接受，利用率会提高。

② 检索技术与方法。检索入口多样、层次较好，检索字段较多和检索途径较完备，检索方法、技术、策略等多样的数字资源更容易受读者喜欢，被读者利用。

③ 检索结果处理。读者能否对检索结果中的命中文献进行标注，系统能否对检索结果中的命中文献按相似度、时间、字顺等方式进行排序，影响着数字资源的利用及利用程度。

④ 检索效率。在数字资源的使用过程中，其检索文献时的响应时间、拒绝访问或检索失败频次都影响着其利用。由于查全率和查准率因检索技术的不同，其结果不同，很难确定其值，在此没有列入评价指标。

（3）对特色数字资源服务商品质的评价

服务商的服务同样影响着数字资源的质量和用户的使用，也是图书馆在购买和更新数字资源时必须考虑的问题。

① 管理信息系统。服务商提供的数字资源的管理信息系统对图书馆是否有管理权限（指基于该管理信息系统开发资源并授权用户访问）；该管理信息系统能否及时为用户提供真实充分的反映资源品质特性的材料，及时反馈用户所需要的资源利用或试用报告等。

② 数字资源附加值。服务商提供的数字资源能否提供参考文献、引文文献、资源报道等相关服务，能否提供全文文献传递的配套服务，是否具备调整输出格式、进行二次检索、全文浏览或下载、导入数据库和文档、投稿指南、邮件服务等个性化服务。

③ 技术指导。服务商提供的数字资源是否具有资源利用帮助系统，是否为用户开办讲座等。

④ 对问题或故障的解决。供货商的服务是否承诺及时解决资源利用过程中可能出现的各种问题，并提出合理可行的解决方案。

⑤ 出版商提供的服务。出版商提供的数据传递方式是通过 Internet 传递还是本地镜像通过校园网传递，数据访问方式是 IP 地址授权访问还是用户名、密码登录访问，存档方式是数据加密系统还是裸数据等，有无并发用户数限制等。

⑥ 成本核算。购买数字资源后，还要考虑其成本，如每下载一篇全文所需要的成本投入（全文利用成本），每检索一次所在地需要的成本投入（次均利用成本），每个目标读者使用资源所需要的成本投入（读者人均服务成本），后备文档所需要的设备、维护等成本投入（后备文档成本）等。通过成本核算，结合本馆经费情况，决定下一年度是否续订、停订。

（4）网络文献评价

网络文献是电子型文献中一种比较特殊的形式，除了一些与电子文献相似的评价指标外，对其评价还要关注以下内容。

① 可信度评价。网络文献的内容本身丰富多彩，可以从不同的角度来评价，结合网络本身开放性的特点，一般认为评价网络文献的内容应从可信度入手。网络是一个开放的载体，缺乏完整的审核体制，网络文献中充斥着各种虚假的、粗糙的信息内容，对于读者而言，网络文献的价值在于真实性。可信度是一个比较抽象的说法，具体操作是通过网络文献的来源来判断其内容的真实性。网络文献的来源是指网络文献的生产单位，生产网络文献的单位：一种是私人，一种是组织。所谓的私人型生产单位，指的是单个或几个个体以私人名义建立的私人网站，在网络上自由发布各类信息，这些信息没有经过相关机构的审核，内容带有随意性，可信程度相对较低。所谓组织型生产单位，指的是商业实体、学术机构、政府部门等，这些组织生产的网络文献要经过有关部门的管理、审查，可信度较高。

② 组织程度评价。网络文献的组织程度是指网络文献的信息内容被处理加工的程度。网络文献的信息内容有多种模式，可以是文本、图像、声音、视频，这些数据在一篇网络文献中是否安排合理，有无相关连接，以至于网络文献的大小是否影响浏览，都体现了网络文献的质量。网络文献总是依托于网站来发布的，这些网站的组织情况也会影响网络文献的质量，一般来说，利用数据库技术管理文献，或是带有检索系统的网站组织的网络文献质量高。

③ 网络文献使用评价。影响网络文献价值的另一个根本原因是可用性，只有可以利用的网络文献才能体现出它的价值。网络文献使用的方便程度又体现在它的公开程度和可检索性上。

网络文献的公开程度。网络文献多数是完全公开，并且提供用户免费使用和下载的。这类网络文献拥有众多的读者，能够及时地得到使用者的信息反馈，受到各种程度的关注。目前在各网站上举办的网络文献的推荐、评比，这类文献占了主要位置。

网络文献的可检索性。是影响网络文献使用效率的又一个重要因素。网络中存在着浩如烟海的各类文献，有的文献能被检索到，有的则不能够被检索到，能被检索到的文献被利用的可能性显然高于那些不能被检索到的文献，因此，一篇网络文献能不能被检索系统收录，将直接影响这篇文献的使用价值。网络文献的可检索性还与网络文献的加工程度有关，随意发布的网络文献被检索到的可能性较小，而通过组织发布的网络文献，往往存在于具有优秀检索软件的大型网站中，这类网络文献检索方便快捷，用户最乐意使用。

网络文献的稳定性。是指一篇网络文献可被访问的时间，时间越长稳定性越高。网络信息可以变化很快，但网络文献必须具备一定的稳定性，因为网络文献内容价值体现在对它的使用程度上，稳定的网络文献方便用户在一个时间段内反复使用。学术价值较高的网络文献也常常被印刷型文献所引用。

2. 数字资源评价的具体方法

（1）数字型特色资源统计分析法

数字型特色资源统计分析法统计馆藏数字型特色资源的品种与数量、经费与所占比例，包括总量与增量等。利用数字资源分类统计数据，可对数字型特色馆藏的规模与增长、构成成分及资源的优化配置等进行测评。

数字资源统计分析为定量分析法，较为客观，但前提是相关的计量标准应统一、规范且易操作,如数据库按种数还是按个数计算,数据库商附送的数据库是否计算在内等需要有详细而具体的定义或说明,否则就无法进行比较分析,统计数据也无利用价值。

(2) 馆藏核查法

馆藏检查法将馆藏数字资源与权威性书目工具进行核对,可了解切合度与差距,如可将英文电子期刊与《乌利希国际期刊指南》进行比对,或与ISI的期刊列表比对,计算出核心或重要期刊的种数与比例。此外,还可利用数据库出版商的最新目录进行比对。馆藏核查法具有定性分析与定量分析双重特征,是非常有效和实用的评估方法。不足之处是,某些作为比对工具的权威性书目并非适合各个图书馆,所列资源并非全是图书馆需要购买的;此外,还存在信息更新不及时等现象,故应用时应注意选择最新版本。

(3) 专家评估法

专家评估法是指由熟悉数字资源概况并由有丰富的数字资源购买与管理经验的专家对数字馆藏进行评估。专家通过查看数字资源,对数字馆藏的规模、数字资源的类型、内容范围与深度等作出分析与测评,肯定优势与特色,发现不足,提出建议等。专家评估法又称直接馆藏分析法,具有快速、直接的特点,对图书馆中特色资源的选购较为适用。但与此同时,专家评估又属定性分析法,难以提供可比对的数据信息;另外,专家评估时多少会带有主观色彩。因此,聘请的评估专家应具有良好的声誉以保证评估结果的可信度。

(4) 使用统计分析法

使用统计分析法是指使用统计数据分析数字资源的利用状况。使用统计数据是读者利用数字资源的真实客观记录,且多是系统自动统计的。目前,绝大多数出版商或数据库集成商都可提供使用统计,如使用量统计、使用时间统计、IP地址统计等,数据详细丰富,较易收集。图书馆将收集来的统计数据进行分析,即可较全面地了解图书馆特色数字资源整体使用状况,如在特色数字馆藏领域,读者使用了哪些数据库、数字期刊或数字图书?使用量如何?使用最多有哪些类型?平均使用费用如何?费用最高与最低的分别是哪些数据库?读者是如何使用数字资源的,有无习惯或常用的访问时间、使用地点?有何发展趋势等。这些可作为调整数字资源购买决策的依据。

使用统计分析法是非常好的方法,但此法在实际操作时也存在一些缺点,如缺乏标准的定义与计量指标,统计报告形式多样;数据质量参差不齐,有的出版商及数据库商严格执行COUNTER等相关标准与规定,数据规范且丰富详细,有的则是自定标准,数据简单粗略;数据获取困难,除部分本地服务的数字资源可图书馆自行提供外,大多数数据要依靠出版商或数据库商提供,有的没有统计数据,导致数据的收集、尤其是齐全收集较为困难;另外,因涉及用户隐私,用户身份等个人信息无法获取。以上种种问题的存在,不仅会影响评估过程,而且会影响评估结果,需要在实际操作中设法改进。

(5) 用户调研

设计调查问卷对用户使用特色数字资源及电子信息服务满意度进行调查,可根据事先设计好的调查问卷,了解各种相关问题,问什么,如何问,问多少,没有严格的规定。问卷提问可定性、定量相结合。关键是问卷问题的设计,问卷应重点放在用户对特色数字资源及服务使用整体状况的调查上,如是否了解图书馆的特色数字资源及使用方法,使用了哪些资源,如何使用的,为何使用,希望获取哪些资源等。调查可采用网络、电子邮件、电话、面谈等多种方式进行。

（6）图书馆员评价

一方面，图书馆员是数字文献的管理者，比读者更了解更新周期、数据的完整性、检索系统的功能、界面的友好程度、供应商的售后服务等实际情况；另一方面，图书馆员在参考咨询和情报服务中也经常会利用数字文献。因此，图书馆员特别是参考咨询馆员对数字文献的评价是特色数字文献评价的重要组成部分。

3. 数字资源评价工具

（1）数字资源计量标准与指南

来自代理商的统计资料是测量图书馆数字馆藏使用状况的最完整、最可信的依据，为确保兼容性有必要建立一些标准。近年来，国外多个组织机构致力于数字资源的测评研究，制定了一系列相关的计量标准与指南，如国际标准化组织的《信息与文献——国际图书馆统计》（ISO 2789：1991 *Information and documentation International library statistics*），美国国家信息标准协会的《信息服务与使用：图书馆与信息服务机构统计测评——数据指南》（AN-SI/NISO Z39·7 2004，*Information Services and Use：Metrics&statistics for libraries and information providers—Data Dictionary*），美国研究图书馆协会的数字资源计量研究计划（*ARL Emetics project*），图书馆联盟国际联盟的《基于网络的信息资源使用统计测评指南》（ICOLC，*Guidelines for statistical measures of usage of web based information resources*），COUNTER的《期刊与数据库用COUNTER实施规范（第二版）》（*Release 2 of the COUNTER code of Practice for Journals and Database*）以及《高等学校图书馆数字资源计量指南（2004）》等。这些数字资源计量标准同样可以用在特色数字资源的统计分析中。

（2）统计资料

统计资料是评估数字馆藏的重要参考工具，常用的主要有3种，一是协会/学会统计年鉴，如美国研究图书馆协会的 *ARLS tatistics* 及 *ARL Supplementary Statistics*；二是出版商、代理商提供的统计资料，如期刊价格；三是图书馆自身各种统计资料。

（3）自动化馆藏评估系统/服务

馆藏评估是一项费时费力的工作，采用传统的手工方式进行，通常需要数周或数月才能完成，数字资源品种之多、数量之大，以及变化之快更加剧了电子馆藏评估的困难。庆幸的是，自动化馆藏评估系统/服务应运而生，使得馆藏评估变得方便、快捷，如Serials Solutions，可发送集成数据库中最新收刊信息，并提供"垂叠分析"（Overlap Analysis）服务，可告知每个全文数据库"有多少期刊是该数据库中独有的，有多少种期刊可在其他数据库中找到的"。乌利希连续出版物分析系统（Ulrich's Serials Analysis System）是图书馆专业人员识别、分析、评价和报告图书馆纸本及电子连续出版物馆藏的强有力工具，可为图书馆专业人员提供有关图书馆纸本及电子连续出版物馆藏的详细信息，确定连续出版物馆藏中的差距，用行业标准与数据评估纸本与电子馆藏，或按主题、学科、内容范围等定制馆藏测评报告等。

三、特色文献资源的复合评价

1. 文献资源复合评价的含义

目前，几乎所有图书馆的馆藏文献资源都包含两部分，即印刷型文献资源和数字型文献资源（或称虚拟资源、数字资源），关于这两种资源评价的研究性文章比比皆是，但很少有人注意到这两者之间的联系。其实这两种资源都是图书馆为满足读者需求而购置的文献资源，只是类型不同，其购置目的、服务对象、所有权人都是相同的，因此评价上如果孤立地评价某一种类型的文献资源，所得出的结果必然不能实现评价的目的和初衷。对图书馆特色资源的评价亦是如此。

特色文献资源的复合评价是将图书馆所收藏的印刷型特色文献资源和数字型特色文献资源看做一个整体来评价，评价的过程中充分考虑两种类型资源的相互补充、相互作用，在印刷型特色文献资源基础上来评价数字型特色文献资源，在数字型特色文献资源基础上再评价印刷型特色文献资源。操作上也很简单，就是在评价印刷型文献资源的时候，充分考虑电子文献资源对其产生的影响，反之亦然。

2. 特色文献资源复合评价的内容

（1）特色资源中印刷型文献与数字文献的配置比例是否合理

印刷型馆藏由于文献信息传递的直观性好、信息保存的安全性强、用户长期形成的利用习惯，以及电子出版物在质量上还难以与印刷文献抗衡、使用寿命的限制和设备的局限等问题，使得其在图书馆中将长期占有重要的地位。但随着数字资源在馆藏中的数量越来越多，图书馆馆藏必然会趋向电子化、数字化，因此，选择和购置电子出版物，发展数字馆藏是图书馆馆藏建设的重心。如何合理配置印刷型资源与数字型资源的比例关系，使之形成互补的总体，是图书馆特色馆藏建设中需要解决的问题。

（2）印刷型文献资源与数字文献资源是否相互补充、相得益彰

这两种特色文献资源是否能够相互补充是复合评价文献资源最为重要的一项内容，两种资源的配置比例决定了特色馆藏资源的发展方向，而两种资源是否互补则直接决定了特色馆藏的建设程度，如果两种文献资源之间出现了大量无谓的重复，说明馆藏建设的方针存在问题，既浪费了图书馆的人力和时间，更给图书馆的财政增加了沉重的负担。一般来说，印刷型文献资源和数字文献资源最好能达到相互补充、互不重复的程度，但考虑部分读者的阅读习惯和阅读环境的限制，两种资源可以适当地重复，以满足读者的个性化需求。

（3）读者对两种类型的文献资源在利用上是否方便，索取途径是否顺畅

读者利用方便、方式简单直接是评价文献资源的一个基本标准，文献资源再好，利用上困难重重，也无法发挥其作用。在对馆藏文献资源进行系统规划和合理配置时，一是要根据图书馆存在不同类型读者的情况，兼顾不同类型和层次的读者的不同范围、不同深度、不同目的的文献需求，建立起适合不同层次需求的最佳的文献资源模式组合；二是要考虑不同文献载体版本的优点及缺陷，实现各种载体文献资源的优势互补，开展特色数字资源建设和网络虚拟资源建设，整合实体资源与虚拟资源，形成统一的特色馆藏体系。

3. 印刷型文献对数字文献评价的作用

在对图书馆的特色文献资源进行复合评价时，需要全面考虑印刷型文献资源与数字文献资源的特点，以作出科学的判断和评价。所以，在对数字文献评价时必须充分考虑印刷型文献的状况。印刷型文献在今后很长一段时间内仍然是图书馆的馆藏主体，数字文献的购置均是以印刷型文献为基础进行的，印刷型文献要求非常丰富和完善的学科，而对数字

文献的要求相对要宽松一些,在购买时,从重点和有实际利用价值的数据库着手。对于年代久远,购买困难的印刷型文献,则加大数字文献资源的补充力度,尽可能做到完备。对于复本量过小,不能很好满足众多读者文献需求的印刷型馆藏,也可以购买电子版文献予以补充,解决复本不足的问题。对于利用率很低的图书,则完全不需要购买电子版本。

可以说印刷型文献的情况直接决定数字文献的发展方向,数字文献是依托于印刷型文献而存在的,在对数字文献进行评价时,主要考察数字文献的存在相对于印刷型文献的合理性。

4. 数字文献对印刷型文献评价的作用

印刷型文献是数字文献采购的基础,数字文献同样对印刷型文献有着巨大的影响。数字文献的出现是对印刷型文献的有力补充,对于期刊来说这一现象尤为突出。由于印刷型期刊遭到损毁的概率很大,一旦缺失就很难补充,再加上经费问题等诸多因素,其连续性很难保持,而数字期刊的出现则非常轻易地解决了这些问题,各种期刊的覆盖率基本上都能达到100%,学科覆盖率也可以达到完备的程度,期刊的连续性得到了充分的保障,甚至可以回溯到很早的时期。另外,数字文献极大地提高了文献的使用效率,数字文献提供了多途径检索,可以方便快捷地检索到读者所需要的文献,节省了读者大量的时间和精力,并提高了文献的查全率,所以在评价印刷型文献的时候,还要充分考虑数字文献的存在给印刷型文献造成的影响。

第四节　图书馆特色资源的评价原则

为了客观、全面、科学地衡量和评价图书馆的特色资源,在评价的过程中应遵循如下原则。

一、科学性原则

科学性原则主要体现在理论与实际相结合以及采用科学合理的评价方法等方面。评价要有正确的理论基础,同时又要能反映出评价对象的客观实际情况。评价体系也应该是理论与实际相结合的产物,必须有一定的理论作为基础,但又不能够脱离实际。科学性还体现在适度方面,由于评价因素的复杂性,评价时不可能穷尽所有因素,所以选取评价指标时要适度,但又不能过于简单,要反映出评价内容的先进性。在评价过程中评价指标的选择、数据的选取以及计算必须以公认的科学理论(统计理论、决策科学的理论等)为依据。同时,要综合考虑图书馆的类型、目标用户群以及图书馆特色资源的内容等诸多方面的因素,科学、合理地对图书馆的特色资源进行评价。

二、系统性原则

特色资源的评价要与所在图书馆的中心目标保持一致,以图书馆的性质、功能、历史使命、馆藏结构为依据,了解图书馆的服务计划以及目标用户群,从整体系统的角度对特色馆藏进行评价。由于特色资源的评价是对系统行为的综合把握,而系统行为具有广泛性和复杂性，所以具体评价时要用若干指标来衡量。在评价图书馆特色资源时，所涉及的每个指标都是独立的，但同时又是相互联系相互制约的，在评价时必须考虑到评价因素之间的层次性和系统性。

三、客观性原则

在评价图书馆特色资源时，应站在客观的立场上，尽可能避免人为因素，选用符合实际、客观可信的评价指标，应力求准确地反映被评价特色资源的真实水平。在评价标准的制定上也需要考虑当前图书馆特色资源的总体水平，反映出不同个体之间的差异。如果标准都能达到或都难以达到，则说明评价标准严重地脱离了现实。总体来说，每个评价因素都应从一定的角度或侧面反映评价目标，与评价目标紧密相关，同时还要对评价目标具有足够的覆盖，与评价目标保持高度的一致。

四、发展性原则

在评价中还必须坚持发展的原则。因为图书馆的特色资源处于不断变化发展之中，以发展变化的事物为评价对象的评价标准和评价方法也必须是动态和发展的，当评价标准和评价方法能随着被评价对象的改变而调整时，它的适应性才更强，更能体现出它的科学性。针对图书馆特色资源变化发展的问题，可以在评价指标的权重和分值上予以区分，以体现其导向作用，从而加快图书馆特色资源的发展步伐。比如说，网上特色信息资源种类繁多，每种资源除了具有与其他资源相同的共性之外，也具有其自身的特殊性。评价指标应能充分考虑信息资源所特有的个性并能将其揭示出来，以避免千篇一律的简单化评价，达到与被评价资源特点充分相符的适用性。

五、实用性原则

文献资源评价应该符合图书馆的主要服务特点和管理工作的规律，在经过业内专家广泛讨论、达成共识的基础上，形成具有适用性、实用性和可操作性的评价标准与方法。因为可行性、可操作性对于评价方法来说是非常重要的，评价方法再好如果不能够实现也是纸上谈兵，这就要求在对图书馆特色资源进行评价时，在评价指标体系的设置上要避免过于烦琐，还要考虑指标体系所涉及指标的量化及数据获取的难易程度和可靠性。在评价图书馆特色资源时，注意选择能够反映特色资源发展状况的综合指标和具有代表性的指标，即指标作为具体的目标，其内容应能通过直接或间接测量获得明确的结果。在采取测量手段时，凡是能量化的指标尽可能量化，不能量化的可进行间接测量。

六、引导性原则

对图书馆特色资源进行评价的目的在于了解图书馆相关主题领域可利用信息资源的分布及质量水平等情况，从而为有关读者利用这些信息资源提供判断依据，以便读者能够在最短的时间内，以最快的速度获取有针对性的、有价值的信息。因此，开展图书馆特色资源评价，必须以方便读者快捷而有效地选择和获取有价值的信息资源为导向。与此同时，图书馆特色资源评价既要反映图书馆建设现状和发展规律，做到符合当前实际，又要作为图书馆未来发展的依据，用超前的意识和眼光，给予其科学、准确的定位，使图书馆的特色资源建设向着更高标准、更高层次发展。

七、制度化原则

对图书馆的特色资源进行评价是改进和完善特色资源建设的重要手段，通过评价活动的开展，可以从根本上推动图书馆特色资源建设事业的发展。评价是一个循环往复且具有连续性的过程，只有通过"系统调查—评价—调整—再系统调查—再评价—再调整"这一连续运行的过程才能从根本上完善图书馆特色资源建设工作的各个环节，所以图书馆必须经常地、有计划地开展特色资源评价活动，并建立相关的规章制度，保障特色资源评价工作的有序开展。

第五章　图书馆特色资源共建共享

20世纪图书馆界最伟大的实践之一就是实现图书馆馆际合作和文献资源的共建共享，21世纪迎来了知识经济时代，知识的传播和知识的创新，加快了知识信息的流通和利用，为了最大限度地发挥知识信息的作用和价值，就要实现知识信息的充分共享。随着计算机技术、网络技术的发展，特别是Web 2.0的诞生使得信息资源的共建共享已不再是图书馆之间的障碍。同时，随着社会各群体对知识信息的需求激增，迫使图书馆要不断开发各种文献信息资源以满足服务群体的需求，图书馆要在激烈的社会竞争中求生存、谋发展，就必须形成自己的鲜明特色，发挥自己的特点和优势。只有形成特色，才能在信息资源的建设中体现自己的优势和竞争力。在文献信息资源开发与利用的过程中，图书馆也面临着购书经费削减、数据库购买不均衡、学科融合以及快速发展带来的馆藏资源不足等问题。因此，在当前形势下如何规划好各图书馆间的资源建设与利用并达到各馆间的资源共建共享，是当今图书馆界面临的紧迫任务。

第一节　图书馆特色资源共建共享概述

网络环境为文献信息资源共建共享创造了良好的条件，网络信息资源生产与使用的社会化，对图书馆文献资源的建设产生了重大的影响。当前，大多数图书馆结合自身的馆藏特色、资源优势和区域文化特点，对此进行发掘和深加工，以便于为广大读者提供更多的特色资源。

一、图书馆特色资源共建共享的现状

特色资源主要包括地方特色资源和学科特色资源，前者主要是指某一地区特有的且又有一定影响和较大价值的文化资源，包括该地方的历史文化、风土人情、宗教信仰、风景名胜等领域；后者是指高校图书馆根据各校长期以来文献信息收集的实际情况和特定学科信息用户的需求，结合本校重点学科建设、专业设置和教学科研发展方向，搜集和整合的具有鲜明学科专业特色的文献信息资源。特色资源具有鲜明的专业学科特色、区域经济特色、地方文化特色和馆藏特色。在中文期刊数据库中，以"特色资源"和"特色数据库"为检索范围进行检索，符合检索条件的结果有几千条，这说明图书馆或其他科研机构在进行特色资源建设的研究和实践方面是比较重视的。然而，再进一步限定"共建共享"检索范围时则发现文献就降至几十篇，对这些文献进行研读，发现当前图书馆在特色资源共建共享上存在一定的障碍，且范围仅限于高校，而公共图书馆或者基层图书馆，很少有相关的研究文献。

1. 基于某一区域的特色资源共建共享

从检索到的文献中可以看出,主要以省域为范围进行调查统计的较多,如浙江省、江苏省、山西省、安徽省、海南省等,其中只有安徽省调查的是省图书馆、各地市公共图书馆和本科高校图书馆,其他的省份调查都是以高校图书馆为主。上述文献对各省的特色资源调查类型主要分为:地方特色、学校特色、学科特色和专题特色,其中地方特色是指某一地理区位具有的地方文化或者历史文化而形成的地方文献资源,如安徽省黄山学院图书馆的徽州文化资源库、合肥工业大学图书馆的李鸿章数据库、浙江理工大学的浙江丝绸文化数据库、海南大学的海南名胜古迹游数据库等;学校特色主要是指各高校图书馆针对本校或本馆收藏资源进行特色数据库建设,如各高校图书馆建设的硕博士论文库、高校精品课程数据库等;学科特色是指某一高校针对本校的优势学科或特有学科进行学术资源收藏建设,如中国科技大学图书馆的火灾科学学术资源库、中国矿业大学的矿业工程数据库、江苏警官学院的公安文献全文数据库等;专题特色是指针对某一类具有收藏和开发利用价值的资源进行建库保存,如池州学院图书馆的佛文化文献、宿州学院图书馆的赛珍珠研究、苏州大学图书馆的清代图像人物研究资料数据库等。上述文献在调查基础上,提出特色资源建设存在人才、资金和资源条件等问题,因此建议走联合协作共建共享之路,其中部分省份已经在省政府、省教育厅和各有关单位的牵头下在全省范围内进行特色资源数据库项目共建,并设立专项资金进行资助,如浙江省、江苏省、海南省。

2. 基于同专业院校的特色资源共建共享

关于同专业院校特色资源共建共享的文献不是很多,主要是专业性较强的中小院校由于经费、资源和人力等方面的限制而在自愿互利的前提下,达成资源的共建共享,如医学院校图书馆、军队院校图书馆、农业院校图书馆等。这些院校馆藏资源特点是专业性强、集中度高,数字化低,多数专业性院校图书馆由于办学规模限制而采购经费较少,因此馆藏资源建设多偏重于纸质资源建设,而纸质资源建设又偏重学科专业建设,这样购书种类不够丰富,这对于院校图书馆资源建设是不合理的,也不利于在校学生的信息素养的提高。随着全国范围内高校图书馆的信息资源共建共享的开展,同专业院校的图书馆也开始探索本馆馆藏资源的共建共享,改善在资源建设方面的不足,进而不断满足广大师生日益增长的信息需求。为此,各馆在现有资源条件下,不断进行资源整合,并与地方同专业机构图书馆进行合作,将专业文献与实践研究相结合构建数据库,如医学院校图书馆的基于历代医案数据库、中文循证医学数据库等;军队院校图书馆的军事装备保障综合信息数据库、外国军事基本情况数据库、兵器综合信息数据库等;建筑院校图书馆的建筑艺术与土木工程资料数据库等,这类特色资源的特点是实用性、目的性较强,但适用范围偏窄,所以此类特色资源共建共享只适合对此类专业信息有需求的院校或科研机构。

3. 基于 CALIS 的特色资源共建共享

中国高等教育文献保障系统,简称 CALIS,是我国高等教育"211 工程"总体规划中 3 个公共服务体系之一,下设东北地区、华东北地区、华东南地区、华中地区、华南地区、西南地区和西北地区共 7 个地区中心。截至 2006 年 4 月,CALIS 中心共建成了 63 个专题文献数据库,近年来,CALIS 地区中心特色数据库的共建共享成为地区中心服务的重要内容。

CALIS 地区中心的特色数据库分布情况如下。

① 来源于一个地区范围内的高校图书馆，如东北地区中心和华东南地区中心的特色数据库。其中东北地区有 22 个特色数据库，涉及该地区的 11 所高校图书馆，包括吉林大学图书馆、哈尔滨工业大学图书馆等；华东南地区中心有 14 个特色数据库，涉及该地区的 5 所高校图书馆，分别是上海交通大学图书馆、复旦大学图书馆、浙江大学图书馆、厦门大学图书馆、福州大学图书馆。

② 来源于一个地区的某一个省内的高校图书馆，如华南地区中心和华东北地区中心的特色数据库。其中，华南地区中心有 11 个特色数据库，涉及广东省的 9 所高校图书馆，包括中山大学图书馆、华南理工大学图书馆等；华东北地区中心有 11 个特色数据库，涉及江苏省的 11 所高校图书馆，包括中国矿业大学图书馆、江苏大学图书馆等。

③ 来源于一个地区中心的所在图书馆，如西北地区中心的特色数据库是由西安交通大学图书馆建设的，共建有 7 个特色数据库；华中地区中心的特色数据库未标注建设单位，只列出了 3 个特色数据库。

二、图书馆特色资源共建共享存在的问题

在知识经济时代，建立一个能够实现省域内高校纵向贯通和横向联合的特色信息资源共建共享体系，除了面临许多政策、措施、理念、技术及相关理论支持等问题外，还存在以下问题。

1. 知识产权和版权问题

特色数据库建设在信息资源的收集、传播和为用户提供信息服务的过程中，会面临版权问题及知识产权保护问题。从版权保护的角度来讲，对于在版权保护期内的特色信息资源，要尽量和版权人进行必要的协调，既不侵犯版权人的权益，又不乏特色信息资源的搜集和利用。对于知识产权问题，图书馆应在遵从国际知识产权秩序的基础上，调整和解决好特色数据库建设与知识产权保护的关系。

2. 特色资源数据库种类繁杂甚至重复

各图书馆对其所建特色资源数据库命名不一，有特色数据库、自建数据库、自建特色数据库等。不仅如此，各图书馆无论是特色数据库还是自建数据库看起来都是内容繁杂，各成体系，没有统一的标准，甚至图书馆之间有特色数据库内容重复现象。混乱的内容和命名系统给特色信息资源共建共享和读者检索利用带来麻烦，重复的数据库内容造成了图书馆资金投入的浪费。图书馆需要利用国际统一标准来构建特色资源数据库，为特色资源共建共享工作节省人力、物力和财力，为用户提供简便、快捷、高效的文献检索系统。

3. 特色资源建设水平参差不齐

特色馆藏是各图书馆的资源品牌，是图书馆开展特色服务的资源基础，也是网络时代图书馆共建共享的资源依托。目前，多数图书馆都比较重视特色资源的建设，但各图书馆特色资源建设的水平却参差不齐。首先，一些图书馆还没有自己的特色资源，或者是一些图书馆已经开始从事这方面的建设工作，但读者现在还无法利用到本馆的特色资源。其

次，在已经进行特色资源建设的图书馆中，还有一部分图书馆收藏有特色资源但没有进行建库保存，甚至是有的建有特色数据库却利用率过低。再次，各馆特色资源建设的系统性和全面性方面还存在一定的差距，只是简单地就现有特色资源进行建设，而没有意识到特色资源跟其他馆藏资源一样具有保存和利用价值，因此，在特色资源建设过程中就需要尽可能多地、全面地、系统地收集此类资源，这样才有利于形成特色。

4. 特色资源共享范围受限

在对特色资源数据库调查过程中，特色资源共享只是在已达成共享范围内的图书馆之间进行共享，但同是成员馆访问特色数据库也会受到限制。以 CALIS 地区中心特色数据库调查为例，不是一个地区中心的不可以互相访问，同是一个地区中心的也存在部分成员馆不能访问该地区特色数据库，如广东工业大学图书馆无法访问华南地区中心的特色数据库，上海海事大学图书馆无法访问华东南地区中心的特色数据库，大连理工大学图书馆只能访问一部分东北地区中心的特色数据库。

5. 特色资源数据库导航效果一般

调查发现，只有少数图书馆将特色资源以"特色馆藏"或"特色收藏"置于图书馆主页上，如北京大学、清华大学等。多数图书馆均把特色资源数据库置于二级类目——"资源导航"、"馆藏与资源"、"数字资源"等栏目下。如果是初次访问图书馆网站的读者需要凭经验才能找到特色数据库，这对没有经验的读者来说准确地查找到所需的特色资源需要一定的时间。这不仅浪费读者的时间，也不利于特色数据库的推广，还可能导致特色资源的利用率过低。

三、实现特色资源共建共享的现实意义

图书馆充分利用资源优势共建特色数据，将分散的信息资源系统化、集中化呈现在广大读者面前，从而增加特色信息资源的价值和利用率，最大限度地发挥特色资源的经济效益和社会效益。实现各馆之间，不论是同区域，还是同专业院校的特色资源共建共享，在一定程度上不仅可以弥补资源保障的不足，还可以促进地区之间协同建设与发展。

1. 特色资源共建共享是图书馆与时俱进的需要

21世纪是知识创新的时代，知识信息的骤增导致信息承载体的扩大，作为知识载体之一的图书馆，更是面对大量冗余信息的采集、加工和整合，并以此为广大读者提供有价值的信息。同时，科学技术更新速度的加快，使得图书馆不得不紧追时代发展的步伐，不断创新服务方式，以最大限度满足读者日益增长的信息需求。但是，由于经费、人力和馆舍条件的限制，任何一个图书馆都不可能把所有文献收集齐全，加工整理并迅速传递。因此，图书馆间的合作带来的相互依赖性逐渐提高，图书馆之间走联盟合作发展的道路成为一种新的发展形势，资源的共建共享更是成为未来图书馆的发展趋势。

2. 特色资源共建共享为科研活动提供信息保障

对于从事地域文化研究的专家学者来说，在其科研活动中，需要对特定时期该地域的历史人物、文化遗产、文学艺术等进行了解，需要图书馆给予他们充足的地方文献信息资源帮助。各地图书馆将分散的地方文化特色资源进行搜集整理，进行区域内特色文献信息

资源的整合，大大满足了研究地方文化的专家学者的需求，使他们在足不出户的情况下，借助网络就可以完成对地方文化历史的研究和利用。不同地区的特色文献资源的共建共享更是为此类科研活动提供了信息保障。

3. 特色资源共建共享间接促进地方经济与文化建设

图书馆是人类知识的宝库和人类文献信息资源的中心，担负着为区域经济发展和文化建设服务的伟大使命。没有地方文化的支持，地方经济的发展就缺乏后劲和推动力。地方特色资源反映了该地区政治变革、经济发展、人文文化等发展情况，它在为当地政治、经济服务的同时，通过区域内图书馆特色资源数据库的共建共享，成为宣传本地的一扇窗口，使更多读者方便快捷地了解该区域各种文化资源情况，加强文化资源对外宣传，从而吸引外商进行商业投资和旅游资源的开发，促进区域经济的发展。

4. 特色资源共建共享实现了知识增值

区域内特色信息资源的共建共享克服了长期以来地方文献资源只为当地政府、学者和企业服务的局限，通过共建共享体系地方特色信息资源可以走出当地，被更多的学者和科研人员了解、熟知并加以利用。在这样一个知识相互传播、相互利用的过程中，知识的价值也随之增加。

综上所述，特色资源馆藏对图书馆馆藏资源以及网络环境下信息资源的共建共享起着积极的作用。要在局部与整体，大系统与小系统合作协调的基础上，在资源共建共享的思想指导下，从各馆实际出发，制定本馆可行的具体规划，明确哪些文献是本馆的重点建设，同时也要明确网络资源开发中所起的作用和担负的任务，通过网络信息咨询员弥补本馆信息资源不足的缺陷，建立各馆各具特色的馆藏体系，发挥特色优势。

第二节　图书馆特色资源共建共享的原则

图书馆特色资源建设是图书馆资源建设的重要组成部分，对于梳理、开发、利用地方特色文献资源，揭示馆藏变化具有十分重要的意义。在特色文献资源数据库共建共享过程中，存在建设单位众多，涉及的学科面广、主题丰富、人物与地域文化浓厚等特点，使得数据库建设体现着不同地域或者不同专业的特色，因此，要严格遵循一定的建设原则和要求。

一、图书馆特色资源共建共享的指导原则

1. 整体性原则

在我国，条块分割的管理体制是信息资源共建共享的最大障碍。由于缺乏总体规划，馆际协调不足，直接导致信息资源建设"趋同"现象较为严重，数据库及操作平台种类繁多、标准千差万别等问题。为保证图书馆特色资源共建共享长期存在，必须要在统一规划、统一布局和统一管理下进行整体化建设。在达成协议的各馆之间要有明确分工，既要各司其职，又要发挥各自特色，发挥整体效益和联合保障的优势。

2. 层次性原则

特色资源共建共享从程序上来说应该是先易后难，分步实施。由于我国图书馆事业发展水平不均，根据区域经济社会发展水平和文化基础设施条件，因地制宜、分类指导，分别制定区域发展目标和具体实施方案。首先，结合本馆的具体情况，建设本馆特色鲜明，与他馆优势互补的信息资源体系，为资源共享打下基础；其次，实现本地区本系统特色资源共建共享，在此基础上或同时以本馆自主行为的形式，主动为馆外提供共享的特色资源和主动争取共享他馆的特色资源；最后，将上述行动与国家中心建设挂钩，最终形成全国范围内特色资源的共建共享。

3. 服务性原则

特色资源的共建和共知，其目的是共享，以服务用户、读者为最高原则。在提供文献服务时，既要提供二次文献，又要提供一次文献，访问可以是直接联网，也可以是电话拨号上网；馆际互借和文献传递可采用 E-mail、FTP、FAX、直递、邮寄等多种方式，使其快捷有效。让用户了解，特色资源的获取与其他馆藏资源获取具有同样的标准，而不是因为是特色资源就具有特殊的待遇。

4. 开放性原则

特色资源共建要与系统到外部相结合，在立足科研、高校、公共三大系统图书馆的基础上，连接全省，面向全国，有计划、有目的地开展系统内外、省内外的合作与交流，既要广泛吸收利用省内外各种特色文献信息资源，又要广泛为省内外用户服务。在服务系统软硬配置方面，要采用国际通用的开放式操作系统平台技术、网络通信协议 TCP/IP 技术、面向广域的数据库技术等，保障各馆特色文献数据建设中心计算机网络支撑环境，并保障能在广域网上互联。

5. 效益性原则

任何项目的开展都要考虑建设成本，同样对于资源缺少的图书馆来说，更要注重资源建设过程中的成本效益。首先，要把长远发展与近期需要相结合，国际标准与中国实际相结合，以求实效和快速，确定共建共享的阶段性目标，使特色资源建设逐步推进，不要一开始就求大、求全；其次，要充分发挥已有资源的效益，充分利用资源丰富、条件较好的图书馆的优势，加强馆际多方面合作，避免资源的重复建设，用好有限的资金、人力和物力。

二、图书馆特色资源共建共享中参建馆遵循的原则

共享体系中各成员馆之间相对平衡的利益分配，以利益调节、调动各方面的积极性，促进图书馆特色资源共享体系的共建，主要包括参建馆与读者个体等社会用户群的利益、参建馆自身利益与其他参建馆之间的利益、参建馆内部人员的利益等。

1. 读者满意，服务读者的原则

遵循读者满意，服务读者的原则，协调图书馆与读者用户群之间的利益信息资源共享由国家政府投资，最终是使读者受益，其定位应是教育与科研的服务系统，对用户免费是其本质性要求，也是使其发挥最大作用的根本保障。因此，各馆要在条件许可的范围内使

读者满意。对于自行投资建设的单位，可以由有偿服务逐渐向无偿方式转变，为读者提供现实的、可靠的信息服务，这必将使图书馆工作得到领导的肯定和群众的支持，使资源共享具备坚实的群众基础。

2. 平等自愿、互惠互利的原则

遵循平等自愿、互惠互利的原则，协调参建馆自身利益与其他参建馆之间的利益信息资源共享不是一个单纯的公益行为，信息资源共建共享中的成本和利益是需要考虑的重要因素。信息共享的哲学不是利他主义，而是互惠互利，按照效率优先，兼顾公平的原则，确立各馆是权利与义务均衡的行为主体，激发其参与共建共享的积极性。同时，互惠互利与平等自愿是互为基础、密不可分的，因此，每个参建馆都必须承担向其他参建馆提供资源的义务，也必须分担网络运行和管理的费用，要使特色资源共享得以持续发展，还必须对享受共享服务的用户适当地收取费用。这一方面是对资源提供者的一种资金补偿；另一方面可能以通过费用的高低来调控资源的利用，同时也对资源使用者起到约束作用。

3. 维护图书馆内部人员利益的原则

在现代化进程中，业务能力将成为从业者的核心竞争力，支持从业者学习是对其最大的关心，提高其业务能力正是维护他们的根本利益。设立负责特色资源共享的小组来规划、考核这项特色资源共建共享工作，并将图书馆员工在这项工作中的态度与贡献列为其业绩考核的重要指标之一，发挥激励、约束功能，促使全员投入。

三、图书馆特色资源共建共享中资源选择原则

图书馆特色资源选择要依据确定的标准进行相符性判断，将符合建设原则和条件的原始特色资源遴选出来，进行数字化加工后发布到特定平台实现共享。良好的选择原则有助于确保以尽可能低的成本将最重要和最有用的信息资源进行数字化，避免知识产权纠纷，产生良好的社会效益和尽可能高的投资回报。

1. 知识产权保证原则

必须根据相应的法律对特色资源的知识产权进行管理，任何对其存取的可能限制必须通过本单位的现行机制进行有效管理。目前，图书馆特色资源建设主要是针对已有的特色馆藏资源和收集地方特色资源为主，其资源的产权归属有3种情况：一是不存在产权纠纷的资源，这类资源可以自由进行开发建设，如已购买的纸本资源；二是产权归实施数字化机构所有，这类资源在进行数字化之前需要单位内部许可，如购买的数据库资源；三是产权归他人所有，这类资源在数字化之前必须得到产权所有者的书面许可，如收集的地方人物志、家谱等。因此，针对保护共建共享的特色资源应采取相应的数字技术，以保证特色资源建设过程中的知识产权保护。

2. 知识增值原则

特色资源的建设，首先要从原始资源着手，那么特色资源不仅仅是原始资源的再现，还应该具有价值的增值。影响特色资源的知识价值因素有很多，但主要包括资源的唯一性、相关价值、对相关主题领域理解的重要性、对相关主题领域覆盖的广度和深度、实用性和准确度、特定主题领域中其他载体记录质量差的信息内容、具有强化项目实施的历史

价值以及资源数字化后潜在的长期价值等。另外,特色文献知识价值也可能包括管理价值、艺术价值、市场价值。但是,特色资源价值增值性判断具有很大程度的主观性,其结果可能因人而异。

3. 用户保障原则

用户保障的本质就是对特色资源利用率,从理论上讲,图书馆特色资源数字化项目应把有限的资金用在利用率高的资源的数字化上。首先,要对特色资源利用率高的原因进行分析,如果主要用户群体分布在本地,且类似文献又不存在,这类文献的利用率自然可能高,但进行数字化后发布在网络上,其利用率将会如何就比较难以判断;其次,文献利用率有时与文献的知识价值并不一致,有些具有高知识价值的文献由于存放地点和图书馆存取方针的限制或目录的不完整等因素,可能导致利用率偏低;第三,利用率与文献的物理状态也有关系,一些文献的物理状态限制了用户对其访问,如易碎载体的文献、古旧的书稿等;第四,在多馆合作进行特色资源共建中,一些大部头的系列文献分散在各成员单位,对这些文献的访问率可能较低,但进行数字化后可能形成完整的虚拟馆藏,其访问率就可能提高。

4. 数字保存原则

为了保存需要,特色资源选择时要充分考虑资源的安全数字化,包括原始信息资源的状态允许被完全数字化;特色资源数字化实施过程需要搬运原始资料时,其状态适合于搬运;尽可能扫描原始资源的替代品(如照片),从而减少对原始资源的损伤;被数字化特色资源产品必须建档,并制定由于时间和技术变化等因素导致的长期维护策略。数字保存的另一层含义是保护易碎载体的原始资源。数字资源的本身就是原始资源的新版本,可以代替原始资源供用户访问,并由此减少对原始文献的操作从而使其得到保护。

5. 避免重复原则

在特色馆藏建设过程中,要摒弃大而全、小而全的思想,根据图书馆的发展目标、充分考虑特色资源的特点,以各馆对特色资源需求为建设重点,结合当地地方发展形势,有针对性、有步骤地构建及开发特色馆藏资源。对于已有的特色馆藏资源,要考虑其质量、保存状况及内容能否满足用户需要,以及对选取的特色资源进行评估。一般来讲,在进行特色资源建设初期,必须要集合参建馆对所建设的特色资源进行考察,以便了解特色资源馆藏现状、其进行共享建设的成本效益,尽可能地减少在资金、人力、物力方面的重复浪费。

四、图书馆特色资源共建共享中数据库构建原则

1. 标准化原则

标准化是信息组织的生命,是资源共享的基石。数字资源的加工和数据库的建设存在着一系列的数据格式标准和元数据规范。为了实现资源有效共享,特色资源建设单位应按照"统一平台、统一标准、统一发布"的管理思路,"统筹规划、分别承担、分散建设"的要求,由特色资源建设总中心对分散在各地的图书馆的特色资源进行统一发布。因此,各承建单位在项目建设中必须遵循通用性与标准化原则,包括统一元数据标准、遵守软件

设计规范和有关文献分类标引著录规则等要求，采用具有规范化的特色库援建模式和标准化的数据格式、库结构及检索算法。同时充分考虑与CALIS、NSTL（National Science and Technology Library，国家科技图书馆文献中心）、CSDL（Chinese National Science Digital Library，国家科学数字图书馆）等标准和系统的兼容，采用与国家标准相一致的产品。

2. 实用性原则

特色资源项目的选择应注重满足社会经济和教学科研发展的实际需要，既重视资源数字化过程中文献信息资源的系统完整和各类信息资源之间的相互联系，同时也从读者使用、读者数量和资源质量的角度，优先保障重点学科，兼顾普通学科，逐步完善学科覆盖面的思路出发，最终形成合理的信息资源建设体系。同时，结合省域人员、资源、技术的实际情况，根据需求采取量力而行的方案与举措。已建成的特色资源数据库应该对教学科研工作和社会文化建设、经济建设等具有一定的推动作用。

3. 安全性原则

目前，网络环境和信息技术还存在诸多不安全的因素，给信息组织和资源存储带来一系列的隐患。特色资源数据库的建设过程中，要对大量的文献进行数字化加工、存储、发布和管理，并利用网络为众多的终端用户提供各种信息服务，因此系统的安全性十分重要。在建设过程中既要选择技术成熟、性能安全可靠的信息存储设备，又要采用技术先进的网络管理系统，确保网络系统的安全性和数据的可靠性。要将特色资源数据库的大量数据分为在线存储区和近线存储区，并实现所有数据的统一归档、备份。

4. 核心性原则

特色资源数据库的建设涉及规划设计、项目评估、资源加工、资源组织、平台建设、网络服务等诸多方面，只有把握重点，从关键性、核心性、全局性出发，统筹规划、合理布局、分工合作，有重点地进行分期分批建设，侧重支持特色鲜明、资源优势明显的项目建设，才能形成具有较强整体功能的信息资源体系。

5. 合法性原则

数据库的建设是一项系统工程，知识产权保护是其核心内容之一。知识产权保护贯穿于数字资源加工、组织、管理、传播和使用的各个环节。特色文献数据库的建设应根据不同类型文献存在的法律形态，充分尊重不同著作权人的授权意愿，采取区别对待的原则，为信息资源的有效共享与利用奠定基础。特色资源共建共享建设必须遵守国家知识产权保护法，所有数据来源要产权清晰，发布的一切信息必须符合知识产权保护的要求。这样才能保证数据库的可持续发展。

综上所述，特色资源共享体系作为一个系统性建设工程，无论是规划设计还是具体过程的实施都应该遵循一定的原则，在上述各方面的原则基础上，提高图书馆核心竞争力。图书馆竞争力的提高必须在文献资源建设上下工夫，即提高资源的竞争力。因此，在特色资源共建共享指导原则下，结合共享体系建设自身特有的一些基本原则，根据单位所在地区的历史、地理、政治、经济和科学文化发展的显著特点与优势，根据读者的需求及本单位原有的馆藏基础，根据文献资源保障中心的分工安排等实际情况，围绕某一领域或学科，集中本馆的人、财、物等有利条件，加强精品资源建设，打造特色品牌资源，建设具有鲜明特色的馆藏资源体系。

第三节 图书馆特色资源共建共享的策略

丰富的馆藏资源是传统图书馆的价值所在，是图书馆服务读者的基础条件。特色馆藏不仅是传统图书馆的精华，而且也是数字图书馆内容建设的基础，目前处在一个全新的数字环境中，网络使人们学习和获取信息的方式发生了改变，面对海量的文献资源，用户越来越缺乏耐心，读者的需求也越来越不容易把握，这就迫使图书馆要提供差别化服务，其资源也要具备特色。随着现代网络技术的发展，图书馆之间进行特色资源的共建共享，为了避免资源的重复建设、为了提高资源的利用率，图书馆需要对特色资源共建共享做出周密的规划方案，进而为教育和科研提供完整的文献保障，促进当地文化和经济的发展。

一、共建共享特色资源的选择策略

图书馆随着社会的发展，不再仅仅是一座"藏书楼"，面对新的挑战，不同区域、不同类型的图书馆建设特色资源时，需突出地方、学科、历史等特色，这样才能更好地实现特色资源的共建共享。

1. 构建具有地方特色的特色资源

地方特色资源就是以本地区经济、文化、历史、地域特点为基础，以本地区、本单位的优势学科为依托，建立起来的馆藏资源，如云南、西藏、内蒙古、新疆等少数民族地区的民族文化、民俗传统和特殊的地理、地貌。在漫长的发展过程中，各少数民族创造了自己独有的、丰富的民族文化，这些独有的文化资源是研究当地少数民族问题的特色资源，是其他地方所没有的。各图书馆可结合当地的民风、民情，大力挖掘物质和非物质的民俗内容，形成具有特色的民俗文化馆藏。民俗是人类所创造的物质与精神文明的历史积淀，民俗文化是社会生活的一种模式，具有世代相袭的稳定性，是一个民族深层文化积淀的产物，是中华民族先进文化的重要组成部分。同时，各图书馆也可根据本地区的政治、经济、社会和文化等方面的特色，收集反映本地区的研究课题、出版物、地方专题等具有一定地域的文献或与地方政治、经济和文化发展密切相关的资源，建立具有研究级水平的藏书体系和突出地方特色的地方文献部。这样既突出了独一无二的地方特色，又为学者研究本地区的民俗风情、编纂新修方志、开发特色旅游资源、发掘传统经济等科学研究和社会发展服务，促进本区域经济文化的发展。

2. 收集具有历史特色的特色资源

图书馆要保存和梳理地方的史前文化、家谱、历史人物、地方史料等具有历史文化积淀的非物质文化遗产。图书馆可逐步搜集和完善当地龙头姓氏的族谱、家谱以及历史名人贤达的著作、手稿、传记等文史资料，并纳入自己的特色馆藏体系。通过其中蕴藏的内涵，可了解社会结构、宗教制度、民族史、家族史等具有重要价值的历史文化，为社会学、人口学、民族学、经济史的研究和文艺创作等方面提供宝贵的资料，从中可以寻找文化资源与地方社会经济发展的联系、规律，从而促进经济的发展和弘扬地方文化特色。同时，也可以作为教学、科研的第一手资料，为阅读、教学、研究提供便利的服务。目前，不少学者认识到历史资料的重要价值并利用其取得了斐然成果。例如，从孔府家谱中可以考证到曲阜孔府的世系、世表、墓记、祠堂记、家规家训等内容；从裴氏家谱中可以了解到裴氏世袭子孙的来龙去脉；而吴仁安利用家谱、方志等撰成《明清时期上海地区的著姓望族》、刘志伟运用家谱和其他人口资料撰成《明清广东里甲赋役制度研究》、钱杭则通过家谱及深入调查撰成《江西泰和农村宗族形成》、葛剑雄运用家谱和其他史料撰成《中国移民史》等。

3. 挖掘具有馆藏特色的特色资源

馆藏特色资源是指其他图书馆所不具备或只有少数图书馆具备的特色馆藏，或因散在各处而难以被利用的资源，具有稀缺性、不可再生性、文化或学术独特性、系统积累和传承性等特点。信息技术的广泛应用带来的新环境和新需求是图书馆发展的驱动力。例如，高校图书馆具有明确的教育性、专业性和学术性等特性，结合本校的专业设置、办学风格、培养目标等特点，通过纸质文献与电子文献、实体馆藏与虚拟馆藏、馆际互借与资源开发的结合，逐步建立各具特色的馆藏资源体系，使馆藏信息资源配置合理化、数量最大化、质量最优化和利用高效化，从而满足读者对特定知识的需求或实现某些特定的目标，如北京大学图书馆设置了包含秘籍琳琅的古文献资源库、北京历史地理数据库、北京大学学位论文数据库、北大名师数据库、热点话题数据库、视频点播多媒体数据库等特色的馆藏资源。

此外，高校教师所著、所编、所译的学术著作、发表的学术论文、科研成果报告、改革方案，本校召开的学术会议文献，教师外出参加学术会议带回的文献，出国人员带回的文献资料以及有价值的赠送资料和教授、研究馆员、博导、硕导、博士生的国家、省级科研基金项目，特色学科师生互动的多媒体教学课件，聘请相关专业专家和研究生搜集到的最前沿的学科信息资源，本校学报发表的论文等都是具有自身特色的文献和信息资源，把这些极富特色的资源积极数字化并建成本校特色资源数据库供用户使用，将具有重要的意义和利用价值。

4. 建设具有学科特色的特色资源

学科特色资源主要体现在以高校为主的图书馆，高校图书馆作为高等教育事业的重要组成部分，与教学、科研是密不可分的，其主要的服务对象是教师、大学生。因此，高校图书馆应当有计划、有目的地围绕学校专业、学科特点及自身的服务指向，从所在学校的发展规划和学科队伍现状出发，分清主次、突出学术性特色，为某重点学科或某特定专题交叉学科和前沿学科提供能体现高等教育特色的资源，为特定用户、重点学科提供全面、实用的特定信息服务。同时，高校图书馆还应注重服务信息的多向性开发，不断对特色数据库进行深加工，有计划、有重点、有步骤地拓展学科特色化的馆藏文献资料信息空间，将及时而实用的电子信息资源送上校园网，最大限度地满足各种类型的读者需求，发挥图书馆的功能，使高校图书馆成为真正意义上的文献信息中心、学术交流中心、文化教育中心、科研成果中心，全力推进高校图书馆的可持续发展，如北京大学图书馆建立了科研成果在线（机构库），而清华大学图书馆则建立了收藏中外文法律图书、国内外法律期刊、电子出版物等富有专业特色的法律图书馆，为法学院的教学、科研工作提供具有专业性、学术性的特色服务。

二、实现特色资源共建共享的策略

1. 提高特色资源共建共享的认识

随着信息时代的快速发展,人类必将迎来全球信息网络化的新时代,科技文献信息资源是国家科技创新体系的重要支撑和基本保障条件。诚如诺贝尔奖获得者、美国耶鲁大学教授莱德博格所说:"科学的繁荣需要很多条件,但与同行的有效学术沟通显得尤其重要,阅读科学文献正是帮助科学家达到目的的最好途径。"由此可见,让更多的人能够看到更多的文献信息资源对于科学的发展具有多么重要的作用。同样,实现特色资源共建共享也是图书情报事业发展的需求,更是人类能够最大限度地利用文献信息的需要。因此,图书管理工作者要从根本上改变过去那种"等、靠、要"和无所作为的工作观念,克服求稳怕乱、封闭保守的落后思想,改变重藏轻用以及满足于自给自足的工作作风,在思想上彻底扭转"大而全"、"小而全"的保守主义和本位主义观念,由小到大,由点及面,由浅入深,逐步探索,从而尽快建立网络环境下的特色资源共建共享保障体系。

2. 加强共建共享工作的组织保障

图书馆特色资源共建共享与文献信息资源共建共享一样,是一项庞大繁杂、有一定难度的社会系统工程,具有覆盖面大、渗透性强的特点,要做好此项工作,必须打破"条块分割、各自为政"的格局,为共建共享扫除体制上的障碍。加强信息资源建设的宏观调控,建立各级权威管理机构或协调工作领导小组,明确目标,制定正确可行的政策标准,领导和协调特色资源建设的规划和实施。当前我国在创建自主知识产权、强调自主科技创新的进程中,已深刻地认识到了信息资源共建共享的重要意义。因此,在特色资源建设过程中,组织机构上是虚拟的,但在共建共享业务上的领导、组织、协调、管理方面却是现实的,在组织形式上打破了我国现行的行政管理体系,特别是科技文献信息系统内条块分割的局面,淡化了行政隶属色彩,推进了不同系统、不同部门的文献服务机构的联合,使特色信息资源共建共享能够发挥巨大的作用。

3. 完善特色资源共建共享的建设体系

首先,各图书馆应开展馆藏特色资源的调查工作,对本馆收藏的特色资源的类型、数量、学科等做到心中有数,了解本馆的任务和目标,对重点学科、读者群体参与共建共享的环境进行分析,根据现实和潜在的特色资源利用需求,大力加强特色资源的可持续性建设,以提高特色资源收藏的相对完备程度。只有在不断提高本馆馆藏特色资源保障程度的基础上,才能够形成本地区、本系统乃至更大范围的保障体系。其次,各馆之间应加强沟通与协调,统筹规划,通过分工协作,互通有无,减少重复和遗漏收藏,扩大学科覆盖面,坚决走馆际联合和资源共建共享的道路,利用馆际互借、网上信息传递等手段来扩大充实特色资源。不可否认,纸质化文献迄今仍是馆藏主体,它在信息资源建设中的主导地位短时间内不会动摇。它比较适合人们的阅读习惯,且易于获取、价格低廉、浏览方便,受到读者(特别是老年读者)的欢迎。在计算机还没有完全普及、大部分读者经济支出能力有限的情况下,馆藏特色资源还应以印刷纸质型文献为主。

4. 建立特色资源工作的标准化体系

标准化是网络化的必要条件，数据格式、描述语言、标引语言只有符合公认的统一标准，才能实现用户与系统、系统与系统之间的有效沟通，共建共享体系的建设必须建立在较高的标准化基础之上。无论是文献的采集、分编、加工和组织还是文献的整合、开发、揭示和共享，各馆都必须建立一套科学合理的规范标准，同时加以自觉地遵守。文献资源共享的前提是共建，使各个图书馆馆藏文献数据上网并能够交换，是信息时代文献资源共享的最有效途径。编目规则的统一有利于图书馆数据的交流与传输，有利于资源的节约和充分利用。因此，应加强图书馆业务工作的集中化、标准化、规范化建设，健全各图书馆统一文献检索体系，为开展集中采购、联机编目、联机检索奠定良好的基础。在统一标准的前提下，加快建立一批国家级的大型标准馆藏特色资源数据库，以形成支持特色资源共建共享网络体系的基础设施资源。目前，图书馆中还存在着分类标准不统一、不能严格按照 MARK 格式进行著录、检索软件缺乏兼容性等问题，因此，各图书馆要强化自身馆藏数据库的标准化、规范化建设，要加强书目资源数据库的建设，必须强调坚持数据标准和数据共享原则，只有格式化、标准化，才能实现数据的转换、交换、兼容和不同系统之间的资源共享，从而搭起本馆与其他图书馆乃至国外图书馆的沟通桥梁。

5. 提高人才素质发展各种网络化信息服务

特色资源的共建共享归根结底是为了方便广大读者，离开了用户就失去了共建共享的必要。由于共建共享网络采用了先进的电子技术和通信技术，这就要不断提高读者的文献检索能力与应用能力，培养用户的信息意识，使他们尽快掌握网络的数据信息，提高检索效率，而这一切全部取决于现有图书管理人员的事业心以及业务技能的强弱高低，因此，要多途径、多层次大力培养懂外语、懂专业、懂计算机的复合型人才。图书管理人员不仅要谙熟本专业知识，还要有一定的计算机及网络技术的运用技能，能够开发、储存和传递深层次的文献信息，使他们能够了解本专业发展的最新动态，掌握各种新技术、新方法，拓展知识面，全面提高内在素质，建设一支与文献信息资源共建共享网络相适应的专业队伍，这是图书馆搞好共建共享工作的基本保障。

综上所述，图书馆间的合作交流，共知是前提，共建是保障，共享是目标。共建共享机制是推动文献资源建设的重要基础，是加快图书馆事业发展的一项重要举措，完全符合网络环境下文献资源建设的发展潮流，开拓了全新的图书文献服务模式。当前，各图书馆应当努力解决所面临的各种问题，增强"大图书馆"、"大服务"的观念，认真做好"为人找书、为书找人"的工作，协作采购、规范加工、联合上网、共建共享，大力倡导资源的共建，在共建资源的基础上致力于共享资源目标的实现。资源共建是通向资源共享的必由之路，通过资源共建，必将促使图书馆整体服务功能的增强，为最终实现真正的、彻底的资源共享打下坚实的基础。

第四节 图书馆特色资源共建共享实证分析

我国开展文献信息共建共享始于 1957 年国务院颁布的《全国图书协调方案》，但是随着政治运动的开始，图书馆事业走入低谷，良好的资源共享态势被扼杀。20世纪80年代以后，我国各省、市、区中心图书馆委员会陆续恢复，并逐步组织和开展了一些诸如文献采购协调、集中编目、馆际互借等共享工作。20世纪90年代以后，随着Internet使用的推广与普及，我国图书馆信息资源共享开始进入了资源层面的全球信息资源共享阶段。我国先后在地区、国家层面开展了多种模式的信息资源的共建共享的尝试性建设，并取得了许多重大进展，如中国高等教育文献保障系统（CALIS）、中国高等教育数字化图书馆（CADLIS）。同时，我国在"九五"期间，借助全国范围内信息资源的共建共享势头，逐步开展了图书馆特色资源的建设，其共建共享的模式主要是以公共、高校（含社科院系统）、科研（含科学院、科技部及各部委）三大系统图书馆为建设主体，采取联合编目、联合采购、联合发布等形式进行，如CALIS专题特色数据库建设、医学院校特色数据库建设、外语院校特色数据库建设等。本节将从以下方面对我国图书馆特色资源共建共享的实践进行论述。

一、CALIS专题特色数据库实证分析

中国高等教育文献保障系统（China Academic Library & Information System，CALIS）是在教育部的领导下，以中国教育和科研计算机网（CERNET）为依托，以文献信息资源共享为目标，采取"整体规划、合理布局、相对集中、联合保障"的建设方针，在"九五"期间建立的一个文献信息保障与服务体系，同时也是我国高等教育"211工程"总体规划中三大公共服务体系之一。该项目由CALIS管理中心组织实施，建有4个全国学科中心，7个地区中心（即东北地区、华东北地区、华东南地区、华中地区、华南地区、西南地区和西北地区）。CALIS一直将建设全国专题特色数据库作为其重要的子项目之一。经过"九五"和"十五"两个阶段的建设，全国专题特色数据库从无到有、从以简单、粗糙的二次文献为主发展成为内容丰富、类型多样并积累了一定规模数据的数据库群，为我国图书馆文献资源数据化建设探索出一条新的发展之路。周明华等人对CALIS全国高校专题特色库建设情况进行如下综述。

1. CALIS"九五"特色数据库建设情况

CALIS"九五"特色数据库子项目由上海交通大学图书馆牵头组织，于1999年1月正式启动，并在当年4月确定了建设25个特色库的目标。CALIS"九五"高校特色数据库项目建设之初，将"具有中国特色、地区特色和高等教育特色；与'211工程'重点学科建设有较密切的关系，有利于推进学校教学、科研的发展和国民经济建设；特色库建设需有一定的工作基础，一定量的数据，数据库建成须具有一定规模等"作为立项原则。2000年11月，"九五"项目评审验收时，25个特色库初具规模，可提供网上服务。CALIS"九五"高校特色数据库项目的建设成绩表现在以下几个方面。

① 绝大多数特色库建设符合原申请的建设目标、项目内容、立项原则及要求，在CERNET网上已形成分布式的CALIS特色数据库。

② 特色库子项目见效较快，验收时基本都建立了自成体系的数据库框架并具有一定的数据量，具备良好的检索系统，按要求提供了Web界面的查询；其中有12个库使用全文检索系统和多媒体系统；有若干个数据库界面制作得较好，图像清晰、美观。

③ 各个特色库的数据量达到相当规模，验收时数据总量约有 280 万条记录以上（包括题录、文摘）。

④ 数据库的内容体现了中国特色、地区特色，如"敦煌学数据库"、"东北亚文献数据库"、"长江资源数据库"和"巴蜀文化数据库"等。项目启动一年多的时间里，网上访问特色库的达 30 余万人次。

"九五"特色数据库的建设中，没有前期的相关方案和经验可以借鉴，一切都是从头做起。通过摸索实践，建立了一些建设规范和技术标准，搭建了整个体系的初步框架和平台，奠定了专题特色数据库群的基础。在国内产生了较大的影响和示范作用，为在全国范围内开展数字资源建设进行了有益的探索，获得了很好的实践经验。"九五"特色数据库项目所取得的良好效益，使国内高校图书馆开展特色数据库建设的积极性空前高涨，共建、共享特色数据库资源的理念深入人心。特别是通过"九五"项目的开展，锻炼了一支高水平的技术开发队伍，并通过实践获得了数据库的开发经验，形成了良好的组织协调能力。在 CALIS "十五"全国高校专题特色库项目中获得重点资助的 9 个子项目中，有 6 个都是通过"九五"特色库项目建设孵化而成的。

2. CALIS "十五"全国专题特色数据库建设情况

通过"九五"特色库项目的开展，初步形成了国内高校特色数据库群的基本雏形。为了更好地补充、完善目前已经形成的特色数据库，并发掘新的高校文献资源，CALIS 决定继续开展特色库项目的建设和资助。CALIS "十五"全国高校专题特色库项目由武汉大学图书馆牵头组织，经过 CALIS 管理中心、专题特色库项目管理组和专家组成员的反复讨论，主要对"十五"全国高校专题特色数据库的建设目标、建设内容和建设标准等诸多方面进行了多次论证、修改和重新定位。

（1）建设目标

"十五"期间，CALIS 全国专题特色数据库项目遵循"分散建设、统一检索、资源共享"的原则，在"九五"建设的基础上，进一步统一特色库的建库标准和服务功能要求，构建统一的公共检索平台，采取重点支持和择优奖励相结合的资助方式，鼓励具有学科优势和文献资源特色的学校积极参加专题特色数据库的建设，建成一批具有中国特色、地方特色、高等教育特色和资源特色，服务于高校教学科研和国民经济建设的方便实用、技术先进的专题文献数据库。这些数据库不仅是支持高校重点学科建设的重要数字资源，而且将成为中国高等教育数字图书馆的基础数据之一。

在 CALIS "十五"建设结束时，将建成具有相对统一建设标准，由不少于 50 个专题库组成的特色数据库群。数据库群建立在可独立运行的各个特色库基础上，除了具备可分布式检索的基本功能外，还将在 CALIS 管理中心的支持下，建立一个基于集中式元数据库的特色数据库中心门户。

（2）建设内容

项目建设的目的是形成独有的数字化特色文献资源，建库标准采用《我国数字图书馆标准规范研究》项目所推荐的一系列元数据规范格式及著录规则，并按照特色库建设的要求作了统一规定。在项目建设过程中，形成适合中国现阶段发展的专题特色库组织机制和运作模式。项目实施主要采用集中组织管理、建库标准相对统一、参建学校分散建库、专家监督指导的方式，充分调动各图书馆的积极性，把尽可能多的特色资源组织到CALIS资源体系之中。数据库的建设和维护主要依靠各馆自主投入，CALIS进行政策和技术引导，并根据不同的情况适当给予一定的经费补贴和奖励。在项目建设过程中，遵循CALIS资源共享的规则，数据库完成后作为CALIS的共同建设成果，建设单位向CALIS成员馆提供二次文献的WEB方式的公开免费检索；对于一次文献，除涉及版权和保密的由参建单位自行选择发布方式外，原则上提供对CALIS成员馆的公开服务，并探索建立资源共享的利益补偿机制。

(3) 建设标准

在CALIS"十五"全国专题特色库项目建设过程中，立项项目所涉及的主题范围很广，涉及信息资源类型较多，既包括印刷型、铭刻型、写绘型、缩微型、投影型、多媒体型等传统文献信息资源，也包括了大量的电子图书、期刊、网站、数据库、资源导航等网络信息资源，涉及的元数据类型复杂多样。为实现"十五"期间统一的元数据检索与分布式的全文服务的建库目标，项目管理组在广泛调研了现有国内外有关信息资源的30余种元数据标准的基础上，选取了《我国数字图书馆标准规范建设》项目组的5个系列、11种元数据格式作为推荐描述元数据标准提供给各参建馆，并定义了《专题特色库信息资源名称规范列表》。对这11种元数据格式不能涵盖的资源类型的元数据结构和扩展规则作了专门规定，对"九五"期间建设的数据转换为元数据的预处理也作了统一要求，力求在规范元数据标引规则的基础上，建立统一的元数据收割及对象数据访问机制。

3. CALIS专题特色数据库的建设特点

(1) 参与面广

各承建馆在特色数据库建设过程中充分体现CALIS的共建共享原则。无论从申报还是评审立项的结果来看，CALIS全国专题特色库子项目都体现出广泛的参与性，共有65所学校的91个项目参与申报，评审立项时有61个学校的75个项目，立项面达到了82%，参与的地区和学校很多，分布也非常广泛，除重点高校外，有相当数量的一般本科院校也积极参与并获得了立项或资助，从而将更多的高校纳入到CALIS的体系框架中来。

(2) 主题丰富

立项项目所涉及的主题范围很广，包括工业，经济，医学，古文献研究（主要收录数字化的古文献，以及有关古文献的研究文献），地域研究，三农问题研究（主要收录农业、农村、农民问题研究及农业相关科学知识），文化研究（主要研究历史上某一时代或某一区域的文化），科学教育（主要收录教学参考、教学辅助、教学资源保障等内容），人物研究，音像（主要是一些音像制品的数字化，形成如视频点播等网上多媒体系统），邮电通信，环境科学以及其他如民族相关文献，公安文献，行为科学等，充分体现了CALIS"十五"全国高校专题特色数据库"中国特色、地方特色、高等教育特色"的项目建设初衷。

(3) 数据集中

从申报立项的95个项目的数据情况来看，大多数都有一定的建设基础。其中，80%的项目已积累有一定的数据，64%的项目数据量已超过2万条。基础数据在5万及5万以上的项目占总数的17%，其中还有几个项目的数据量超过10万条。其中，有多个项目具有多年的建设基础，包括12个CALIS"九五"特色库的立项项目，3个"九五"特色库验收评审为优秀的项目，还有些项目是其他部门或行业立项建设的项目。说明经过"九五"建设，全国专题特色库建设已经形成了一定的规模，从而使CALIS"十五"专题特色库项目在建设之初就有可能提出"凡是立项资助的专题特色库，在验收时，其数据量应不少于4万条，其中全文数据不少于20%"的要求。

（4）标准统一

在技术标准方面，采纳了《我国数字图书馆标准规范研究》项目所推荐的一系列相关标准；对各类型特色库实行统一的元数据检索与分布式的全文服务；使特色数据库系统具有分散对象数据和统一元数据集的构架。

在技术规范方面，建立统一的元数据收割及对象数据访问机制，与其他系统的连接使用统一的标准与接口，为下一步"一站式"检索和获取奠定了良好的基础。

在技术手段方面，在对原有系统进行向下兼容的同时，应用现阶段先进、成熟的技术，构架专题特色数据库运行平台；参建馆原有的数据加工标准，书目、索引、文摘等标引和著录规范，凡不同于CALIS"十五"全国专题特色库建库规范要求的，均要求用现有成熟的技术对其进行格式转换。

（5）集成管理

CALIS"十五"全国高校专题特色库项目将建成一个特色库中心门户，将各个参建馆的特色库集成到这个统一的门户中来。该中心门户具有较为完备的检索与服务功能，支持CALIS用户统一认证和单点登录；作为CALIS数字图书馆门户下的资源服务体系一部分，支持ODL检索、OpenURL、认证、信用核查等接口的调用；为用户提供个性化服务，用户可自行设定网页风格、我的检索历史、我的特色库、我的收藏夹以及定题推送服务；对检索结果的处理除了提供打印与E-mail外，还提供了与馆际互借、资源调度系统以及虚拟参考咨询系统等的链接，从而使读者在文献检索的同时，获得了更多的延伸服务。

（6）多方合作

专题特色数据库作为CALIS"十五"期间建设的子项目，要求按照CALIS的建库标准和功能要求，建设一批支持高校重点学科建设的重要数字资源，并构建统一的公共服务平台。为了保证项目的顺利建设和实施，帮助各立项单位选择符合建库要求、技术先进、功能完备的软件系统平台，项目管理组配合CALIS技术中心，邀请国内软件厂商参与子项目参建馆本地系统软件平台的合作开发。先后共有8家软件厂商与CALIS管理中心正式签订了"CALIS服务体系第三方软件供应承诺协议书"，基本上体现了国内数字图书馆发展的主流技术。

综上所述，在全球数字图书馆建设热潮的影响下，经过"九五"期间的启动，"十五"全国专题特色数据库建设已经呈现出新气象。首先，更多数量、更多类型的图书馆积极参与到专题特色数据库的建设队伍中，反映了图书馆界对于特色资源数字化建设的重视程度在提高。其次，数据库项目的选题更加突出了学科特色、地方特色和馆藏特色，而这些特色正是专题特色库的价值体现。再次，数据库的数据类型更加丰富，不仅仅限于文本型文献，许多数据库收录了图像、音频、视频、流媒体等信息。最后，一些专题特色库的建设已经初具规模，其中不乏一些数据量在10万条以上的较大规模的数据库。当然这种建设规模和建设水平与"九五"特色库等前期建设和积累是分不开的。

二、同专业院校特色数据库共建共享实证分析

专业类院校在我国高校中占有一定的比例，如医学类、外语类、法学类、建筑类、艺术类、师范类等，这些院校大都具有办学特色专一、学科种类较少等特点，因此，在图书馆资源建设方面也往往是专业相关的资源较多，而资源种类较少。为了弥补资源缺陷，更好地为师生服务，这类院校积极拓展思路，集中有限资源搭建共建共享平台，实现利益互惠，最大限度地实现资源的共建共享。由于学校学科专业性较强，与综合类院校相比，其馆藏资源更集中，因此建设具有学科特色的特色资源更具优势。下面将介绍一些同专业院校特色数据库共建共享的实践。

1. 医学院校特色数据库建设情况

医学院校特色数据库的建设是图书馆加大重点学科的专业资源收藏和开发力度，改变传统的藏书建设思想的结果。通过资料收集，医学特色数据库近几年建设已初具规模，自建数据库学科结构与类型表现为多样化，内容涉及了医药卫生大类的绝大多数学科，如周瑛等对全国125所医学类高校特色数据库建设情况进行了调研，结果显示如下。

（1）数量及规模

对调查的125个图书馆，建库总数为599个。但各校图书馆在建库数量上差别很大，自建数据库数量在5个以上的图书馆有47家，共建库389个；自建库数量在5个以下的图书馆78家，共建库210个。

（2）数据库种类

医学自建数据库总体来说主要分为以下几类：医学专业资源库，本校硕博士论文库，多媒体资源库（含随书附光盘、课件、试听资料等），学科导航库，古籍库，教学参考库，师生文库（含本校论文成果被收被引及本校专家资料库等内容），综合数据库（含联合目录、收刊目录、本校或本馆刊物库等）。

（3）存在的问题

医学特色数据库的建设存在着质量上参差不齐，建库标准化推行力度不足，选题内容不够丰富等问题。这可能与医学高校在地理分布状况及地区的政治、经济、文化等许多因素有关。

医学高校特色数据库的建设正处在起步和发展阶段，在共建共享上，部分学校存在认识上的不足。除CALIS参建库外，多数数据库建设标准上不够统一，数据库建设有很大的随意性，多数馆在特色库建设上仍然处于独立开发状态，很多数据库在使用范围上还只限本校师生，这给各馆间的资源共享带来很大的障碍。因此，医学类院校特色数据库共建共享的道路任重而道远。

2. 外语院校特色数据库建设情况

我国目前有8所专业性外语院校，分别为北京外国语大学、上海外国语大学、广东外语外贸大学、西安外国语大学、北京第二外国语学院、天津外国语学院、大连外国语学院、四川外语学院。这8所外语学院，虽然都为外语院校，但由于发展历程不同，其学校的专业设置与发展方向也不尽相同，因此各院校在馆藏资源建设上各有侧重，进而形成各具特色的馆藏资源。目前，各校都建有自己的特色数据库，其中广东外语外贸大学和大连

外国语学院建设得最好。这些高校特色数据库的建设对象较为广泛，大致分为本校博硕士学位论文库、师生学术著作库、专题报告库、会议文献数据库、学科特色数据库、语言家研究专题数据库等。除此之外，部分学校还积极整合网络免费学术资源，如广东外语外贸大学对中国科技论文在线、中国印本服务系统、DOAJ、Cogprints 等 12 种开放获取资源的整合；大连外国语学院图书馆搜集整理网上虚拟资源 30 余种；上海外国语学院搜集了 16 种语言类英文期刊并提供网络链接。

针对上述院校实际特色数据库建设情况，西安外国语大学的王明惠等人提出了"外语院校特色资源共建共享体系构建"，在设立资源共享协调委员会的基础上，开展特色资源共建共享建设。

① 实现虚拟联合书目共享系统，实现各外语院校图书馆系统之间书目数据的统一建库，并统一其检索界面。

② 实现图书馆主页链接与导航的互访功能，消除资源访问限制的障碍。

③ 规范文献传递过程中的相关细节，保证资源的有效传递，最终实现共享。

④ 统一规范技术标准，使数据具有可共享性与永久保存性，实现数据的一次输入、多次使用，一家输入，大家利用，构建统一的检索平台，开展资源统一检索。

3. 法学院校特色数据库建设情况

我国现有 5 所以法学专业为主的综合性大学，即中国政法大学、西北政法大学、西南政法大学、华东政法大学、中南财经政法大学。目前，全国法学院校图书馆已经有一个馆际协作组织，即在原司法部属政法院校馆际协作委员会基础上，吸收了全国众多大学法学院图书馆参加的"全国政法院校图书馆馆际协作委员会"，加上国家图书馆立法参考咨询部、社会科学院法学图书馆等共有成员馆 80 多家，中国政法大学图书馆为主任馆。每两年召开一次研讨会，定期组织活动，各成员馆都踊跃参加，这说明各法学图书馆对共建共享及合作都有很深的共识。范静怡对上述 5 所法学院校图书馆资源共享情况进行了调查，从统计数据得出，法学院校图书馆资源建设具有如下特点。

① 法学文献资源总量不足。近些年，随着期刊出版费用越来越高，加上我国加入 WTO 后，知识产权保护越来越规范，全国法学图书馆纸本书刊（特别是外文书刊）订阅量逐年减少，外文期刊种数保有量持续下降。

② 资源分布不均。大部分法学文献资源集中在上海、北京等经济发达地区，中西部地区的法学文献资源比较匮乏。从各法学院图书馆经费情况、各馆的馆藏数量看，无论是纸本资源还是数字资源，都呈现出极不均衡的状态。

③ 资源重复购买。五大法学院校的馆藏资源无论是纸本资源还是数字资源都是以法学为主，这也说明资源建设方向是为学科服务的，可能由于资金限制资源主要集中在法学方面，综合类资源较少，如美国法学专业数据库 Westlaw International、Lexisnexis 法律资料库，5 所大学都有购买。

④ 特色资源建设水平各异。5 所法学院校都有自己的特色资源数据库，但建设水平却各异，从数量上说，中国政法大学图书馆有 9 个，华东政法大学有 3 个，中南财经政法大学有 4 个，西南政法大学有 1 个，西北政法大学有 1 个；从内容上说，特色数据库内容各异，但基本的博硕士论文数据库有的学校还没有建立，还有的学校特色资源是与一些法学

研究中心相连接而非自己组织建设。由此看来，各校特色资源建设还没有达到共建共享的层面，虽然都参与到"全国政法院校图书馆馆际协作委员会"组织中，但是在共建共享方面还没有达成广泛的合作形式。

针对上述特点，资源共享是法学院校图书馆发展的必然趋势，它可以最大限度地满足教学研究和教学的需求，实现资源效益的最大化。

4. 建筑院校特色数据库建设情况

我国建筑类院校不是很多，关于建筑专业的设置，多数都在一些综合类或理工类院校设有专门的建筑学院，如清华大学、天津大学。郭燕平以北京建筑工程学院为例对建筑院校的特色资源建设进行的调查，得出建筑院校除对公共资源进行特色收藏外，还拥有大量独具工程设计的特色资源，这部分资源属于校内读者或与学校有关的行业人员自主知识产权的原生态教学及学术研究成果，主要包括工程设计图、建筑摄影作品、设计成品、原生态学术成果等。

在建筑类特色数据库实践方面，主要有以下几所院校建设了专门的建筑特色数据库，如北京建设工程学院图书馆的"学科导航系统、学位论文全文数据库、学报全文数据库"；华南理工大学图书馆的"建筑艺术与土木工程资料库"；天津大学图书馆的"中国建筑文化特色数据库"。

在建筑类特色资源共建共享方面，各建筑类院校还未正式地启动，综合类高校由于参与全国文献保障体系，在自建特色资源方面包括建筑类特色资源在内可能已加入共享体系。"特色馆藏"和"资源共享"是相互依存的，没有特色馆藏，就不可能进行有效的资源共享，建筑类院校图书馆应把自己的特色资源建成数据库，形成各种特色文献资源网，使特色服务工作走上资源共享的信息化、整体化发展道路，形成优势互补的良好局面。

5. 师范院校特色数据库建设情况

目前，我国师范类高校大致有85所，不包括科技师范学院、高等师范专科学校、各大学下属二级师范学院，其中教学研究型师范大学37所，以教学为主的师范学院48所，能够有效登录访问的师范大学或师范学院58所。张文娟在《我国师范类高校图书馆特色数据库建设与共享状况调研》一文中，统计得出这58所师范高校共建成特色数据库223个。调查结果显示，全国师范类院校图书馆特色数据库资源共享程度并不理想，这223个特色数据库中可远程阅读全文的11个，可检索到文摘与题录的51个，限IP登录的161个。这些特色数据库种类大致分为9种：本校学位论文库、本校学术成果库、随书光盘库、学科导航、教学参考书库、地方文献库、名人专题库、学科专题库、其他。

从调查结果来看，师范院校之间信息资源的共享目前还处于较低水平，绝大多数的特色数据库仅限本校读者使用。从建设情况来看，各校所建特色数据库的立项原则较明确，能够突出其教师教育特色，根据师范院校办学的特点，利用多年的资源积累，建成了具有教师教育特色的数据库，如北京师范大学图书馆《师范学校及中小学教科书全文数据库》、南京师范大学图书馆利用民国教育资源建设的《民国文献资源数据库》。

鉴于师范类院校科类结构基本接近，各学校主流的学科设置和专业课程的开设基本吻合，而为之服务的图书馆馆藏建设的基本目标和主要任务也有许多共通之处，如教参书、随书光盘、学位论文、重点学科、教学工作模板、优秀教学课件等，所以，师范院校实现特色资源的共建共享在很大程度上可以互通有无，从而发挥各馆资源的最大利用化。

综上所述，实现图书馆特色资源的共建共享是一项任重而道远的工程，当前图书馆信息资源共建共享成果较好的几个典型，多数是由国家或各省相关部门牵头并给予一定的资金支持的。对于其他已经建设特色资源但还未开展特色资源共建共享的图书馆，为了充分发挥特色数据库的信息优势，实现共建共享，特色数据库建设必须要多方寻求合作与支持，并进行协调管理、分工协作、联合建库。各个图书馆要依据各馆办馆性质、服务对象、领导组织不尽相同这个现实，要首先建立图书馆数据库建设委员会，以这个组织为媒介，积极发挥规划协调作用，实现特色数据库的宏观规划、控制与技术指导；合理划分数据库类型、等级和评估标准；消除各自为政、各建其库的弊端。对重点行业、重点学科特色数据库建设应给予政策扶持和相应的业务、经费、人力和技术支持保障，并从建库论证、建库设计、建库步骤、建库标准制定到数据收集、文献标引、著录、数据录入等实行质量控制和指导，以树立此类数据库特色的品牌形象，最终为各地区的经济繁荣、文化繁荣出一份力量。

第六章 图书馆特色数据库建设的法律问题

特色数据库建设的信息主要来源于馆藏文献资源数字化、数据库资源的采集、网络资源的利用。大部分馆藏文献、数据库、网络信息都具有自己的版权，图书馆利用这些资源进行特色数据库建设过程中不可避免地会遇到版权方面的问题。所以图书馆特色数据库建设的法律问题主要是版权问题。图书馆建设特色数据库如何在不侵权的前提下，充分利用这三种信息资源成了图书馆特色数据库建设研究的一项重要内容。

第一节 图书馆特色数据库建设的法律问题概述

一、特色数据库建设的信息来源

特色数据库是依托馆藏信息资源，针对用户的信息需求，对某一学科或某一专题有利用价值的信息进行收集、分析、评价、处理、存储，并按照一定的标准和规范将本馆特色资源数字化，以满足用户个性化需求的信息资源库。特色数据库建设的信息来源：一是馆藏文献资源，具体包括馆藏的图书、教师编著图书、学生学位论文等，即将与所建特色数据库内容相关的馆藏文献进行收集、整理，然后通过录入、扫描、数字摄像、缩微、光学字符识别、压缩与格式转换、语音识别和人工智能等技术手段，实现传统文献的数字化；二是电子全文数据库，即对已购买的电子全文数据库进行筛选，将其中与所建数据库相关的内容进行下载并加工、重组，充实到特色数据库中；三是网络信息资源，通过对网上与特色数据库内容相关的信息进行挖掘、筛选，并加工、整理，使之成为建立特色数据库有用的信息资源。

二、特色数据库建设中的法律问题

特色数据库建设的信息主要来源于馆藏文献资源数字化，数据库资源的采集，网络资源的利用。图书馆建设特色数据库，在利用这些资源的过程中都不可避免地会遇到版权方面的问题，因此特色数据库建设的法律问题主要是版权问题。图书馆特色数据库建设的版权问题，根据其主要信息来源具体分为馆藏文献资源数字化中的版权问题，数据库资源采集中的版权问题，网络资源利用中的版权问题。

《中华人民共和国著作权法》（以下简称《著作权法》）第五十七条规定：本法所称著作权即版权。版权是知识产权的一个法律范畴，是智力创作者权利的法律分支之一，是作者对其作品拥有的法定特权。在知识产权领域版权和著作权是同义语。版权是一种合法的有限垄断，保护权利人对其作品的独占，承认其智力劳动的价值，从而鼓励权利人创作更多的精神产品。版权保护的重要性是不言而喻的，这只是版权法要预期达到的目的之一，另一个目的是创造有助于作品传播利用的法律机制，促进科学文化事业的繁荣。版权问题主要是处理好版权限制的问题，保持个人利益和社会公共利益的平衡。因为每一个作品既是个人潜心努力钻研的结果，又是在继承前人优秀文化基础上扬弃的结果。如果将作品视为个人财富，允许著作权人自由行使其权利，可能会产生类似于垄断的危害，从而歪曲作品的生产过程，极大地损害社会公共利益。因此，为了社会公共利益有必要对版权进行一定的限制，从而保持个人利益和社会公共利益的平衡和协调。馆藏文献、数据库和网络信息同样既是个人创造活动的产物，又是社会不断发展的产物。所以图书馆特色数据库建设版权问题的解决的目的主要是在保证作品权利人利益的同时，使图书馆能合法获得更多信息资源。

1. 馆藏文献资源数字化中的版权问题

馆藏文献资源的数字化是特色数据库建设的重要途径和方式。文献资源数字化是指通过计算机技术将传统载体形式的信息如文字、图形、图像、声音等转换成二进制编码的数字信息形态。我国《著作权法》第十条第五款规定：复制权，即以印刷、复印、拓印、录音、录像、翻录、翻拍等方式将作品制作一份或多份的权利。这个定义没有把数字化包含在内，但是从复制行为的主观目的、特定方式和劳动特征来看，数字化符合这一界定。

首先，从主观目的来看，图书馆馆藏文献资源数字化是为了制作与原件相同或相近的复制件，使更多的用户更方便、更快捷地使用本馆收藏的文献，促进文献资源的共享，实现馆藏文献的增值，原作本身并没有改变；其次，从特定方式来看，文献资源数字化事实上是将传统文献的原有形式转换成二进制编码形式，并固定在某个载体上，如同将软件固定在有形物体上，只是形式发生了改变而已；再次，从劳动特征来看，数字化产生的复制品本身没有创造性，不是智力劳动成果，只是对原文献的再现，虽然文献数字化需要智力劳动，但其不是为了改变原作的内容或进行某种程度的创新，而是为了保证复制品不失真，提高复制效率与质量。因此，数字化行为可确认为复制。这一观点在国内外学术界及立法实践中已基本达成共识。世界知识产权组织1996年提出的《关于保护文学和艺术作品若干问题的条约》和美国国家信息基础设施推进工作组发表的白皮书——《知识产权与国家信息基础设施》都明确认定作品数字化属于复制。

因此，文献数字化著作权的归属、行使与限制都应比照复制权中的有关规定来执行，纳入著作权的调整范畴，著作权人对作品数字化享有专有权利，其他人未经著作权人许可，不得对原作品进行数字化，否则容易造成侵权行为。

数字化是权利人的一项专有权利，可以自己行使或许可他人行使该权利并获得报酬。图书馆作为公益性的机构，根据《著作权法》第二十二条第八款的规定，享有以陈列和保存版本为目的对作品进行数字化复制的权利，而不能用于阅览和其他目的。这与图书馆特色数据库建设的目的——满足用户个性化需求，把数字化的作品放到网上供在线阅览或下载阅读相矛盾。由于数字化被版权法涵盖于复制权当中，受到复制权的规范，所以，图书馆建设特色数据库应事先将馆藏文献数字化参照复制权的保护方法进行权利处理。

图书馆特色数据库建设中数字化的文献资源包括两个部分：一是公有领域的文献；二是非公有领域的文献。对这两种文献数字化所涉及的版权问题是不同的。公有领域文献的复制权不再受著作权人的支配，图书馆特色数据库建设可以根据需要对其进行数字化，但必须尊重作者的署名权、修改权和保护作品的完整权。因为作者的署名权、修改权、保护作品完整权的保护期不受限制。我国《著作权法》规定，公有领域的文献包括：超过保护期限的作品，如古籍、善本等；不在著作权保护的地域范围内的作品；不适用著作权保护的作品，如法律、法规、时事新闻等。非公有领域的文献，图书馆在对其进行数字化时须慎重处理，只有在"合理使用"的前提下才可以不经著作权人许可，不向其支付报酬，但应当指明作者姓名、作品名称，并且不得侵犯著作权人依照本法享有的其他权利，否则将造成侵权。

我国《著作权法》第二十二条第六款、第八款和《信息网络传播权保护条例》第七条明确规定以下行为属于合理使用：图书馆、档案馆、纪念馆、博物馆、美术馆等可以不经著作权人许可，通过信息网络向本馆馆舍内服务对象提供本馆收藏的合法出版的数字作品和依法为陈列或者保存版本的需要以数字化形式复制的作品，不向其支付报酬，但不得直接或者间接获得经济利益。当事人另有约定的除外。为陈列或者保存版本的需要以数字化形式复制的作品，应当是已经损毁或者濒临损毁、丢失或者失窃，或者其存储格式已经过时，并且在市场上无法购买或者只能以明显高于标定的价格购买的作品。

这里不难发现"合理使用"对图书馆的网络传播行为仍有限定。首先是传播范围的限定，即局限于本馆馆舍范围内，也就是说，在线传播数字化作品的计算机终端应安装在图书馆实体建筑内，而未赋予图书馆的馆外传播权。这样，数字化作品未经著作权人许可经校园网传播也属非法。其次是传播对象为本馆的服务对象，不包括社会大众。第三是作品的范围，为"本馆收藏的合法出版的数字作品和依法为陈列或者保存版本的需要以数字化形式复制的作品"，而且对数字化形式复制的作品也有限定，"应当是已经损毁或者濒临损毁、丢失或者失窃，或者其存储格式已经过时，并且在市场上无法购买或者只能以明显高于标定的价格购买的作品"。这样，图书馆将本馆收藏的合法出版的纸质作品和非损毁、非丢失的作品进行数字化处理并上网传播，仍有侵权之嫌。《著作权法》第四十八条第一款规定，"未经著作权人许可，复制、发行、表演、放映、广播、汇编、通过信息网络向公众传播其作品的"属侵权行为。

可见，合理使用是在一定的范围和目的前提下，而图书馆将馆藏文献数字化，建设特色数据库是为了更好地为用户服务，提高图书馆的竞争力，这就不能把数字化行为当做"合理使用"，必须得解决好作品的著作权问题，避免引起版权纠纷。因此，图书馆在建设特色数据库过程中将文献资源数字化必须与权利人（即作者、表演者和录音录像制作者）签订数字化复制许可合同，取得权利人的授权许可，数字化复制权内容、行使与限制应按照复制权的相关规定执行；若未经权利人授权许可，无论是对馆外作品还是本馆馆藏作品以数字化形式复制，均构成对权利人数字化复制权的侵犯。

2. 数据库资源采集中的版权问题

图书馆在进行特色数据库的建设过程中，出于省时、省力、便捷的目的，必然会在购买的数据库中搜寻所需的信息资料，尤其是电子全文数据库，以补充特色数据库的内容，因此这一过程必然会涉及数据库的版权问题。

数据库原为计算机行业的专业用语，其本质是数据的排列、集合，该排列、集合可被查询、调取。目前，对数据库的权威界定是1996年《欧洲议会与欧盟理事会关于数据库法律保护的指令》第一条第七款的规定：在本指令中，数据库是指经系统或有序的安排，并可通过电子或其他手段单独加以访问的独立的作品、数据或其他材料的集合。数据库资源采集过程中的版权问题，自然要从数据库法律保护的角度出发，对所采集的数据库进行分类。依照数据库开发时是否具有独创性，可将数据库分为具有独创性的数据库与不具有独创性的数据库。所谓具有独创性的数据库，是指对信息进行选择、编排、分类、筛选等智力工作，构成智力创作的数据库，而非独创性的数据库则是未进行智力创作的数据库，二者具有不同的法律地位与意义。

具有独创性的数据库，由于其具有独创性，符合智力创作的条件，因而受到版权法的保护。1971年修订的《保护文学和艺术作品伯尔尼公约》（以下简称《伯尔尼公约》）第2条第（5）款规定："百科全书和选集等文学或艺术作品的汇编物，如果因其内容的选择和编排而构成智力创作，应受到相应的保护，但这种汇编物中包含的各件作品的著作权不受影响。"在该条规定中，汇编作品若要受到保护，必须在"内容的选择和编排"上都构成智力创作，也就是在内容的选择和编排上都要具有创造性。对于数据库而言，数据库的开发必须是对数字材料的选择和编排方面构成智力创作的，即具有独创性的，才纳入版权法保护的范围，否则不作为保护对象。1994年，世界贸易组织发布的《与贸易有关的知识产权协议》第十条第（2）款规定："数据或其他材料的汇编，无论采用机器可读形式还是其他形式，只要其内容的选择或安排构成智力创作，即应予以保护。"在该项表述中，对数据库的保护范围比《伯尔尼公约》有所扩大，只要在"内容的选择或安排"上，两者之一，具有创造性，即受版权法保护。欧盟各国在1996年通过的《欧洲议会与欧盟理事会关于数据库法律保护的指令》中规定：凡在内容的选择与编排方面，体现了作者自己的智力创作的数据库，均可获得版权保护。出现了数据库的字样，确立了具有独创性数据库受到版权法保护的地位。美国主张用版权法保护数据库，但大多数数据库的版权属于投资人。由此可见，世界知识产权组织和世贸组织都将数据库看做汇编作品，如果符合独创性的标准，就可以受到版权法的保护。

目前，我国对数据库的法律保护尚无单独、具体的规定。我国著作权法将那些汇集有著作权材料的数据库作为编辑作品加以保护，规定编辑作品的编辑人享有著作权，但行使著作权法时，不得侵犯原作品的著作权。而对于那些以事实性信息或无著作权材料汇集为特征的数据库，主要采用反不正当竞争法来保护，由汇编者享有著作权。图书馆在建设特色数据库过程中，在对受版权保护作品的汇编型数据库进行采集和二次加工转换时，涉及数据库中原作品的著作权和数据库创作者对数据库自身享有的著作权两个方面的问题。未经许可进行复制或实施其他行为，将可能构成双重侵权，既对数据库创作者构成侵权，又对数据库内原作品构成侵权。

商业数据库大多采用专有许可方式，图书馆仅获得有限使用权而非所有权。著作权专有许可使用是指著作权人授权他人在一定的地域和期限内以特定的方式独占使用作品。在双方签订的许可合同中，数据库商甚至将合法用户的大批量下载及永久保存也视为侵权，并追究法律责任。

为了防止数据库版权所有者的绝对控制，影响信息的传播和使用，法律在保护数据库制作者权利的同时，也对其做出了适当的限制。我国对数据库的版权限制主要是合理使用。合理使用数据库是合法行为。《计算机软件保护条例》规定：合法用户可以根据使用的需要把该软件装入自己的计算机等具有信息处理能力的装置内；为了防止复制品损坏可以制作备份复制品；也可以重编、重组和更改，但以不得危及数据库所有者的利益为限。但是《计算机软件保护条例》对合理使用是有限定条件的：确保非商业性的目的需要，而且使用的目的应仅限于课堂教学、科学研究、国家机关执行公务这几类，同时使用的方式仅限于少量的复制。按照我国《著作权法》第二十二条规定，结合数据库的特性，其合理使用包括：为个人学习、研究或者欣赏，使用他人已经发表的数据库；为学校课堂教学或科学研究，翻译或少量复制已经发表的数据库，供教学或者科研人员使用，但不得出版发行；将已经发表的汉族文字的数据库翻译成少数民族文字数据库在国内出版发行等8个方面。

图书馆建设特色数据库，利用已购买数据库中的信息资源通常会采取两种方式：一是将资料批量下载到本地服务器，然后再以这些资料为素材编辑到特色数据库中；二是在特色数据库中提供链接地址。对于第一种做法，由于图书馆仅拥有购买数据库的使用权，而无权大批量地下载、传播数据库的内容，因此会对数据库制作者构成侵权；同时，对数据库中文献数据的编辑、上载、传播也会侵犯原文作者的复制权、修改权、保护作品完整权、信息网络传播权等，从而构成双重侵权。对于第二种做法，实质上是通过链接地址将网页页面链接到所购买的数据库中。它存在的法律风险是：如果图书馆对自建的特色数据库不进行 IP 限制，随意扩大使用范围，则会造成对原数据库商的侵权。

3. 网络信息资源利用中的版权问题

随着互联网的发展，丰富的网络信息资源，便捷的存取操作，为图书馆获取信息开辟了一条康庄大道。图书馆建设特色数据库，不能局限于馆藏文献和已购买数据库，同时还要利用网络信息资源，对其进行下载、分析和加工。

对于网络信息资源的下载、分析和加工肯定会涉及版权问题。根据《伯尔尼公约》第9条第（1）款原则规定："受本公约保护的文学和艺术作品的作者，享有授权以任何方法和形式复制这些作品的专有权"，其中所确定的任何方法和形式足以涵盖对网络信息资源进行利用的各种复制方法。而且《世界知识产权组织版权条约》第一条第（4）款的议定声明："《伯尔尼公约》第9条所规定的复制权及其所允许的例外，完全适用于数字环境，尤其是以数字形式使用作品的情况。不言而喻，在电子媒体中以数字形式存储受保护的作品，构成《伯尔尼公约》第9条意义上的复制。"其中指出，受保护作品通过网络进行计算机间的信息传播时，必然会进入计算机内存，并显示在显示屏上，这就构成了"暂时性复制"行为。如果信息使用者通过网络把自己所需的著作权人的作品下载到软磁盘、光盘或打印纸上，就构成了永久性复制行为。图书馆特色数据库建设的途径之一就是有针对性地对网上无序的专业信息资源进行搜集和筛选，然后下载到本地机进行浓缩加工及有序组织，最后转入自己的数据库，这已经成为永久性复制行为。这些复制行为都需要征得作品所有人的许可，并根据实际情况支付一定的费用。此外，根据我国《著作权法》第二十二条第二款的规定，适当引用他人作品属于合理使用，如果超出适当引用范围，且信息本身又属于仍在著作权保护期内的作品，即使不以赢利为目的，仍可能构成侵权。因此下载、复制网络信息资源极有可能超出适当引用范围，若未经版权人的授权，就可能构成了非法复制甚至侵权。

图书馆在建设特色数据库时，对网络信息资源的利用通常采用以下三种方式：一是全文下载，将原文原封不动地录入特色数据库中；二是部分复制，重新进行编辑、加工、整合；三是将网页链接到数据库中。

第一种方式，全文下载，实际上是一种转载行为。《最高人民法院关于审理涉及计算机网络著作权纠纷案件适用法律若干问题的解释》第三条规定"已在报刊上刊登或者网络上传播的作品，除著作权人声明或者报刊、期刊社、网络服务提供者受著作权人委托声明不得转载、摘编的以外，在网络进行转载、摘编并按有关规定支付报酬、注明出处的，不构成侵权，但转载、摘编作品超过有关报刊转载作品范围的，应当认定为侵权"。一般法律是允许转载网络上的内容的，但必须付费。图书馆建设特色数据库转载网络上的作品时，首先，要判断该内容是否能够被合理使用，如时事新闻、已经发表的关于政治、经济、宗教问题的时事性文章，转载这些内容是无须付费的。其次，要关注所转载的网页上是否注明有"非经作者许可，不得进行转载"的告示，如果有此类警示，图书馆应尽量避免转载这些内容。如果非常需要这些网页内容，则可以和该网站的负责人联系，征求原文作者的意见后再做处理。

第二种方式，实际上是对网页内容的重新加工。这种行为存在着较大的法律风险。首先，对原文的复制会侵害到作者的复制权；其次，对复制的内容进行剪拼，会严重侵害到作者作品的完整权；再次，将加工好的信息资料内容上载到特色数据库中，提供给其他读者阅览和下载，则又侵害了作者的网络传播权。

第三种方式，是在特色数据库中设置超链接。超链接是一种非常实用的网络信息链接技术，指的是使用超文本标记语言（HTML）指示电脑或者采用专门软件，在两个不同文档或同一文档的不同部分建立联系，使访问者可以通过一个网址（URL）访问不同网址的文件，或通过一个特定栏目访问同一站点上的其他栏目。从空间联系上看，超链接可以分为三种：第一种是页内链接，将一个文件的各个部分联系起来，便于用户从一个长文件的某个部分迅速跳跃到文件的开头或者其他部分；第二种是网站内部链接，又称系统内链，是指将同一服务器上的不同文件链接起来，便于用户在同一网站上的不同主页间快速建立链接；第三种是网站之间的链接，又称系统互链，是指将不同服务器上的不同文件链接起来，方便用户在不同的网站之间来回穿梭。前两种链接所链接的版权材料一般属于同一主体，不会涉及侵权问题。系统互链所链接的材料不在同一服务器上，分属于不同的主体，这便存在侵权的隐患。超链接的侵权主要指的是系统互链。图书馆建设特色数据库设置链接主要是系统互链，其所链接的是版权不属于同一主体的材料。

根据不同链接技术方式产生的不同结果，超链接可分为正常链接和恶意链接。正常链接是指在点击网页上超文本链接标记后，用户在链接的导引下去访问被链接的对象，这时浏览器的地址栏会清楚地发生改变，读者也会感受到这种链接所导引的文件的转换，由于网页上不存在设链者的任何信息，被链接的网站也没有任何损失，因此这种链接不存在知识产权上的侵权问题。恶意链接是一种隐性链接，这种做法直接略过被链接的网站的主页而将用户导引到该网站的某个分页，浏览器地址栏显示的仍然是设链者的地址，原网站的地址根本不会被点击者所知，这实际上已经触犯到了原网站制作者的权益。因此，如果未经网站制作人的允许而进行恶意链接，就侵犯到了原网站制作人的网络传播权。所以图书馆在建设特色数据库利用网络资源设置超链接的过程中,要使链接过程能为用户所见,不仅能看到链接标志,还可以见到链接所导引文件的转换。

第二节 图书馆特色数据库建设的法律问题案例分析

一、文献资源数字化中的版权问题案例分析

殷志强与金陵图书馆侵犯著作权纠纷案

原告:殷志强
被告:金陵图书馆
案情背景:
① 《南京政治学院学报》2000 年第 3 期上刊登了以"李湘德、殷志强"名义发表的论文《马克思恩格斯人口生态思想探析》(以下简称《人口生态探析》)。
② 2004 年 2 月,(2003)宁民三初字第 205 号民事判决书认定:殷志强是《人口生态探析》一文的唯一作者。
③ 2004 年 7 月 6 日,殷志强在金陵图书馆电子阅览室,要求调阅并打印《人口生态探析》一文。工作人员打开电脑,输入相关名称,调出《人口生态探析》一文,即时打印一份,共 3 页。殷志强支付资料打印费 3.00 元。

原告诉点:
殷志强诉金陵图书馆电子阅览室收录《人口生态探析》一文,并向公众提供打印服务侵犯其对该作品的复制权、发行权、获得报酬权。

原告诉讼请求:
请求人民法院确认金陵图书馆的侵权性质,判令金陵图书馆销毁载有被侵权的《人口生态探析》一文的复制品,停止复制和传播,赔偿经济损失 1003 元。审理中,殷志强将其赔偿请求增加至 6123 元。

争议焦点:
① 金陵图书馆收藏含有《人口生态探析》一文的电子数据库产品是否侵犯了殷志强对该作品享有的复制权。
② 金陵图书馆向读者提供数据库产品中《人口生态探析》一文的查询、打印服务是否侵犯了殷志强对该作品享有的发行权和获取报酬权。

原告理由:
① 按照我国著作权法实施条例的规定,可以合法转载的作品是指经著作权人自行或许可他人发表的作品。作为涉案作品的著作权人殷志强从未自行或许可他人将其作品发表,也未默许其他报刊可以合法转载。侵权人李湘德默许其他报刊可以合法转载涉案侵权作品的行为,依据我国民法通则的规定,应属于一种无效的民事行为。
② 根据我国著作权法关于发行权的规定,金陵图书馆向读者提供侵权作品的行为就

是一种发行行为。金陵图书馆与第三人清华同方公司之间签订的任何协议都不能约束殷志强，也不能证明金陵图书馆行为的合法性。金陵图书馆向读者提供打印服务也不属于我国著作权法规定的"为个人学习、研究或者欣赏，使用他人已经发表的作品"的行为。

③ 金陵图书馆虽是非营利性单位，但并不意味着其向读者提供的服务就一定是非营利性的。金陵图书馆没有提供证据证明其收费的合法性，其提供的收据既不是行政事业费收据，也不是国税或地税的正规营业发票，这部分收费既逃避了国家的税收，也逃避了国家物价部门的监督；打印行为和打印对象密不可分，对于读者来讲，其购买的不是金陵图书馆的打印行为，而是打印件及打印的内容，故金陵图书馆收取的费用不是所谓的打印费；金陵图书馆取得的是一种纯收入，尽管打印消耗的费用必然会产生，但金陵图书馆没有提供证据证明该收费全部用于补偿消耗。

原告证据：
① 《南京政治学院学报》2001年第3期刊载的《人口生态探析》一文的复印件。
② （2003）宁民三初字205号民事判决书。
③ 原告在金陵图书馆电子阅览室取得的《人口生态探析》一文的打印件。
④ 原告为打印《人口生态探析》一文所支付的打印费票据。

被告理由：
① 图书馆是面向社会公众提供文化传播的公益性单位，收藏尽可能多而且全面的文献资料并向社会公众提供借阅服务是其主要职能。图书馆在履行职能收集资料过程中，所应尽的义务就是审查其购买的资料是否为合法出版物。金陵图书馆所订购的《中国学术期刊（光盘版）》及其数据库是依法公开发行的合法电子刊物，其合理的审查义务已经尽到。《人口生态探析》一文在《南京政治学院学报》上发表，是一个不争的事实，《人口生态探析》一文收藏在金陵图书馆电子阅览室内，这是金陵图书馆的职能所在，虽然该文系不当发表，但没有法律依据要求金陵图书馆承担责任。

② 金陵图书馆提供查阅和打印服务，是为了读者个人的学习和研究目的，与出售或赠与是完全不同性质的行为。

③ 金陵图书馆收取的是打印成本，不包含利用原告作品价值的成分，不构成著作权法上的赢利目的，所以金陵图书馆未侵犯殷志强的发行权，也谈不上对其获得报酬权的侵犯。

被告证据：
2003年12月4日，金陵图书馆与清华同方光盘股份有限公司签订的《CNKI数据库订置合同》。

判决书：
驳回原告殷志强的诉讼请求。

案例分析：
① 金陵图书馆收藏含有《人口生态探析》一文的电子数据库产品没有过错。金陵图书馆作为向社会公众提供其馆藏资料借阅服务的公益性机构，其基本职能就是搜集、收藏尽可能多而且全面的文献资料供社会公众借阅。而图书馆在搜集资料过程中所应尽的义务就是审查其购买的资料是否为合法出版物。《中国学术期刊（光盘版）》及其数据库是经国家批准的依法公开发行的合法电子刊物，金陵图书馆通过签订合同并支付对价的方式取得该电子数据库产品，已经尽到合理的注意义务。至于该电子数据库产品中是否存在侵犯

他人著作权的情形，金陵图书馆对此没有审查义务。

② 虽然《人口生态探析》一文在南京政治学院学报上发表有违殷志强的本意，但中国期刊杂志社和清华同方公司在不知情的情况下，将客观上已发表且未声明不得转载、摘编的《人口生态探析》一文收录进电子数据库并发行的行为，属于合法转载，不构成对殷志强就该文享有的复制权、发行权的侵犯，只是依法应当向殷志强支付相应的报酬。金陵图书馆在不知情且已尽到合理注意义务的情况下，通过合法渠道订购并收藏该电子数据库产品的行为，也不构成对殷志强就该作品享有的复制权的侵犯。

③ 金陵图书馆向读者提供馆藏《中国学术期刊（光盘版）》及其数据库中有关文章的查询、打印，与向读者提供馆藏纸质期刊供读者借阅，在性质上都是一种文化和信息的传播方式，符合我国著作权法促进文化、科学和艺术作品传播的立法宗旨，而不能将其雷同于著作权法意义上的发行行为。根据金陵图书馆与清华同方光盘股份有限公司签订的《CNKI数据库订置合同》内容看，金陵图书馆使用该数据库的范围、权限和方式都是受到严格限制的，这也是防止图书馆滥用法律豁免，侵害著作权人利益所必需的。金陵图书馆向读者提供借阅和打印服务，是为读者学习研究摘录相关信息提供一种便利，没有使著作权人的利益受到损害，所以不违反我国著作权法的规定。

④ 金陵图书馆应读者要求，向读者提供《人口生态探析》一文的查询、打印服务并未侵犯殷志强就该文享有的发行权和获取报酬权。根据我国著作权法的规定，发行是指以出售或者赠与的方式向公众提供作品的原件或复制件的行为。金陵图书馆向读者收取打印费并不能证明其有利用作者作品赢利的目的。因为，其一，该费用是打印费，而不是出售复制品的费用；其二，图书馆提供打印服务必然有设备损耗、纸张和劳务支出，有偿服务未必不可；其三，打印服务的目的是满足读者个人学习、研究或欣赏需要，与公开兜售复制品有明显区别；其四，打印费用收取标准是否合理，应当由国家物价管理部门监督检查，与该案无涉。

二、数据库资源采集中的版权问题案例分析

《中国学术期刊（光盘版）》电子杂志社与赵萍萍等侵犯著作权案

原告：《中国学术期刊（光盘版）》电子杂志社

被告：赵萍萍

案情背景：

《中国学术期刊（光盘版）》电子杂志社自1999年起编辑涉案的《中国优秀博硕士学位论文全文数据库》的电子杂志，原为季刊，2005年经新闻出版署同意变为月刊。此杂志通过"中国知网"www.cnki.net以CAJ格式出版发行，通过包库、镜像站点和发行阅读卡（包括面额较大的机构卡和面额较小的个人卡）的方式向用户提供该数据库的检索和全文内容服务。题录摘要和论文全文是《中国优秀博硕士学位论文全文数据库》的主要组成部分。其中，题录摘要部分设置有中英文题名、中英文的论文摘要、作者、作者的学校、专业、学位年度、论文级别、网络出版时间等条目。题录摘要供免费检索、阅看；论文全文供付费下载，下载论文的费用为每页0.28元。

赵萍萍登记设立"蜂朝网"www. steelbee. net、www. 51lunwen . com（以下简称被告网站），在网站公布了供检索的论文题录摘要并出售论文。被告网站上的题录摘要也是供检索和阅看的，包括每篇论文的中英文题名、中英文摘要、作者、论文价格等条目。这些条目的顺序排列与原告的顺序排列不同，但被告网站上题录摘要中的中英文题名、中英文的论文摘要是从原告数据库中供免费检索的题录摘要页面复制而来的。根据对原告所作的公证页面统计，经公证下载的被告网站上的题录摘要中，有 10149 篇题录摘要中的中英文题名和论文摘要是从原告数据库中供免费检索的题录摘要页面复制而来的，每篇约 400 字，共计 406 万字左右。

原告诉点：
被告赵萍萍既侵犯了原告对《中国优秀博硕士学位论文全文数据库》享有的汇编作品著作权，也侵犯了原告的版式权。

争议焦点：
① 被告赵萍萍是否侵犯原告数据库中论文全文作为编辑作品的著作权。
② 被告赵萍萍是否侵犯原告论文全文版式权和 CAJ 数据格式专用权。

原告理由：
原告对该数据库享有著作权，对 CAJ 格式享有专有使用权。被告未经许可公开销售原告数据库中的以 CAJ 格式保存的论文全文，复制、传播原告数据库的论文题录摘要，既侵犯了原告对《中国优秀博硕士学位论文全文数据库》享有的汇编作品著作权，其出售的论文全文因保留原有排版、字体及 CAJ 数字格式，也侵犯了原告的版式权。

原告证据：
① 国家新闻出版总署音像电子和网络出版管理司同意原告出版电子出版物的函，以证明原告出版物的合法性。
② "中国知网"网页和 CNKI 数据库定制合同，以证明原告出版物的出版发行方式、原告对该数据库享有著作权及对 CAJ 格式享有专有使用权。
③ 公证书及经公证下载的被告网站相关网页，以证明被告下载原告数据库中的题录摘要、题录摘要篇数、被告通过网站销售原告数据库中的论文全文、该论文采用 CAJ 格式等事实。
④ 清华同方光盘有限公司的说明，以证明 CAJ 格式由该公司专为原告用于编辑出版电子杂志数据库时作为全文数据库格式而开发并授予原告专有使用权。

被告理由：
原告选择了 300 多家学校收录论文 10 万多篇，虽对学校有所选择，但并未对论文进行选择，而是全盘录用。被告网站从原告处下载 CAJ 格式的论文是通过出资购买的方式取得的权利，将论文出售给他人是转让自己对论文的使用权，转让后即予以删除，被告网站并未将购买所得的论文复制保留，故被告网站不存在侵犯原告汇编作品的著作权，也不存在使用 CAJ 格式的问题。被告网站确实复制了原告网站上的论文题录摘要，但因被告网站对摘要编制的数据库进行了不同于原告的摘要部分的编排，且摘要内容是作者所写，故也不构成对原告汇编作品著作权的侵犯。

被告证据：
① 经公证的被告机构卡账户信息，以证明被告向原告购买了价值 8000 元的机构卡及

使用的情况。

② 被告的数据库结构，以证明与原告的数据库结构根本不同。

③ 网站帖子、浙江法制报电子版、中国知识产权网下载的文章，以证明原告是否经过文章作者同意存在争议，因而原告的权利也有争议。

④ 经公证的原告网页页面，以证明 CAJ viewer 系免费下载、论文题目及摘要也免费下载。

判决书：

① 被告赵萍萍停止侵犯原告《中国学术期刊（光盘版）》电子杂志社汇编作品著作权的行为。

② 被告赵萍萍应在本判决生效后 30 日内赔偿原告《中国学术期刊（光盘版）》电子杂志社经济损失（含合理支出）人民币 9 万元。

③ 被告赵萍萍应在本判决生效后 30 日内在《中国青年报》除中缝以外的版面刊登声明，就其侵权行为向原告《中国学术期刊（光盘版）》电子杂志社赔礼道歉（声明内容须经本院审核）。

该案件受理费 7010 元、财产保全费 1520 元，共计人民币 8530 元（已由原告预付），由原告《中国学术期刊（光盘版）》电子杂志社承担 2530 元（已缴纳）、被告赵萍萍承担 6000 元（此款应在本判决生效后 7 日内向本院缴纳）。

案例分析：

根据我国《著作权法》第十四条规定，汇编若干作品、作品的片段或者不构成作品的数据或者其他材料，对其内容的选择或者编排体现独创性的作品，为汇编作品，其著作权由汇编人享有，但行使著作权时，不得侵犯原作品的著作权。原告从全国众多高等院校中选取了 300 多家院校，将这些院校的博士、硕士毕业生的学位论文收集起来，按照不同的专业、门类进行编排，开发成可供检索、查阅、下载的论文数据库，并经相关主管部门批准，将数据库编制成电子期刊出版物在网上出版、发行，该数据库体现了原告在对数据库内容的选择、编排方面的独创性，构成编辑作品。所以原告享有《中国优秀博硕士学位论文全文数据库》作为编辑作品的著作权。

原告的题录摘要是《中国优秀博硕士学位论文全文数据库》的一部分，该题录摘要根据需要设置了相关的条目和检索项，便于读者阅看和选择需要的论文，体现了编制该题录摘要的独创性，故其本身也构成汇编作品。被告赵萍萍在网站上将原告的汇编作品中的主要内容复制后，编入自己的题录摘要数据库，放在自己的网站上供人免费检索、阅看，侵犯了原告作为汇编作品著作权人的权利。

论文全文部分是《中国优秀博硕士学位论文全文数据库》的重要组成部分，其本身也是汇编作品，故原告拥有论文全文部分的著作权。但是，根据我国《著作权法》第十四条的规定，原告所享有的是整体性著作权，而不涉及该数据库中某一篇论文单独受到侵权时的著作权主张问题。该案中，被告只是从原告处付费下载论文全文后再向他人出售，而论文本身的著作权属于论文作者本人，所以原告主张被告对该篇论文的使用行为构成侵权缺乏作者明确授权或者相应的法律依据。我国著作权法在有关汇编作品的条款中特别强调了"原作品的著作权"，这不仅意味着单篇论文使用方式或者许可使用形式的决定权在于论文作者，而且意味着单篇论文侵权行为的禁止权也应当由论文作者所享有。因此，原告认为被告出售论文的行为侵犯了原告对论文全文部分作为编辑作品的著作权的主张不成立。

版式设计是指对图书、报纸、杂志的排版格式，如版心、字体、字号、页眉、插图、报头等版面布局造型的设计，该设计是在编辑加工作品时体现出一定独创性的劳动成果。而CAJ格式是一种文件格式，并不涉及文字排版和版面布局，原告使用该格式是为防止恶意复制而加设的技术措施。被告赵萍萍付费从原告处购买论文的行为是合法取得论文全文，该论文全文使用CAJ数据格式是原告的行为，被告并没有对论文进行电子数据格式的转换。被告从原告网站下载的CAJ viewer，既是原告网站提供的免费下载，也是使用、阅看付费取得论文的必要工具。因此，原告认为被告侵犯其版式设计权的主张不能成立。

三、网络信息资源利用中的版权问题案例分析

李学兵与北京搜狐互联网信息服务有限公司著作权纠纷案

原告：李学兵
被告：北京搜狐互联网信息服务有限公司
案情背景：

从2006年3月5日起原告李学兵以"歌唱生命"为笔名在新浪网（www.sina.com.cn）上陆续发表自己创作的小说《上海相亲情人》。2006年4月25日起，又以"段剑"为笔名在猫扑网（www.mop.com）上陆续登载。截至同年6月30日，共创作了100章，约13万字。

2006年7月，原告发现搜狐网（www.sohu.com）原创频道（yc.book.sohu.com）的"都市情感"栏目中登载了《上海相亲情人》，共72章，发布时间为2006年6月4日。同时，该网站"啃书一族"论坛（clublz.book.sohu.com）从2006年7月1日也登载了《上海相亲情人》，共32章。此外，该论坛还另以连载方式登载了《上海相亲情人》第1章至第20章的各章内容。

原告诉点：

被告未征得原告任何形式的许可，也未支付任何报酬，擅自在互联网网站上转载《上海相亲情人》，其行为侵害了原告著作权中的信息网络传播权等人身和财产权利。

原告诉讼请求：

① 被告立即停止侵权行为。
② 被告在搜狐网（www.sohu.com）首页位置刊登致歉声明，消除影响。
③ 被告赔偿原告损失及为该案支出的费用共计人民币10万元。

被告理由：

① 被告拥有合法经营资质，可以从事信息服务、BBS电子公告服务。
② 网友在被告网站BBS上发帖登载《上海相亲情人》，并非被告的使用行为，被告客观上没有实施侵权行为，主观上无侵权故意，故不应承担侵权责任。而且，被告得知原告权利主张后，即迅速删除作品，尽到了审查义务。

争议焦点：

被告转载原告作品是否对原告造成侵权。

判决书：

依照《著作权法》第十条第一款第（十二）项、第四十七条第（一）项、第四十八条，《信息网络传播权保护条例》第二条，最高人民法院《关于审理著作权民事纠纷案件适用法律若干问题的解释》第二十五条第一款、第二款、第二十六条之规定，判决：被告赔偿原告包括合理开支在内的经济损失人民币40000元；被告在其网站（www.sohu.com）首页连续48小时刊登声明，向原告赔礼道歉，消除影响。

案例分析：

《著作权法》第十条第一款第（十二）项规定，信息网络传播权是指以有线或者无线方式向公众提供作品，使公众可以在其个人选定的时间和地点获得作品的权利。2006年7月1日起施行的《信息网络传播权保护条例》第二条规定：除法律、行政法规另有规定的外，任何组织或者个人将他人的作品、表演、录音录像制品通过信息网络向公众提供，应当取得权利人许可，并支付报酬。原告李学兵作为《上海相亲情人》的著作权人，享有包括信息网络传播权在内的各项著作权权利。被告自2006年6月4日起在其网站原创频道登载原告作品《上海相亲情人》，且在同年7月1日后继续登载，公众通过该网站均可随意浏览或下载，客观上形成网络传播。

根据被告网站发布的《搜狐原创作者投稿须知》、《作品发布指南》和在注册过程中需上网用户接受的关于网络知识产权的规定，上网用户本人创作的作品，均可授权在该网站发表或转载，但用户不可直接在原创频道上发布文章，而是需要向网站"投稿"，由系统管理员对稿件内容进行审核，审核通过后才会发布。网站根据作品授权的不同级别，对上网用户发表的文章有使用权，享有在网络上刊登、转载等权利，也可与作者共享著作权。可见被告应对其转载作品的著作权进行审核，如未尽合理注意义务，依法应承担相应的民事责任。

原告在新浪网发表其作品时曾作出"未经作者许可，不得转载"的声明，故被告的转载行为侵犯了原告享有的信息网络传播权。

原告作品自2006年7月1日起在"啃书一族"论坛登载并创建连载，虽然系论坛首席版主所为，但是被告应对其管理人员的职务行为负责，并承担相应的民事责任。

第三节 图书馆特色数据库建设的法律问题解决途径

图书馆特色数据库建设需要蓬勃发展，而法治社会则要求一切依法行事。既然现有的法律并没有赋予图书馆更多的权利，那么图书馆只能在现有法律框架范围内寻求解决之道。

一、馆藏文献资源数字化版权问题的解决途径

1. 选择不会产生版权纠纷的作品

（1）选择已进入公有领域的作品

我国《著作权法》第二十一条规定："公民的作品，其发表权、使用权和获得报酬权

的保护期为作者终生及其死亡后五十年。"对于超过保护期已进入公有领域的作品如古籍、历史名人的生平、著述等，图书馆尽可以数字化来进行特色数据库建设，而不必担心版权问题，但必须尊重作者的署名权、修改权、保护作品完整权，因为这几项权利是没有保护期限的。

（2）选择不受著作权法保护的客体

我国《著作权法》第五条规定，不适用本法保护的对象：一，法律、法规，国家机关的决议、决定、命令和其他具有立法、行政、司法性质的文件，及其官方正式译文；二，时事新闻；三，历法、通用数表、通用表格和公式。

2. 充分利用现有著作权法规定的"合理使用"

权利的限制和例外是对版权人行使版权而言的，相对于版权作品的使用者来说称为"合理使用"。合理使用是指他人依据法律的有关规定而使用享有版权的作品，不必征得权利人的同意，也不需向权利人支付报酬，但是应当尊重作者精神权利的版权使用方法。合理使用的特点是：一，使用的必须是已经发表的作品；二，权利人的精神权利不受合理使用的限制；三，权利人和作品使用者之间的经济关系被割断，只要是在法律规定的合理使用条件下利用作品，权利人无权向使用者索要报酬。

在我国对合理使用的判断依据主要是《著作权法》第二十二条规定的12种情形，其中与图书馆有关的是第六种和第八种情形："（六）为学校课堂教学或者科学研究，翻译或者少量复制已经发表的作品，供教学或者科研人员使用，但不得出版发行；（八）图书馆、档案馆、纪念馆、博物馆、美术馆等为陈列或者保存版本的需要，复制本馆收藏的作品；"这种列举方式虽然明确具体，但是没有对合理使用的判断标准给出一个原则性的规定。针对实践中存在的问题，《著作权法实施条例》第二十一条作了补充规定："依照著作权法有关规定，使用可以不经著作权人许可的已经发表作品的，不得影响该作品的正常使用，也不得不合理地损害著作权人的合法利益。"这条规定弥补了我国著作权法中"列举模式"的缺陷，可以视作判断合理使用的一个原则规定。

图书馆建设特色数据库将馆藏文献数字化的合理使用，应该是将特色数据库的传播范围控制在图书馆馆舍范围内仅供校内师生使用，用 IP 地址限制校外读者看到数据库内的具体资料。若要馆外传播，必须取得著作权人的授权许可，以协议的方式规定传播范围以及经济法律责任，同时利用各种技术手段限制下载转帖，以保障著作权人的权益。

3. 取得著作权人的授权

由于图书馆馆藏文献数字化不产生版权纠纷的只占很少一部分，合理使用只限馆内传播使得信息使用极为不便，要根本解决问题，必须取得著作权人的授权许可。

（1）直接向著作权人取得授权

《著作权法》第二十四条规定："使用他人作品应当同著作权人订立许可使用合同。"图书馆建设特色数据库，将馆藏的文献数字化应当与著作权人签订合同，商定有关使用问题，并支付使用费。但是特色数据库建设所涉及的文献数量众多，类型复杂，全部采用这种方式会占用大量的人力、物力、财力。所以针对部分文献采用这种方式解决版权问题。

（2）与出版社合作取得授权

出版社联系着众多作者，在著作权的取得上与作者是一对一的，因此，图书馆可与出版社签订协议，而出版社又与作者进行签约，通过要约公告明示，取得作者授权。尤其对那些享有作品电子出版权的出版机构，采取直接接洽的方式，协商签订使用许可协议，可以直接使用数字作品，节省了转化的过程。但这一模式在实际操作中会受到出版社权利与义务的制约，因为出版社并无与图书馆签订授权协议的责任。

（3）通过著作权集体管理组织获得授权

著作权集体管理是指著作权人、邻接权人或其他权利所有人无法行使著作权、邻接权或者行使权利存在实际困难时，将其权利授予著作权集体管理机构，由机构代为管理和行使，权利人享受由此带来的利益。

我国《著作权法》第八条规定："著作权人和与著作权有关的权利人可以授权著作权集体管理组织行使著作权或者与著作权有关的权利。"著作权集体管理组织经权利人授权，可以与使用者订立许可使用合同，向使用者收取使用费，向权利人转付使用费，进行涉及著作权的诉讼、仲裁等。截至2008年，我国已设立的著作权集体管理组织有：中国音乐著作权协会，中国文字著作权协会，中国音乐家协会音乐表演者权益保障中心等。图书馆可向著作权集体管理组织申请版权使用许可，在获得许可并支付作品使用费的情况下，图书馆即可对作品加以利用，若产生版权纠纷则由该组织负责处理。通过著作权集体管理组织获得授权，有利于协调著作权人与图书馆之间的利益关系，一方面，维护了权利人的合法权益；另一方面，为图书馆获得授权提供了一定的便利，同时也可以降低费用，是国际通行的著作权使用授权办法。

二、数据库资源采集中版权问题的解决途径

数据库资源采集过程中所涉及的版权问题，应针对数据库的不同类型采取不同的对策。数据库按照内容"选择编排"的独创性版权保护标准，分为独创性的数据库和非独创性的数据库。数据库若以构成素材为标准可分为版权作品组成数据库，非版权作品或数据组成数据库，版权作品和非版权作品混合组成的数据库。在这里只介绍采用独创性数据库中信息资源产生版权问题的各种对策。

独创性数据库在材料的选择编排方面具有独创性，符合智力创作的条件，受版权法保护。但是数据库开发者对构成数据库的作品不享有任何权利。所以图书馆在采集具有独创性数据库中的信息材料进行特色数据库建设时，既要尊重数据库开发者的版权，又要尊重其信息素材的版权。根据组成独创性数据库的作品是否享有版权分为3种情况：版权作品组成的独创性数据库，图书馆必须取得数据库开发者和原作品著作权人的许可，同时支付必要的报酬；非版权作品或数据组成的独创性数据库，图书馆只需对数据库开发者付出的劳动与经费支付一定的报酬，对于其信息资源则可以尽量使用；版权作品和非版权作品混合组成的独创性数据库，图书馆在使用过程中要结合前两种的情况，采用不同的途径来解决版权问题。

图书馆与数据库著作权人签订许可协议，也只是获得数据库的有限使用权，在一定的地域和期限内以特定的方式独占使用。大批量地下载、保存、传播数据库的内容，也被视为侵权；同时，对数据库中文献数据的随意编辑、上载、传播也侵犯到原文作者的复制权、修改权、保护作品完整权、信息网络传播权等。所以图书馆在建设特色数据库采用购买数据库文献资源时，不要大批量地恶意下载数据库的内容；采取技术措施严格控制 IP

地址，避免扩大原数据库内容的传播范围；对原数据库的文献下载进行利用时，要保持原文的完整性，尊重作者的署名权；禁止把利用原数据库资料制作成的特色数据库出售给其他单位，否则，必须和原数据库著作权人及原文作者重新签订付费协议。

图书馆建设特色数据库采集已购买数据库中信息资源时，应充分重视数据库的版权问题。增强版权意识，树立版权观念：首先应树立"谁使用谁付费"的观念，并自觉抵制使用盗版信息；在购买数据库时，如实填写属于校园网的IP地址，而当IP地址发生变化时，应及时通知数据库厂商；图书馆一般只拥有所购数据库的使用权，不可大量下载数据库的内容；由于信息用户对有关法律的了解不够，往往会导致侵权行为的发生，甚至会令图书馆为其侵权行为承担连带侵权责任，所以，有必要在图书馆员和用户中进行普及著作权知识的教育活动。

三、网络信息资源利用中版权问题解决途径

网络信息资源具有丰富性、时效性和动态性等特征，图书馆在采集网络信息资源时，面对大量的信息，要解决网络信息资源利用中的版权问题是一件较为困难的事情。我国目前还没有一个同网络管理相结合且方便使用的知识产权管理制度，因此，图书馆通常可采用以下几种方法。

1. 利用网络上不受版权法保护的信息资源

法律、法规、国家机关的决议、决定、命令和其他具有立法、行政、司法性质的文件，又称政府文件或官方文件，在世界上绝大多数国家都不受著作权法的保护。政府文件或官方文件虽然不受著作权法的保护，但在使用这类文件时要注意以下两个问题。

① 不得随意编辑法律、法规的汇编。任何个人或团体，都可以自由使用法律、法规等官方文件，但是，为了维护国家法制的统一和尊严，任何个人和团体都不得随意编辑出版法律、法规的汇编，否则就违反了国务院颁布的《法律汇编编辑出版管理规定》。

② 官方文件的译本。正式的官方文件的译本，如法律、法规的少数民族文字译本或者英文译本，不受著作权的保护，不享有著作权。但是非正式的官方文件译本，无论是个人翻译的还是团体翻译的，无论是将中国的法律法规译成外文还是将外国的法律法规译成中文，都是享有著作权的。

所以图书馆利用网络中各种网站或网页上的法律法规建设特色数据库时要认真识别。

历法、通用数表、通用表格和公式。通常情况下认为它们只具备作品的形式要件，而欠缺作品的实质要件，由于形式往往具有唯一表达的特点，不具有独创性，所以不予以著作权法的保护。但是由这些对象转变过来的作品或在这些对象基础上创造出来的作品，受著作权法的保护，如在一般历法基础上形成的有自身独特设计风格的网络日历、网络万年历或者其他网络历表，就是有版权的作品。另外，与历法、通用数表、通用表格和公式比较相近的思想、数学概念、过程和运行方法在通常情况下也不受版权法的保护。

时事新闻。互联网改变了新闻的传播模式，也使传统的媒介发生了质的变化，但是新闻本身没有改变。网络新闻是指传送者通过Internet发布或者转发的，接受者通过Internet知悉、交互或传播的新闻。Internet只是作者与接受者的中介。所以网络新闻的版权问题依照著作权法的规定来解决，即时事新闻不受著作权法的保护。

2. 充分利用网络合理使用原则

世界各国的版权法在对版权提供保护的同时，也规定有权利的限制和例外。版权权利的限制和例外是指在法律规定的某些特定情形下，权利人不得行使其版权，或者虽然由其他人行使了应当由版权人行使的权利也不属于侵权。合理使用本身是对版权所有人排他性权利的限制。网络环境下也有符合网络时代特点的合理使用制度。网络版权中的合理使用制度，在某种程度上也可以理解为网络版权的限制和例外，对网络版权权利人专有权行使的限制，有些国家将其称为"例外"。网络版权的合理使用制度为图书馆建设特色数据库利用网络信息资源提供了一定的法律空间。

我国《信息网络传播权保护条例》第六条对网络合理使用作出了规定：通过网络提供他人作品，属于下列情形的，可以不经著作权人许可，不向其支付报酬。

① 为介绍、评论某一作品或者说明某一问题，在向公众提供的作品中适当引用已经发表的作品。

② 为报道时事新闻，在向公众提供的作品中不可避免地再现或者引用已经发表的作品。

③ 为学校课堂教学或者科学研究，向少数教学、科研人员提供少量已经发表的作品。

④ 国家机关为执行公务，在合理范围内向公众提供已经发表的作品。

⑤ 将中国公民、法人或者其他组织已经发表、以汉语言文字创作的作品翻译成的少数民族语言文字作品，向中国境内少数民族提供。

⑥ 不以赢利为目的，以盲人能够感知的独特方式向盲人提供已经发表的文字作品。

⑦ 向公众提供在信息网络上已经发表的关于政治、经济问题的时事性文章。

⑧ 向公众提供在公众集会上发表的讲话。

3. 加强与网络版权人的联系与协作

① 网络上许多有价值且在保护期内的作品，图书馆如果想对其进行下载，则必须征得版权人的同意。图书馆要加强与网络版权人的联系与协作，一方面要让其明白图书馆的行为是为了传播文化知识，服务社会公众；另一方面也要注意保护版权人的利益。通过沟通，加强双方的了解，避免产生版权纠纷。版权集体管理组织诞生之初，网络技术还未出现或未成熟，因此它主要是针对传统的版权保护而设立的。互联网出现和发展与普及之后，版权人的权利空间大大拓展，也就出现了网络版权问题。面对海量的网络信息资源，一方面版权人在控制作品的非法使用和对作品收取合法使用费方面，需要一个版权集体管理组织；另一方面，希望合法使用作品的人，也需要一个版权集体管理组织的支持和合作，以减少寻找版权人授权使用的困难和降低获得作品授权使用的成本。网络版权集体管理组织，符合网络环境下著作权保护的发展趋势，也是今后图书馆获得授权的主要途径。

② 图书馆在建设特色数据库设置超链接时，应尽量采用正常友好的链接方式，避免深度链接和恶意链接。如果要深度链接网页内容，则要取得原网站制作人的同意，这样才会避免陷入法律纠纷。

4. 建立平衡图书馆与版权人利益的知识产权法律体系

版权法的目的是保护版权人的利益，促进知识的有偿传播，而图书馆则是无偿传播人类文化知识的主体。因此，在版权法与图书馆之间是存在着矛盾的。在传统环境下，这种矛盾并不尖锐，但是在网络新技术环境下，这种矛盾空前地膨胀起来。版权法过多地考虑了版权人的利益，而留给作为人类文明象征、作为人类知识交流平台的图书馆相对较小的空间。从根本上说，是因为没有一套平衡图书馆与版权人利益的知识产权法律体系。因此，呼吁参考国外现行知识产权相关法律及案例，结合我国目前的实际情况，尽快制定出一套与当今环境下图书馆相配套的法律体系。

四、图书馆特色数据库建设过程中版权问题的自律性措施

外因是变化的条件，内因是变化的根据，外因通过内因起作用。尽管版权法使图书馆特色数据库建设受到一定的阻碍，但是并没有发展到版权使图书馆生命窒息和版权扼杀图书馆未来的地步。从另一个方面来说，即使版权法赋予图书馆宽松的权利，图书馆不能用好这种权利的话，照样会发生侵权行为。认真分析一系列图书馆侵权案件可以发现大都在于图书馆行为的不合法。所以图书馆也应该从自律性方面查找问题，研究症结，提出对策。

1. 不断提高图书馆馆员的版权素质

图书馆的信息收集、整理、借阅、复制、翻译、资料汇编以及开展文献资源的共享等工作都需要馆员具有版权保护素质。所以必须加强馆员的版权知识教育，把版权保护的知识传授给他们，使他们获得一种开展工作的有力工具，在图书馆工作领域形成学法、守法、用法的良好氛围。

我国图书馆可借鉴国外的做法，开展普及版权知识的活动，加强版权法知识的教育与训练。版权教育要因地、因馆制宜，各级图书馆学会、各类型图书馆要主动策划，合理安排，积极采取脱产进修、专业培训、经验交流、专题讲座、网络教学培训、远程教育、电子论坛等方式开展这项工作。图书馆学期刊应开辟专栏，聘请版权方面的专家学者撰写文章，以专题或连载的形式介绍相应知识，解答疑难问题。

2. 健全图书馆版权管理制度和政策

图书馆领导者要把版权管理当成图书馆经常性、日常性的工作对待，并把这作为指导思想在计划、措施、评估、激励中体现出来；从实践出发，针对图书馆中不同岗位、不同业务环节的特点，制定相应的操作规范，明确相关人员的责任与义务；建立督导制度，对版权管理措施的落实情况实行定期与不定期的检查；建立版权补救制度，在权利人发出警告后，立即采取措施，停止侵权；建立和权利人之间的沟通机制，增加图书馆保护版权的透明度；在图书馆的网页上公布版权政策为读者所了解，内容包括告知权利人图书馆收集、利用其作品的目的、方式、传播范围，对权利人版权进行保护的承诺，告知权利人应享有的索取资料权、请求删除权、诉讼权等权利，免责条款等。

3. 创新版权使用授权模式

目前，图书馆面对的是多元化授权模式，虽然可以对各种授权模式作出这样或者那样的评价，但是只有同具体图书馆的具体授权任务相结合才能得到客观的评价。授权活动不是只要获得信息资源的使用权或拥有权就算完成，还要考虑授权的经济成本和时间

成本。

提高图书馆对版权的使用效率，关键在于不断创新授权模式，一方面图书馆要关注立法和市场的走向，对新出现的授权模式、价格模式开展研究，对合法的授权模式进行实践；另一方面图书馆本身要在创新问题上下工夫，不断丰富授权模式。

创新授权模式需要注意以下几点：任何授权模式都要有法律依据的支持；通过授权而缔结的版权许可合同是图书馆和版权人、供应商双方意思的充分表达和协商的成果，新的授权模式不应动摇合同成立的这种法理基础；创新是在对旧的授权理念、方法挖掘和改造基础上的继承和扬弃。

4. 推动以图书馆联盟为主体的版权保护合作

许多国家与国际组织都在开展关于版权保护方面的立法，向立法机关充分表达图书馆的愿望非常重要，其中图书馆联盟将起到非常关键的作用。从国际范围考察，图书馆联盟的意见可以对立法起到有效的导向作用。

借鉴国际经验，在中国图书馆学会下已成立知识产权与法律委员会，委员会的主要任务包括：开展图书馆版权问题的研究，提出规划和对策；指导帮助会员馆建立版权管理制度；运用图书馆集体的力量，向有关部门和立法机关反映图书馆的要求，检查会员馆对版权法规的贯彻落实情况；代表图书馆同权利人或版权使用者谈判，或提起集团诉讼，维护图书馆的利益；推动版权保护的经验交流，开展图书馆版权保护的培训活动，指导面向读者的版权普及教育；开展图书馆版权保护的国际合作，等等。

第七章 图书馆特色资源发展展望

特色文献资源是图书馆开展特色工作的基础，在多种文献资源类型中占有重要比例，是图书馆馆藏资源的主要构成部分。它应该是图书馆文献资源建设的重点。在传统图书馆向数字图书馆发展的过渡期，特色文献资源应包括印刷型文献、非书资料文献以及虚拟的网络化数字资源等。高校图书馆以服务于教学和科研为目的，根据教学科研人员和在校学生的信息需求来确定馆藏定位，根据本校的办学方向和学科建设重点优化藏书结构，广泛收藏印刷型文献和非书资料文献，并对网络资源进行筛选、整序，建立导航系统，逐渐形成适应本校师生教学科研需要的特色资源，这是图书馆在新的时代背景下求得生存与发展的必然选择。特色化的馆藏资源，是图书馆在长期面向特定读者服务的过程中逐渐形成的、具有本馆特色的优势资源，是图书馆在发展历史上长期积累的结果。馆藏特色形成的根本动因是读者的需求，特定的读者需求要求图书馆必须建设特色化的馆藏资源。

第一节 区域内图书馆的特色资源共建共享

目前，区域特色资源共建共享蓬勃发展，出现了一些新的特点：一是需求驱动下的合作在地理空间上不断拓展；二是共享体系的成员向着跨系统、多元化方向发展；三是服务对象由成员机构逐步辐射到面向区域经济社会发展的相关组织、企业和用户。但多数的特色数据库仅在校园网范围内开放，无法让更多的读者来分享，造成了特色资源使用范围窄、利用率低的问题，因此，特色库建设的成效无法放大。另外，特色资源的更新频率很低，多数的特色库的资源来自于各馆购买的数据库，如期刊网、万方、维普数据库，还有一些资源来源于网络，原生资源比较少。

一、区域内图书馆的特色资源共建共享的意义

目前，人们对图书馆和文献信息的需求越来越迫切，形成了对图书馆的信息提供和服务能力的压力。有限的资源购置经费与无限的读者信息需求之间的矛盾日渐明显。为了最大限度地发挥特色资源的经济效益和社会效益，实现特色资源的价值，应该提高特色资源的利用率，充分利用各馆特色资源的优势。区域内的图书馆联合起来，建设数字资源，寻求网上合作，加强馆际交流，将分散的资源系统集中地呈现给用户，共建共享特色数据库，已成为图书馆可行和现实的发展方向。

1. 成为未来图书馆发展的趋势

在当今这个知识创新的时代，社会竞争非常激烈，图书馆必须发挥自己的特点和优势，形成自己的特色，才能有立足之地。而图书馆结成联盟，共同建设发展又能弥补经费

不足等问题。因此，特色资源共建共享，结成区域联盟，将成为未来图书馆发展的方向。

2. 为更广泛的用户提供便利的信息资源

区域内的图书馆将分散的特色资源搜集整合，共建共享，将为本区域内甚至更广泛的研究者提供便利条件，在足不出户的情况下，借助网络就可以满足他们的信息资源需求，节省了经费开支，同时也节约了时间。

3. 促进区域内的文化建设与经济发展

经济的发展和文化的建设都离不开信息资源的支撑。区域性的特色资源也是该地区政治、经济和人文发展情况的映射。区域内特色资源的共建共享，是读者了解本区域发展情况的窗口，起到了宣传本区域文化的作用，实现了文化服务效益的最大化，从而实现招商引资，促进区域经济的发展。

4. 为区域内的读者提供精神食粮

区域内的特色资源一般都与本地的历史人物、文化遗产、风土人情等有关，此类信息资源的共建共享，将为本区域及更多的读者提供精神食粮，促进读者对本区域民族文化的了解和热爱，对其人生观、世界观和价值观的形成起着潜移默化的作用。

5. 有利于区域文化的交流与传播

长期以来，区域内的特色资源，只服务于本区域内的读者与机构，通过馆际互借与文献传递的方式服务于极少量的读者。特色资源共建共享后，通过网络的方式，能为更广阔领域的读者提供服务，被更多的读者利用，实现了信息资源在更大范围内的传播与交流。

二、区域内图书馆特色资源共建的内容

1. 地方文化特色资源

地域文化是在一定的自然环境、特定的历史背景和独有的人文精神等条件下形成的一种亚文化，具有很强的地域性、传统性和独特性，它是民族文化的一个重要组成部分，也是地方的图书馆建设特色馆藏的重要资源和切入点。地域文化特色资源应是图书馆建设特色馆藏的重要资源，将特色信息资源建设与地域文化特色紧密结合起来，可以促进地区特色信息资源的形成。地方性的特色资源主要有以下几个方面。

①地方志。是对一定区域范围内历史、地理、政治、经济、特产资源、文化、教育等方面的综合记载。

②地方性百科全书、年鉴、手册、名录、图录、地方性报刊。这些都是概述地方知识的工具书，是重要的地方文献，具有检索地方文献、了解专业历史和现状、从事专业研究的作用。地方报刊有很强的区域性、史料性，地方地情信息的广度、密度和时间连续性都很强。一些地方出版的核心或重要报刊等要作为收藏重点。

③地方性政治、经济、教育、法律、法规等纲领性文献。这些文献可为各级行政部门制定地方经济建设和社会发展的方针、政策、规划、措施提供资料和历史借鉴。

④地方性人物、事件、历史、方言、地方史料、民族史料等社会科学文献。包括区域内的社会史、经济史、文化史、教育史、人物传记、回忆录、文学作品、评论研究、方

言、民俗研究、家谱、旅游资源等。

2. 地方自然特色资源

由于地理位置、气候等各种环境的不同，各种自然资源在地球上的分布是不均衡的，所以，自然资源具有很强的地域性、独特性。因此，区域内的图书馆要充分利用这种地域自然资源，积极开展具有地方自然特色资料的收集、整理工作，支持学科建设，使地区内的特色资源建设具有独特的地域自然特色。

3. 地方经济特色馆藏

由于不同地区的自然资源、交通资源、人力资源和产业结构存在着明显的差异，所以，不同地区的经济活动都具有自己的特色。区域内的图书馆要充分挖掘当地的特色经济资源优势，广泛收藏具有地方强势特征的科技文献，为地方经济的建设和发展提供有力的信息支持。具有地域经济特色的资源不仅能为地方高校开展学科建设、提升学科建设水平服务，而且能有效地为当地经济建设服务，同时还能使学校所培养的人才更好地适应当地经济建设的需要。广泛收集涉及地方经济支柱产业和特色产业的历史、沿革、概况、技术改革与创新等文献信息，利用自身优势为地方政府和职能部门决策，解决热点、难点问题提供信息服务，从而多途径地实现图书馆的特色馆藏服务地方经济的目的。

总之，利用地方特色是建立特色馆藏的重要途径。区域内的图书馆利用地域特色所形成的特色资源具有不可替代性，有利于提高学科的竞争力，有利于学科的可持续发展；另外，还可以促进地域特色文化的发扬光大和广泛传播，促进不同地域文化的交流与合作，促进地域文化和经济的发展。

三、区域内图书馆的特色资源共建共享的建议

深入挖掘最有价值、最具保护紧迫性的地域文化与特色信息资源，统一规划与协调区域内的特色资源建设。特色数据库的建设要突出"特色"二字，数据库内容应能体现出馆藏特色、地域特色、专业学科特色。地域文化是一个地域的灵魂，对特色地域文化资源进行系统的整理开发，是区域内建设专题特色数据库的一项重要内容。此外，以高校的重点学科和特色学科为依托，建设具有学科优势的特色数据库也是区域内特色数据库建设的内容。

目前，虽然有些区域已经实现了区域内的图书馆资源共建共享，但多数区域内的图书馆之间缺乏有效的业务交流与协调合作。

坚持标准统一、规范统一的建库原则。文献标准化、规范化是建设高质量特色信息资源数据库的根本保证，是进行信息资源数据整合和共享的必备条件。只有标准化的数据库系统才能实现真正意义上的特色信息资源共享。信息资源共建共享体系的评价指标之一就是数据标准化程度。迄今为止，从特色信息资源的加工到网络服务平台建设，各省、市还没有制定出一个明确的、权威性的建库标准。因此，在特色信息资源共建共享体系的构建过程中，技术人员在进行数据的采集、标引、加工和录入时，都要尽可能采用国际、国内通用的数据著录标准、数据格式标准、数据标引标准，在实现区域特色资源共享的同时，又为用户节约检索时间、提高检索效率。

有序组织与整合地方特色资源建设。区域性特色数据库建设比较成功的典范是CALIS华东北地区中心江苏省特色资源整合平台。CALIS华东北地区中心组织江苏省的各高校图

书馆建设了 11 个特色数据库，数据库的建设参照全国 CALIS 统一的标准和规范，由各校分散建设，成员馆共享，有效地避免了各校的重复建设。建议各区域加强本地区特色资源的共建共享。成立特色资源建设的领导小组，负责本地区特色资源的建设工作，协调建设过程中的人力、物力、财力，组织各参建馆之间的协调与合作；制定特色资源的遴选原则，统一标准规范，对特色资源的资源总数与类型提出具体的要求；对参与特色资源建设的人员进行技术培训；制定特色资源库的共享策略，在本地区图书馆分散建设特色资源的模式下，实现本区域特色资源的共建共享。

加强地方特色资源数字化整体建设，形成区域特色数字资源集群。区域内建设特色资源整合平台，将区域内分散的各个特色数据库的资源整合在一起，形成区域内的特色资源集群，让区域内的特色资源得到集中规范存储，有利于读者从一个站点就能纵观全省的特色资源，极大地方便读者对特色资源的使用。同时它又是各个特色数据库的某种形式的一种备份，在某个特色数据库因某种原因无法访问时，可以访问中心的整合资源，同样也可以访问到想要的特色资源，这就保证了区域内的特色数据库的正常访问。

区域内的特色信息资源整合在一个平台上，使各个特色库从馆级平台提升到区域级的平台上，让原先的为一校一地服务扩大到为全区域的读者服务，使珍贵的特色资源从一馆走向全区域，满足区域内不同高校的读者在获取特色资源上的平等权利，受益读者成百上千地扩大，并且众多的特色数据库会聚于整合平台上，有利于形成店多成市的盛况，可以通过将各个特色数据库中特别有亮点的资源展示在平台的显眼位置上，产生群星闪烁、五彩缤纷的效果，紧紧吸引住读者的眼球，让各个特色数据库互相带动使用，不断扩大、提高特色资源的使用率。

高素质的人才队伍是建设特色资源数据库实现信息资源共享的保证。建设好的特色资源数据库，离不开高素质的人才团队。建库人员除了具备计算机、数据库和编目等相关技术以外，建立特色资源数据库还必须要有熟悉本地区的自然、人文发展史及相关专业的专门人才，如搜集地方史志、地方年鉴、历史人物资料，需要具备相应历史知识的人才；建立特色学科数据库，则需要懂得该学科知识的人才。他们的参与可以加快建库速度，提高建库质量。

政府制定政策法规和长期的资金保障机制。长期以来，由于缺乏长期有效的协调管理机制，特色信息资源的共建共享工作往往中途夭折，没能持久有效地开展下去。共享各方不能长期履行承诺的相应义务，当各方利益受挫或缺乏资金保障时，共建共享工作就会中止。政府政策法规可以调节共建各方复杂的关系，为他们提供思想和行动上的指导。除此之外，政府在一定程度上可以帮助共建共享机构缓解经济压力，给他们提供资金帮助。

区域内的图书馆之间联合建设特色资源，实现服务共享是未来图书馆发展的必由之路。省域内特色信息资源的共建共享为今后开展更大范围的全国性特色信息资源共建共享打下了坚实的基础。区域内的图书馆应充分挖掘其特色资源，积极参与到区域内的专题特色数据库的建设中去，进而实现真正意义上的特色信息资源共建共享。

第二节　CALIS 专题特色库子项目

一、CALIS 专题特色库子项目的现状

中国高等教育文献保障系统（China Academic Library & Information System，CALIS），是经国务院批准的我国高等教育"211 工程"、"九五"、"十五"总体规划中三个公共服务体系之一。CALIS 的宗旨是：在教育部的领导下，把国家的投资、现代图书馆理念、先进的技术手段、高校丰富的文献资源和人力资源整合起来，建设以中国高等教育数字图书馆为核心的教育文献联合保障体系，实现信息资源共建、共知、共享，以发挥最大的社会效益和经济效益，为中国的高等教育服务。

CALIS 专题特色数据库是指 CALIS 提供一定的经费支持或者自筹经费，但在 CALIS 统一规划与管理的前提下进行建设的特色数据库，由 CALIS 华中地区中心武汉大学图书馆牵头组织实施，是 CALIS "十五"建设的子项目之一。该项目遵循"分散建设、统一检索、资源共享"的原则，采取重点支持和择优奖励相结合的自主方式，鼓励具有学科优势和文献资源特色的学校积极参加专题特色数据库的建设，建成一批具有中国特色、地方特色、高等教育特色和资源特色、服务于高校教学科研和国民经济建设、方便实用、技术先进的专题文献数据库。这些数据库不仅是支持高校重点学科建设的一批重要数字资源，而且将成为中国高等教育数字图书馆的基础数据之一。

1999 年 1 月，CALIS 正式启动一期专题特色库子项目，第一期共建成专题特色库 25 个；2003 年 10 月启动第二期特色库子项目建设，65 所学校的 91 个项目申报，其中 61 所学校的 75 个项目获立项，2006 年年底验收。CALIS 提供了专门的平台，将其中验收合格的 63 个特色数据库集中到一个平台上——"CALIS 专题特色数据库中心网站"。该平台划分为两大部分，分别是参建单位特色库建库系统和 CALIS 特色库中心门户系统。参建单位特色库建库系统由项目组向各承建单位推荐适当的系统软件，以便使运行平台具有相对一致的起点和整体性。CALIS 特色库中心门户系统则在 CALIS 技术中心的指导下进行建设。特色库的系统总体框架图如图 7 - 1 所示。数据总量达到 445 万多条（比一期增长 58.9%）；全文比例达到 38%。该系统可以根据学科进行导航；提供了题名、责任者、关键词、学科、资源类型和摘要 6 种检索方式；可以根据名称和主题导航浏览；可以根据文献的类型和承建馆所在地区浏览。

目前，CALIS 三期特色库项目已经启动。

（1）三期特色库建设的指导思想

① 发掘资源，整合资源，收集资源。不提重点学科，强调资源特色；把在常规数据库里无法揭示的信息资源挖掘出来；强调多馆合作，联合建设；要注重对原生数字资源、非正式出版物等的收集整理。

② 发挥特色，深化服务，促进共享。发挥资源本身的特色；扩大服务的深度。

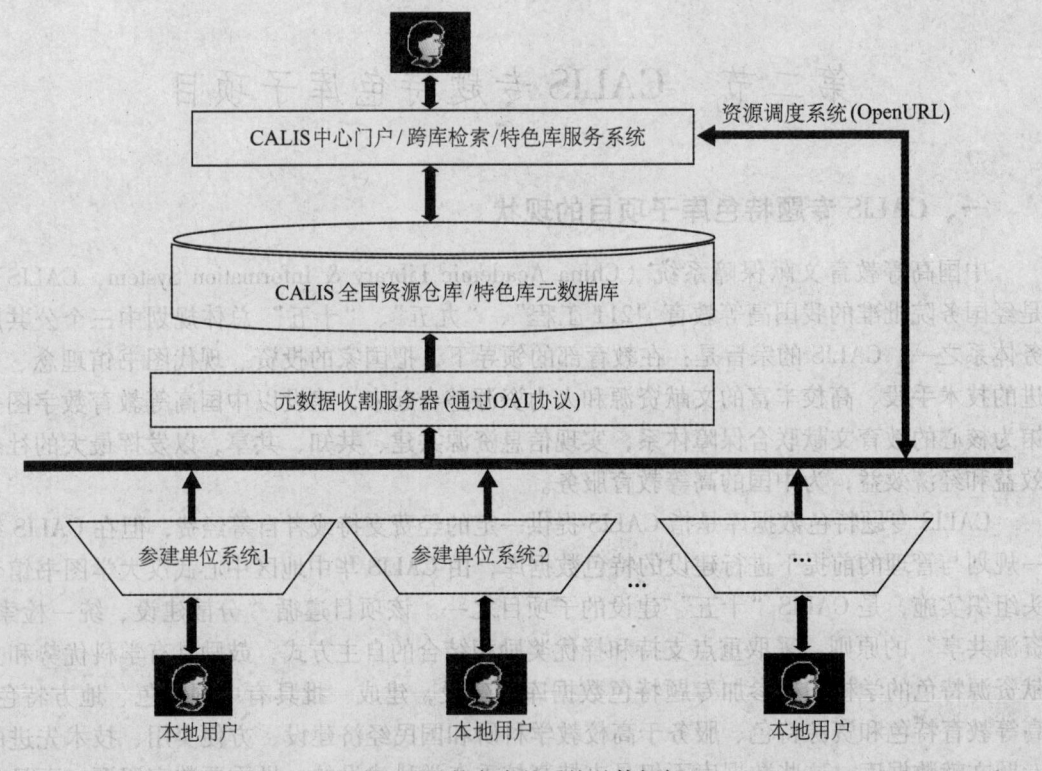

图 7-1　特色库的系统总体框架

③ 规范建设，培养人才，鼓励创新。建立一整套规范，在最基本的层面考虑规范的建设及异构系统的互操作；为高校培养一批人才，能及时应对资源建设的新变化；鼓励创新型服务，包括和用户之间的交互，不仅仅把特色库建设看成是资源的建设，应该在普遍服务思想的指导下，思考如何建设和如何服务。

（2）项目申报情况

三期特色库共有204个高校申报了255个项目。其中，211院校63个，占31.8%；本科院校119个，占60.1%；高职高专11个，占5.6%；独立学院46个，占23.2%；新升本院校28个，占14.1%。分布到29个省、市、自治区，只有安徽和海南两个省没有申报。最终共立项235项，立项率为92.16%。

二、CALIS专题特色库存在的问题

特色数据库是指充分反映本单位在同行中具有文献和数据资源特色的信息总汇，是图书馆在充分利用自己的馆藏特色基础上建立起来的一种具有本馆特色的可供共享的文献信息资源库。由于每所图书馆都会有自己的特色藏书，对其进行有效的开发利用就可能使其成为某一学科、专业或专题的"资料库"。特色数据库除了其特色性，还应具备实用性、服务性、规范性、共享性等特点。通过对高校图书馆主页的访问发现，目前，无论是重点大学的图书馆还是中小型高等院校的图书馆都在构建自己的专题特色库，一方面可使部分馆藏资源数字化，提高其利用率和价值；另一方面可提升图书馆在高校中的学术地位。2010年5月，CALIS管理中心通过调查问卷，面向全国高校进行特色库建设情况调研，调

研结果中的106所高校，已建和在建的特色库共有300多个，其中有的学校已建有13个特色库，包括通用库（学位论文库、书附光盘库、教学参考库、机构库、学科导航库等）和特色库（地方文史资料、人物资料、古籍特藏、学科专题资料、课程资源等）。这些专题特色数据库中，纳入CALIS专题特色库的只有被CALIS认证收割的63个专题特色数据库。而无论是纳入CALIS专题特色数据库的63个特色库，还是其余高校的自建特色库，都存在一些问题亟待解决。

目前，在不同时段通过教育网络和电信网络访问了部分高校的专题特色数据库，发现，大部分高校的特色数据库只限于本校师生在校园网内使用，不对校外用户开放，并且有的网址链接不准确或者无链接，如西安交通大学的《江南制造局》专题特色库与江南大学的《食品科学与工程》专题数据库根本就没有链接，湖南大学的《湖南人物》数据库竟然链接到了书院文化数据库。

这在很大程度上降低了专题特色数据库的利用率。因此，各个图书馆之间应加强合作与交流，共享信息资源，将已经建成的专题特色数据库有效地利用起来，实现专题特色数据库的价值。

建库平台不统一。2010年5月，CALIS管理中心通过调查问卷进行调研，发现，各高校在构建特色库时选择的系统平台不尽相同。包括7个经过CALIS认证的系统：TRS、TPI、方正德赛、快威、义华、中数创新和杭州麦达等。也有一些学校自行开发数据库系统。这些平台虽然都经过CALIS的认证，达到了相应的标准，但由于没有统一的接口，在元数据的录入、关键词的提取等方面都存在一定的差异。

目前，CALIS管理中心正在研发基于SaaS技术的CALIS本地特色数据库系统共享版，将免费提供给CALIS各成员馆使用，成员馆在无须高成本投入、无须担心系统高成本升级的情况下开展特色库建设。

CALIS专题特色数据库中心网站上专题特色库导航中只有建库之初的63个数据库，远低于目前全国各高校自建的专题特色数据库的总数，没有及时更新及后续的发展建设。各高校图书馆对于自建数据库的后续发展也没有足够的重视，有部分专题特色库，只有建库初期的一些数据，甚至几年都没有更新录入新的数据。

CALIS的第一、第二期建设中，大部分的专题特色库都是由一些重点大学的图书馆承建的。随着我国高等教育事业的不断发展，一些二类本科院校、高职院校也不再缺乏图书情报专业和计算机信息技术专业的高学历人才，在专题特色库的构建工作中，他们有较高的理论研究以及实际研发的能力。并且，这些中小型院校图书馆也不乏区域性以及学科性的特色馆藏。

三、CALIS专题特色库子项目的发展趋势

在CALIS的带领与支持下，我国高校图书馆在专题特色库建设方面取得了一定的成绩，带动了高校图书馆特色资源共建共享的整体化建设，加速了高校图书馆特色资源共建共享的进程，取得了丰硕的成果。但也存在一些问题，需要进一步的完善。

在三期建设的时候，CALIS管理中心调整了专题特色数据库项目的建设方案和内容。

遵循"分散建设、统一检索、资源共享、服务全国"的建设思路，全面挖掘、整理各类高校未开发利用的资源，补充CALIS资源体系，不断发展壮大CALIS专题特色资源。在

CALIS一期和二期的立项单位信息中可以发现，有65%的项目由211学校承担，普通院校特别是高职高专院校承担的项目非常少。因此，在CALIS专题特色库子项目三期建设的时候，就改变了方针。

重点资助独有或稀缺资源的数字化建设，网络原生数字资源的挖掘和整理；继续支持具有良好前期成果，学科特色、地方特色或民族特色鲜明的专题库建设。

鼓励多馆联合共建。各承建单位相互之间可免费共享资源；建立利益互惠的补偿机制；制定优惠的服务政策收取相应的成本费用；其中，成熟的项目可面向社会提供有偿服务。

带动特色数据库建设的标准化，形成集中式的特色资源元数据仓储和服务平台，面向全国用户提供特色资源服务。数字资源建设的重要目标是共享，但要能得到广泛共享就要遵循数字资源建设的共同规范。因此，CALIS在建设之初就提出了各种标准，以规范数字资源的建设，保证各校建设的子资源能互相访问与调用。使用通过CALIS认证或符合标准的特色库软件，否则将无法被特色资源整合平台所整合，保证特色库建设的质量。

构架专题特色数据库运行平台，包括：建设基于SaaS技术的CALIS本地特色数据库系统共享版和建设CALIS特色库中心门户系统。成员馆可在无须高成本投入、无须担心系统高成本升级的情况下开展特色库建设。

建库标准采用科技部科技基础条件平台工作重大项目——《中国数字图书馆标准规范建设》项目所推荐的相关标准；进一步完善描述元数据规范、对象数据加工规范等相关标准规范；制定包括特色资源组织规范、存储规范、发布规范等在内的一整套基于SaaS技术的CALIS特色数据库标准规范体系。

升级CALIS全国高校专题特色数据库中心服务系统，完善管理和服务功能。从知识产权保护的角度考虑，各高校图书馆将特色资源库的访问权限设置在本校园网范围内，却降低了特色数据库的使用率。但建立数据库的初衷是资源共建共享。因此，CALIS管理中心应形成适合中国高校现阶段发展的专题特色库组织机构和运作模式，促使各高校图书馆完善信息服务手段，最大限度地将特色资源库的题录信息开放给全国的用户。

评估、督促特色数据库建设。通过整合平台对收割到的各馆特色资源数据的统计，可以得到各馆提交的资源数量、全文访问率与下载数，进而可以衡量、评价各馆特色数据库建设的规模、进度、质量，评价其受读者欢迎的程度，并依次作为项目考评或是否继续资助的依据，进而可以督促、规范全国特色数据库的建设并形成良性循环。

第三节　图书馆特色数据库开放存取

20世纪90年代，基于订阅的传统学术期刊的出版模式已经带来严重的学术交流障碍，而网络的运用使学术期刊出版和传播的成本大大降低。因此，国际科技界、学术界、出版界、信息传播界为推动科研成果利用网络自由传播而发起了开放存取运动。按照布达佩斯开放存取先导计划（Budapest Open Access Initiative，BOAI）中的定义，是指某文献在Internet公共领域里可以被免费获取，允许任何用户阅读、下载、复制、传递、打印、检索、超级链接该文献，并为之建立索引，用作软件的输入数据或其他任何合法用途。用户在使用该文献时不受财力、法律或技术的限制，而只需在存取时保持文献的完整性，对其复制和传递的唯一限制，或者说版权的唯一作用应是使作者有权控制其作品的完整性及作品被准确接受和引用。开放存取包含学术信息免费向公众开放和学术信息的可获得性两层含义。其意义在于学术成果可以无障碍地传播，任何研究人员可以在任何地点和不受经济状况的影响，平等免费获取和使用科学成果。

一、开放存取对特色资源建设的影响

特色资源共建共享的最终目标是让所有有文献需求的人在任何时间、任何地点都可以用任何连接互联网的数字设备来访问资源。这与开放存取的目的是相辅相成的。特色资源共建共享的过程中，有很多思路与开放存取的理念不谋而合。开放存取的目的就是实现资源的高度开放和共享，所以，特色资源的共建共享中，可以借鉴开放存取先进的技术、理念。目前，很多开放存取系统软件的源代码都在网络上开放，并且遵循 OAI-PMH 等开放标准，因此，图书馆在进行特色资源建设的时候，可以利用这些系统软件作为平台。降低图书馆在特色资源建设中的成本，节约经费，并利用先进的技术，通过开放、公共的标准实现特色资源数据库之间的共建共享，改变特色资源建设中图书馆之间"各自为政"的局面，在最大范围内实现特色资源的共享。

1. 对工作理念的影响

传统条件下，图书馆在特色信息资源建设时，大多各自为政。花本馆的钱为本馆的读者服务，这本是合理的，无可厚非。但是，在知识经济时代，信息资源的宝贵早已毋庸置疑，人们对信息资源的渴求与日俱增。如果图书馆还怀着各自为政的态度，势必会造成资源的巨大浪费。由于没有通畅的渠道使人们可以及时、自由地获得信息资源，会严重阻碍科技的进步和社会的发展。开放存取的理念要求个人和组织摒弃以往的陈旧观念，无私地奉献出自己的科研成果为全社会乃至全球所共享。图书馆在这方面应起到表率的作用。图书馆不是赢利性机构，虽然公益性并不等同于免费，但是在允许的范围内尽可能多地向社会提供可以开放存取的馆藏资源却是义不容辞的责任。

2. 对工作方式和工作人员的影响

在传统条件下，由于受到技术设备、组织制度和理念等一系列因素的影响和制约，"自助餐"式的服务无法实现。要解决这一问题，开放存取提供了很好的途径。在开放存取模式下，图书馆工作人员的任务在于尽可能多地收集可供开放存取的学生信息资源，运用专业的分类知识将它们分门别类地链接到图书馆的网站上，供读者在需要时方便地获取。开放存取这种崭新的模式在移动程度上减少了体力劳动，却对脑力劳动提出了更高的要求。

3. 对图书馆特色信息资源建设经费的影响

有限的购书经费与科技信息资源数量无限增长的矛盾日益突出和尖锐，许多图书馆都苦于空有为读者提供满意服务之志，却无实现之"财"。特别是经济欠发达地区的图书馆，这种现象表现得更为明显。开放存取出版模式采取一种"作者付费（机构付费），读者免费"方式，在一定程度上缓解了"期刊危机"给图书馆带来的压力，可以减少图书馆特色信息资源建设的费用。

4. 对特色信息资源共享的影响

开放存取更大的意义在于它将特色信息资源共享这一人类追求的理想变成了现实。一般认为，开放存取对信息资源共享的影响主要体现在以下两个方面。

① 图书馆应采取积极的态度，采集、整理和提供其他图书馆或信息机构所无法提供的可以开放存取的学生信息资源，形成自己的馆藏，既为本馆的读者服务，也为互联网上所有的读者服务。以往以馆际互借、合作编目形式开展的特色资源共享，在开放存取的条件下被无限制地扩大了，由馆与馆之间的单向的、直线型的协作，发展成为多机构的、多向的、辐射型的协作与互补。

② 图书馆不能单纯依靠搜集其他机构提供的资源，而是要积极地参与其中。在允许的范围内，将本馆收藏的特色馆藏资源经数字化处理后放置在 Internet 上，供网络读者开放存取。需要注意的是，各图书馆在信息机构之间要注意协调和配合，在将本部门的资源实行开放存取时，要注意形成特色，避免重复劳动。

二、开放存取是特色资源共建共享的趋势

每个图书馆都有自己的特色资源，而特色资源的共建共享需要开放存取，以达到更高水平的资源共享，便于用户全面、准确、及时地获取最新的科研进展和成果。

1. 转变观念，创新特色资源共享体制

开放存取的理念要求个人和组织摒弃以往的陈旧观念，无私地奉献出自己的科研成果为全社会乃至全球所共享。特色资源数据库要建立基于"自由获取"的共享体制，即任何人能在任何时间、任何地点获取所需要的信息资源。借鉴开放存取的新理念，首先要实现"自由存储"，才能实现"自由获取"。如果特色资源体系中的资源匮乏、更新迟滞，即使是免费的，也无益于用户和科研。因此，要创新特色资源共享体制以保障资源的"存""取"自由。

开放存取为特色资源的共建共享提供了很好的途径。在开放存取的模式下，图书馆工作人员的任务是尽可能地收集开放存取的特色资源，运用专业知识将它们建设起来，供用户在需要时获取。开放存取的模式创新了特色资源共建共享的体制。

目前，由于知识产权、经费等诸多方面因素的影响还无法实现这种"存""取"自由，但这是未来特色资源共建共享发展的方向。

2. 整理组织开放存取资源补充特色资源体系

开放资源能够以最少的中间环节、最短的流通时间、最快的速度免费地获取最新的学术成果，因此，如果图书馆能充分利用开放存取中的特色资源，一方面，能及时更新和丰富特色资源体系，增加信息资源的时效性，为特色资源的建设注入新的活力，有效地提升和扩大特色资源体系的影响，另一方面，能在增加了资源的同时，节省经费开支，避免了资源的重复建设。开放存取的发展，无疑会促进特色资源体系的共建共享。

由于开放存取资源比较分散，呈游离状态分布于网络上，一些对信息检索技能比较低的用户很难发现并利用这些资源。因此，在特色资源建设的过程中，如果能将开放存取资源中的有用信息整合组织起来，形成集约化资源展示给用户，方便用户快速检索与浏览，

将大大地提高开放存取资源的利用率。

图书馆应该采取积极的态度，采集、整理和提供其他图书馆或信息机构所无法提供的可开放存取的特色信息资源，建设起来，形成自己的馆藏，既为本馆的用户服务，同时，也为互联网上所有的用户服务。以往的特色资源共建共享，在开放存取的条件下，被无限制地扩大了，由馆与馆之间的单向的、直线型的协作，发展成为多机构的、多向的、辐射型的协作与互补。目前，国内外的许多图书馆已经对开放存取资源进行了初步的整合与组织。

图书馆不能单纯依靠搜集其他机构提供的资源，而是要积极地参与其中。在允许的范围内，将本馆收藏的一部分馆藏资源经数字化处理后放置在 Internet 上，供网络读者开放存取。需要注意的是，各图书馆在信息机构之间要注意协调和配合，在将本部门的资源实行开放存取时，要注意形成特色，避免重复劳动。

三、应对策略

1. 加大对开放存取信息资源的宣传力度

广泛开展宣传活动，提高对开放资源的认知程度。充分利用图书馆的平台，对开放存取的特色信息资源共建模式进行宣传和推广，让用户接受开放存取的理念。处理好作者、出版商、用户和图书馆员等多种角色之间的关系。图书馆员作为开放资源的宣传者和推广者，应加强学习，不断提高自己接收新事物、新知识的能力，要广泛收集、阅读、积累有关信息资源方面的资料，熟练掌握网络开放资源的分布情况及变化趋势，有效地指导、帮助用户利用网络上开放存取资源中的特色资源。

2. 积极参与开放存取活动，促进特色资源共建共享

图书馆应吸取发达国家开放存取的经验，共同推动政府部门和相关机构制定相关的战略和政策，积极参与和发展学术信息的开放存取运动，促进我国的开放存取出版、科研信息交流和科学研究事业。在特色资源共建共享的过程中，开放存取资源是一种图书馆资源建设的趋势，它是网络资源盛行、数字信息膨胀时代的产物。不单是高校图书馆，开放存取其实已经渗透到信息时代的各个领域，它所带来的共享和便捷正在被更多人利用，越来越多的人也都参加到这场革命中来，参与开放存取资源的建设和利用。它所带来的信息革命影响之深，波及之远已经成为这个时代信息的数字资源的代名词。

在图书馆的资源建设中，开放存取的影响改变着人们的思维习惯、思考方式，更多的人享受着开放存取环境下所带来的前所未有的便捷和实用。数字技术迈进的一小步迎来了图书馆资源建设的一大步，只有紧跟这种资源建设不断完善、创新图书馆服务，人类文明和社会进步的方式才会随着开放存取的发展多样化地实现。

第四节 基于云计算的特色资源共建共享

一、云计算概述

云计算的理解和定义众多，较为共识的云计算是分布式处理（Distributed Computing）、

并行处理（Parallel Computing）和网格计算（Grid Computing）的发展，或者说是这些计算机科学概念的商业实现，是虚拟化（Virtualization）、效用计算（Utility）、Iaas（基础设施即服务）、Paas（平台即服务）、SaaS（软件即服务）等概念混合演进并跃升的结果。其基本原理是让计算分布在大量的分布式计算机上，而非本地计算机或远程服务器中，按照互联网运作模式将资源切换到所需要的应用上，根据需求访问计算机和存储系统的网络资源共享利用。在这一共享利用模式中，"云"是指各种大量的计算机阵列组成的大型服务器集群，以共享基础架构为方法，将所有的计算机资源集中起来，构成一个互联网的资源池向全球用户提供公共的服务，用户只需要一台计算机或者一部手机，就可以通过网络服务来获得自己需要的信息、知识。像用电用水一样，按使用量来计费。云计算作为新一代互联网计算模型，具有强大的计算能力和低成本、高安全、按需所取等特性，在信息资源共享管理中具有明显的优势。

云计算具有一些新特征，其主要特点表现为以下几个方面。

① 云计算提供了最可靠、最安全的数据存储中心。在桌面电脑上，硬盘崩溃或病毒入侵可能损坏所有有用的数据，但是云里面一台计算机的崩溃不会影响到存储的数据，这是因为"云"会自动备份存储的数据。同时，严格的权限管理策略可以使用户放心地与用户指定的人共享数据。

② 云计算对用户端的设备要求最低，使用起来也最方便。用户不需要购买非常高端的电脑来运行云计算的 Web 应用程序，因为这些应用程序是在云上面，而不是在本地运行，所以桌面 PC 就不需要传统桌面软件所要求的处理能力和存储空间。同时，云计算能够为各种规模的组织显著地降低硬件和软件的维护成本。硬件都由云计算提供者管理，所以组织基本上不用再进行硬件维护，系统软件等也是同样的情况。

③ 云计算可以轻松实现不同设备间的数据与应用共享。一方面，随着网络化进程的迅猛发展，如今的网络就像生活中的水、电一样，正在成为无所不在的生活必需品；另一方面，则是移动设备快速成长，难以计数的可联网装置从计算机、手机一直到汽车、家电甚至相机都有安装。在使用者计算机上的数据，也需要在手机、PDA 上使用，最好的方式就是把数据放到网络上，上网就能取得，不用把同一份资料在不同上网工具中转来转去。

④ 云计算为人们使用网络提供了几乎无限多的可能。云计算为存储和管理数据提供了几乎无限多的空间，也为人们完成各类应用提供了几乎无限强大的计算能力。个人和单个设备的能力是有限的，但云计算的潜力却几乎是无限的。当把最常用的数据和最重要的功能都放在"云"上时，只需要一台计算机或电子设备和网络连接就可以获取想要的信息。

二、云计算给图书馆特色资源共建共享带来新的机遇

信息时代的到来，网络技术的不断更新，决定了特色信息资源的发展趋势是实行共建共享，关于这一点，在我国图书馆同行中已经达成了普遍共识。实行特色资源的共建共享，是解决知识信息剧增与单个图书馆馆藏能力不足这一矛盾的有效途径。

但是，图书馆目前采用的现代信息技术应用的局限性，制约着图书馆特色信息资源共建共享的进一步发展。现代信息技术的应用是不断发展的过程，目前的图书馆采用的一些技术也存在一定的缺陷，如计算机及其配件市场比较混杂，升级换代频繁，给信息技术工

作者的选择带来困难，增加了工作强度和难度；通信线路传输速率低，尤其是在传递多媒体信息时更显能力不足。要促进图书馆特色信息资源的共建共享更上一个台阶，就需要解决这些制约发展的瓶颈。

针对上面提到的图书馆现采用的信息技术，给图书馆信息资源共建共享带来的发展缺陷，正好是"云计算"解决的问题。一是"云计算"对用户终端要求不高，一般只需服务器集群升级换代即可，而服务器集群由专人负责，所以，对图书馆来说，云计算不但能解决升级换代频繁带来的困难，还能节约硬件升级及维护费用，有关的技术人员不必在升级图书馆的相关硬件上煞费苦心，工作强度大大降低了，就能有更多的时间开展其他工作。二是要实现"云计算"，就需要存在一片有着强大能量的云，即网络连接和强大的网络计算能力。而云计算的无限带宽网络，就能有效地解决信息传输过程中的带宽不足、速率低的问题。此外，在"云计算"环境下建构图书馆特色信息资源共建共享模式，还可以避免图书馆的资源重复建设，节约图书馆的成本，将庞大的异构资源有机地整合起来，提供统一平台，实现信息资源的全面共享。

颠覆了传统的特色资源利用方式。云计算的核心是海量数据的存储和计算。由几十万台甚至几百万台计算机构成的计算机群，对信息进行聚合和分布处理，然后通过网络对客户提供服务。这样，用户只需使用计算机、手机、PDA等终端设备接入互联网，便可获取需要的信息服务。在未来，只需要一台笔记本电脑或者一部手机，就可以通过网络服务来实现用户需要的一切，甚至包括一些个人计算机无法应对的超级计算任务。

云计算提供了最可靠最安全的数据存储中心，有利于降低图书馆信息资源共享的安全风险，提高了图书馆特色信息资源的安全性。目前，阻碍图书馆信息资源共享的主要问题仍是信息安全问题，图书馆的馆藏数据库一旦感染病毒、设备损坏造成的数据丢失、破坏等情形后果不堪设想，而云计算的冗余存储、容灾机制能有效解决这一问题。使用云计算服务的用户，他们的数据库将不在用户自己的数据中心里，而是位于云中，由数据中心的管理者集中对数据进行统一管理、分配资源、均衡负载、部署软件、控制安全，并进行可靠的安全实时监测，从而可使馆藏数据得到最大限度的安全保证。云计算提供了最可靠、最安全的数据存储中心，用户不用再担心数据丢失、病毒入侵等麻烦。云服务端有专业的团队来管理信息，有先进的数据中心来保存数据，严格的权限管理策略还可以帮助用户指定的人共享数据。图书馆可以根据用户信息需求的不同，将用户从低级到高级划分为若干个层级，根据不同的层级设置不同的资源层访问权限，严格控制用户对共享资源的访问，确保数据安全。

云计算提供了云端设备和技术，有利于缩减图书馆信息资源共享实现成本，降低了特色信息资源的共享成本。目前，各图书馆为了使用最新的操作系统，不断对工作人员的PC机进行升级换代。在云计算模式下，PC机的定义将发生很大的改变，计算的架构从过去集中于PC或服务器的某一"端"走向"云+端"。软件企业的业务模式从软件走向"软件+服务"。图书馆将不必购买本地安装的自动化系统及开发软件，由云计算提供商提供具体的硬件、软件和更新，降低了用户端的设备要求，用户所需要做的只是通过各种上网设备享受云服务所提供的自己需求的资源。可以想象，这种模式若应用于图书馆信息资源共享系统，将节约大量设备、人力等方面的投入成本，从而达到缩减信息资源共享成本的目的。云计算服务提供的是按需服务，基于某个特定应用程序的成本不再是用户个人承担,而是由所有使用用户均摊。用户只需为自己所使用部分付费,降低了数据运行的建设成本。使用过程中用户只需要通过互联网连接云计算中心,不必购买服务器和存储装置,不需要自行升级软件,也不需要专门的技术团队来维护数据中心的正常运行,从而降低了运行和维护成本。

加强特色信息资源整合并兼顾个性定制。云计算的基础是"整合"的思想,采用统一的基础架构诸如硬件、软件、服务等,在对资源的利用方面不用考虑传输协议、数据结构等对信息资源的整合。简言之,在图书馆领域,各图书馆的各种编目信息、自建资源等可以借用一朵"云"统一结合起来,内容高度融合,用户通过网络获取他们想要的文献,但他们只需要关注获取过程本身,无须理会界面之后的繁复运作,各高校图书馆的信息资源将得到真正的整合和共享。几乎每个云计算服务提供商都提供了开放API,把开放环境、应用程序运行环境、数据库环境等作为一种服务来提供给使用者,让使用者能够自定义开发更加适合自己特色业务的应用程序。

云计算提供了不同数据库间的应用与共享环境,有利于扩大图书馆信息资源共享范围。目前,我国图书馆网络数据基本上处于"分布式存储""分布式访问"的状况,各种数据资源都有自己的数据结构、组织形式、查询方式以及显示界面,用户为了查准、查全所需要的资料,需要进入不同的查询系统和熟悉每个数据库的检索方式和显示格式。而云计算可以在技术和管理上将分布式存储在不同设备上的数据库统一起来,通过对数据库的多样性格式进行屏蔽,为用户提供统一的检索入口,使用户可以方便透明地访问多个数据库,极大地提高了信息检索的效率,扩大了共享范围。

三、构建基于云计算的图书馆特色信息资源共享系统的可行性分析

1. 技术体系分析

目前,对于云计算技术体系的研究已经相对成熟,国内外众多专家和IT企业都提出了不同的解决方案,已形成了一些具有代表性的技术体系结构。例如,亚马逊研发的网络服务,其技术体系由4块核心服务组成:弹性云EC2(elastic computing cloud)、简单存储服务S3(simple storage service)、简单排列服务(simple queuing service)及目前尚处在测试阶段的Simple DB。又如,IBM的政府云计算解决方案由4层构成:硬件和操作系统的基础设施,软件系统和管理平台(包括一组部署管理软件、虚拟化组合和云计算管理系统),云计算提供的各种虚拟机,由虚拟机组合形成的各个具体的云计算使用中心。我国云计算专家刘鹏在《云计算技术原理》一文中提出了一个技术体系结构,它由物理资源层、资源池层、管理中间件层和面向服务架构的构件层组成。该体系结构全面系统地概括了不同厂商提出的云计算体系结构的主要特征和重要功能。可以说,这些技术体系和实现方案为构建云计算环境下图书馆特色信息资源共享系统提供了技术支持和讲演积累,因此,构建基于云计算的图书馆特色信息资源共享系统在技术上是切实可行的。

2. 应用环境分析

从应用环境来看,目前国际上知名的企业如Google、Amazon、IBM、Microsoft、Yahoo等在云计算领域均有较成功的实践,如Google公司提供的Google文档、Google地图等多种应用都是基于云计算环境的,目前有超过50万家企业签约使用Google应用软件引擎,用

户群已经接近1000万人。Amazon公司提供的弹性云计算EC2，已在世界范围内得到了相当高的认可，许多公司采用这个平台来搭建自己的云计算服务。IBM公司在2007年发布了"蓝云计划"产品，已经建立了多个云计算中心，提供丰富的产品帮助企业建立自己的私有云。微软公司推出了新操作系统Azure，企业用户既可以在公司计算机上运行，也可以经由微软通过互联网提供相同服务，将用"即用即付"模式对Azure定价。另外，雅虎、惠普和英特尔3家公司也共同组队创建了"云计算测试平台"，目前已有50多个研究项目与其接轨。在我国，云计算发展也非常迅猛。阿里巴巴、中搜、瑞星等IT企业均建立了自己的云计算中心，并取得了初步进展。可以说，现阶段这些云计算的应用，为构建云计算环境下图书馆特色信息资源共享系统积累了丰富的实践经验。

3. 云计算可使图书馆与IT企业实现双赢

对于图书馆而言，通过传统模式构建特色信息资源共享系统会面临资金投入大、更新和维护成本高等一系列问题。而IT企业提供的云计算服务具有零设备投入、零运维成本等优点。因此，在现阶段构建图书馆信息资源共享系统，无须斥巨资购买昂贵的计算机设备，只需花少量的租金租用IT企业所提供的计算、存储、服务即可，并通过向IT企业支付一定的服务费用就可达到预期的效果。在云计算环境下，服务器的日常维护由云计算服务商来提供，图书馆不必另外支付费用，节省了人力物力和时间成本。一般认为，构建图书馆基于云计算的特色信息资源共享系统，对图书馆来说以极低的成本投入获得高质量的资源服务，可以减少图书馆建立和维护特色信息资源共享系统的经费。对IT企业来说，可以通过提供资源服务而获利，同时也是IT企业深化和开拓市场服务领域的有效途径。可见，云计算可使图书馆与IT企业实现双赢。

四、云计算环境下图书馆特色信息资源共建共享的发展对策

与传统图书馆相比，云共享服务模式改变了面向用户的计算服务方式，也带来了诸多云计算的安全问题，开放的接口为非法访问提供了可能。使得对数据的存储、传输、平台的可靠性及持续发展性产生了新的威胁，只有认真分析云共享面临的这些安全威胁，从云存储系统建设、云安全维护策略制定及安全防范、管理制度上入手，有针对性地采取有效安全措施，才能确保云共享的安全、可靠与长久运行，更好地为用户服务。

1. 协商制定科学有效的云特色信息资源共享相关准则

图书馆特色信息资源进行云共享的相关准则，除参考和依据有关国家、行业标准外，一些具体的准则如权益分配、维护权限等，则要根据共享的服务内容、服务方式及服务范围等进行科学协商，制定出科学有效的云共享相关准则，以便对图书馆各方的权利、职责与权限进行划分，防止出现问题时的责任难分现象。同时，在选择云服务商时，依据云共享的规模和建设思路，要选择安全设备较高、信誉度较高、安全防护体系较高的提供商。

2. 提高云中共享资源的威胁监测能力

为了提高云中所存数据的安全性，目前部分云提供商已采取了一些监测手段，如数据审计等，以便高效、准确、快速地监测到存储数据所存在的可能威胁，这种检测已成为云

安全防护体系的重要部分。在云环境下，云共享为图书馆用户利用云平台提供了开放的接口，对客户端存在的威胁进行检测和防护，并利用病毒行为监控技术防范未知威胁。客户端可将本地不能识别的可疑流量及时送到云端检测中心，利用云端计算能力快速分析安全威胁，并将获取的威胁特征推送到全部客户端和安全网关，使云共享系统和客户端都具备云安全监测、防范的能力。此外，还可建立专门的云安全集中中心，以保障云图书馆核心业务安全，有效地节约云图书馆安全建设经费。

3. 在云共享的信息传输中采用数据隐藏技术

云的开放性与云共享信息资料传输过程中可能存在的信息截取、修改与替换等威胁，使得图书馆与云之间的信息交互过程成为最有可能遭到信息破坏的环节之一，一些云提供商要求用加密的手段以防数据在传输中遇到的种种威胁，其实，在云安全体系的监测保证下，采用加密存储能够保证所存数据的安全与运行，但在传输过程中，经过加密处理的密文由于是一组乱码，当攻击者发现信道存在密文时，就会利用已有的各种攻击方法对密文进行截获与破译，尽管加密不易被解密，但通信易被第三方察觉，一定程度上向攻击者明确提示了重要信息的存在，所以容易引起攻击者的注意，进而遭受到干扰和攻击，导致信息传输过程中存在的威胁性大增。对于图书馆的核心数据，如财务信息、读者信息等，可采用目前在军事界应用较为广泛的信息隐藏技术，信息隐藏是将机密信息秘密隐藏于另一公开信息（载体、宿主、掩体对象）中，即将秘密信息（嵌入对象）嵌入到另一表面看起来普通的信息载体中，然后通过该公开信息（隐藏对象）的传输来传递秘密信息，第三方（攻击方）很难从公开信息中判断机密信息是否存在，即无法直观地判断他所监视的信息中是否含有秘密信息，降低了机密信息的截获率，也从根本上降低了传输中数据遭到破坏的威胁性。

4. 建设两个云共享中心

利用云进行图书馆信息资源的共享，具有低成本、快速部署、管理简便、可靠性高及数据灾难备份等优势。但为了保证云共享的可靠性和持续性发展，图书馆云共享建设中需建设云共享主存储服务中心和备份云共享存储服务中心两个完全相同的跨地域云存储数据中心，形成一个跨地域的统一安全存储平台。图书馆云共享主存储服务中心和备份云共享存储服务中心以负载均衡方式工作，并定期由主中心向备份中心进行数据备份迁移。于是，当主中心遭受攻击或因不可抗拒因素停止工作时，备份中心就能保障图书馆云共享存储中心的数据安全及服务不间断，解决以往困惑人们的持续性和可靠性问题。

五、基于云计算的图书馆特色信息资源共享系统构建模型

构建图书馆特色信息资源共享系统应遵循信息系统的一般模型。鉴于图书馆基于云计算特色信息资源共享系统的特殊性，需要对元数据进行处理，对现有的资源进行封装，以便于系统的查询、用户需求的匹配。因此，在云计算体系结构的基础上，给出个性化的图书馆特色信息资源共享系统结构模型（见图7-2）。

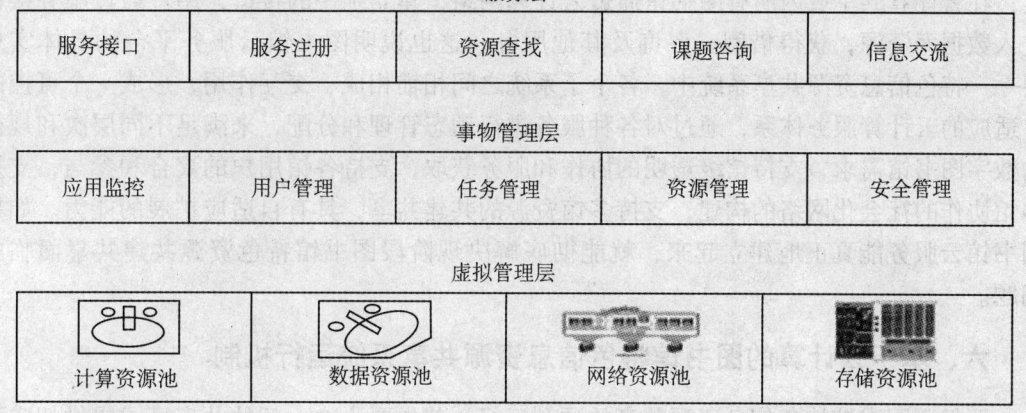

服务层				
服务接口	服务注册	资源查找	课题咨询	信息交流

事物管理层				
应用监控	用户管理	任务管理	资源管理	安全管理

虚拟管理层			
计算资源池	数据资源池	网络资源池	存储资源池

物理资源层				
计算机	服务器	存储设备	数据库	网络设备

图7-2 图书馆特色信息资源共享系统结构模型

其中各部分的任务、功能及可使用技术包括以下一些内容。

1. 物理资源层

物理资源层是图书馆特色信息资源共享云计算系统的最底层,提供最基本的硬件资源:计算机、服务器、存储设备、数据库、网络设备等。在这个模型中,对于计算机的硬件要求很低,可以使用价格低廉的 PC 机,通过分布式技术和虚拟化技术将分散的计算机组成一个提供超强功能集群用于计算和存储云计算操作。

2. 虚拟管理层

虚拟管理层是图书馆信息资源共享云计算系统的第二层,虚拟化是云计算的核心设计技术。通过虚拟化技术将物理资源层大量相同类型的资源构成同结构或结构相似的资源池,消除物理硬件的限制,降低了硬件管理复杂度,提高了硬件资源的利用率,有效控制其成本,保证了信息资源共享系统的可扩展性,目的是为上层提供共享的资源。

3. 事物管理层

事物管理层是整个图书馆信息资源共享云计算系统的核心部分,由应用监控、用户管理、任务管理、资源管理、安全管理等内容组成。主要功能是利用云计算技术将资源层提交的受控资源整合在一起。供虚拟组织的应用程序共享、调用。在管理层的有效调控下,资源层的各项资源通过一系列作用抵达服务层最终实现用户的需要。

4. 服务层

服务层是图书馆特色信息资源共享云计算系统的实现平台,由服务接口、服务注册、资源查找、课题咨询、信息交流等内容组成。主要功能是向用户提供应用服务和解决方案，在云计算共享域内所有图书馆通过云计算网络，建立统一的接口，用户通过服务接口进入数据库资源，获得借阅、咨询及其他服务，这也说明图书馆云服务平台的具体实现层——特色信息资源共享系统中，各个子系统之间相辅相成、交互作用，形成一个可控的自适应的云计算服务体系，通过对各种服务进行动态管理和分配，来满足不同层次和规模的数字图书馆需求，支持馆级透明的协作和服务获取，支持各馆用户的聚合和参与，支持多馆协作的社会化网络的构建，支持多馆资源的共建共享，具有自适应扩展的能力。如果图书馆云服务能真正地建立起来，就能彻底解决现阶段图书馆特色资源共建共享面临的问题。

六、基于云计算的图书馆特色信息资源共享系统运行机制

要保证图书馆特色信息资源共享的顺利运行，首先要为这一新的共享模式提供切实可行的运行机制。一般认为，图书馆可以以"会员制"的管理模式构筑其运行机制。运行机制包括协调机制和财力机制两部分。具体做法是建立一个具有综合协调组织能力的图书馆共享系统管理中心，负责特色信息资源共建共享全面发展规划。其主要工作包括：制定方针政策、技术标准、共享计划、服务协议等一系列运营章程，并定期作风险评估，保证"云"的安全运营。另外，由于云计算环境下图书馆特色信息资源共享是新生事物，各成员馆有义务将这种新的共享模式推广到更多的学校、企业，服务更多的用户，对特色信息资源进行公开、公平、有序的交易，推动图书馆特色信息资源共享的市场化，促进地方的经济发展。因此，客观上还需要政府和地方扶持，建立健全财力机制，具体设想是建立特色信息资源共享发展基金，基金由图书馆共享系统管理中心管理。这样，启动协调机制和财力机制，运用基金贷款支持和政策上的扶持，推动图书馆特色信息资源共享工作的开展。图书馆特色信息资源共享方案应通过合同的形式加以确立，规定各成员馆的职责、权利、义务及合同履行时间、付费形式和金额等。确保特色信息资源共享顺利运行。

"云计算"的价值不仅体现在先进的技术本身，更体现在技术应用理念方面。它给数字图书馆特色信息资源的共享带来了一种新的思路。云计算在图书馆的应用将是未来图书馆发展的一个趋势，它可以将庞大的异构资源有机地整合起来，提供统一平台，实现特色信息资源的全面共享。随着云计算的研究与应用升级，图书馆应用云进行信息资源的共享、计算与服务不再遥远，本章节在对云计算服务模式和功能进行分析的基础上，设计了基于云计算的图书馆特色信息资源共享系统模型，分析了具体的运行机制，为图书馆信息资源建设在互联网时代的发展提供了新的方法和思路。

当然，真正实现云计算环境下的信息资源共享要解决的不仅仅是技术问题，还涉及政策法规制度、数据版权、机构管理、信息安全、个人信息隐私等方方面面的问题。然而云计算确实能为图书馆带来价值。云计算的应用可以使图书馆人更加专注于自己的特色信息资源的共建共享，摆脱IT的束缚，并使得特色信息资源的建设可以进行更大范围的协作、共享，提供更优质的服务。

第八章　图书馆特色资源与特色服务

我国各类型图书馆应针对其自身的性质和任务，根据馆藏基础及地区或系统文献资源布局的统筹安排，通过多种途经，有计划、有重点地收藏某学科特色、专业特色、地方特色等方面的相关文献资料，从而形成各具特色的特色资源。特色资源的建成有利于图书馆文献资源布局逐步趋于合理，有利于建设全国、全地区、全系统的图书馆文献资源保障体系。同时，各类型图书馆还可以利用这些特色资源开展一系列的特色服务，满足用户对特色文献的需求。特色服务与特色馆藏是相互联系，互为条件的。特色服务以特色资源为重要的基础条件之一，特色资源的目的是开展特色服务，特色资源对特色服务起着促进与限制的双重效应。图书馆所开展的各种特色资源与特色服务，可以从根本上解决图书馆藏与用的矛盾，满足用户的各种不同需求，从而实现全国、地区、区域联盟图书馆之间真正意义上的资源共享。

第一节　图书馆特色服务的概念及重要性

自改革开放以来，我国各类型图书馆（特别是公共图书馆和高校图书馆）先后推出了一批特色服务项目，有的初见成效，有的成效显著。图书馆理念的转变和服务工作的创新是顺应时代发展的需要，而特色服务则是各类型图书馆的亮点。

一、图书馆特色服务的概念

关于特色，有多种不同的解释，《在线新华字典》将"特"解释为"不平常的"、"超出一般的"等，"色"解释为"颜色"、"景象"等，进而可以将"特色"理解为独特的、优秀的色彩和风格；"辞海在线查询"解释为"事物所表现的独特的色彩、风格"等。有学者将"特色"定义为"特色者，个性化"和"稳定的个性风貌"；中国科学院院士杨叔子认为，"特色"就是高水平，就是"非我莫属"、"舍我其谁"。虽然这里对"特色"的解释不尽相同，但从一般意义上可以这样认为："特色"是一定范围内事物与众不同的独特风格。同时，特色是一个富有动态变化内容的与时俱进的概念。

什么是图书馆的特色服务？目前暂无完全统一的概念。冯琼综合了各家观点，分析了对图书馆特色服务含义的三种不同理解：其一，特色服务是本馆"独家经营"的服务，即"人无我有"；其二，特色服务是图书馆界"众家经营"中的优质服务，即"人有我优"；其三，特色服务是图书馆系统化建设的综合表现，是建立在"人无我有，人有我全，人全我优"的竞争基础上，在传统服务基础上开创的新的服务项目、服务方式和服务理念，是图书馆服务形式、服务内容、服务效果完美统一的产物，具有独特性、针对性、创新性和多样性的特点。因此，可以这样来理解特色服务：凡以某种特色藏书、某种特色服务形式和某一特定读者群为专门服务对象的服务就是图书馆特色服务。从根本上讲，图书馆特色服务的目的就是以"服务读者"这一宗旨为前提，以本馆的一切资源为基础，为读者提供系统的、有针对性的、富有成效的服务。由于各个图书馆在规模、地域、性质、任务、职能和服务对象等方面的差异，特色服务没有固定的服务模式，但有其共性特征，那就是因馆制宜，结合实际，多方面、全方位围绕特色馆藏，为特定读者开展特色服务工作。

图书馆特色服务的主要宗旨是突出自身的资源、服务优势，在为读者服务中收到特殊的效果。要求图书馆馆藏资源、服务方式及手段上有别于以往的图书馆，以针对性强、专业化程度高、优势突出等特点，在为用户服务中发挥特殊的作用。

图书馆之所以能够得以长效地、可持续性地发展，就是图书馆在服务中保持特色的结果。如果没有特色服务理念、特色服务方式和特色服务内容，就不可能开展各种新颖的特色服务项目。特色服务本身同时又具有区别于其他公共图书馆的服务方式。就公共图书馆而言，其基本服务对象已经不再是单独的"特殊服务"能够满足的，只能完善传统服务，集中优势深化某些项目，使其具有形式活跃，内容丰富，效果显著，优于同行的特色。而就高校图书馆而言，即使开展的服务内容在国内外非"独家经营"、十分普遍，但是如果在服务中采取了极其独特的服务形式，取得"方便读者、节省时间、服务高效、广受欢迎"的特殊效果，也可以体现出特色服务的效应。

黄恩祝曾于1998年在《再谈特色服务和特色图书馆》中明确指出，图书馆特色服务有两个特点：任何一个馆都可创办；它是针对传统的痼疾而产生的，将来当它成为正规的服务方式和内容后，即当它完成了自己的历史任务后，它的名称便会自然消失。所以特色服务是一个历史范畴的名词。因此，图书馆特色服务应该是一种广义的范畴，只要形式、内容与效果能完美统一，就是特色服务。这样，不论公共图书馆、高校图书馆以及其他各级各类图书馆，都不必苦于形式的翻新、内容的迭更，从而积极创办自己的特色。

图书馆特色服务是图书馆顺应改革需要，从内部运行机制入手，实现读者服务的完善和深化的必然结果。图书馆特色服务是不同于传统的服务方式，是图书馆在研究社会需求的基础上主动开展的服务项目。具体表现为：主动开展社会需求调查，根据调查结果建立特色服务方式，按照读者需求搜集信息，并提供给读者。

深化我国图书馆的特色服务，是一项涉及面广泛、内容丰富的工作，需要从理论上进行深入研究，在实践中大胆探索。

二、图书馆特色服务的重要性

开展特色服务是各类型图书馆生存和发展的必然。随着全球信息化进程的加速，各类型图书馆面临着许多机遇和挑战。图书馆只有办出特色，才能使自身在未来的信息社会中立于不败之地。

21世纪，是人才、人力资源发挥优势的世纪。随着科学技术的不断进步和社会的不断发展，人们对各种知识、各种信息的需求越来越强烈，知识信息在社会发展中已成为重要的战略资源，尤其是信息产业、信息咨询业迅速崛起和不断壮大。面对这样一个多样化需求，各类型图书馆如果不采取多样化的主动服务措施，满足特色需求，将会在信息产业的竞争中没有一席之地。构建图书馆的特色服务可以使图书馆的信息服务变被动为主动，变静态为动态，使图书馆员转变服务职能，从"坐着等"到"动着做"，从而达到以实际的服务效果来树立图书馆馆员和图书馆的良好形象。

1. 特色服务是经济社会全球化发展的必然要求

英国社会经济学家莱斯利斯克莱认为：全球化是以经济全球化为核心，包括通信、旅游及生态的全球化为基本内容，而以文化及社会、政治影响为直接后果的一种社会变化趋势，它揭示的是全球不分贫富、不分种族、不分信仰、不分国界、日益密切的相互依存状态。全球化的提出，标志着地球上人类作为这个整体的相互依存已经达到前所未有的新水平。经济和文化的全球化，更需要特色经济、特色文化，需要服务于特色经济和特色文化的图书馆特色服务，这是时代赋予图书馆的使命。随着改革开放的深入，我国在许多领域都开始与国际接轨，而通信和传播技术的发展，特别是互联网的快速发展，使不同地域的信息传播越来越便捷，加快了国与国之间在经济、文化、技术等领域的交流与合作。因此，面对全球化趋势，我国图书馆既要融入世界，又要保持独特的个性。只有不同国家、不同民族最具特色的传统、民俗与文化才能真正走向世界这一理念已经达成了共识。

2. 特色服务是网络环境形成的现实需要

高新技术的发展，网络环境的变化，数字图书馆的崛起，信息市场的形成和信息咨询的兴起，使图书馆管理的外部环境和内部环境都发生了急剧的变化。在文化传播载体数字化和传播方式多元化的影响下，图书馆的网络化建设有了长足的发展。网络环境对图书馆的服务提出了更高的要求，由于图书馆用户不再受地域、空间和时间的限制，用户更愿意访问那些信息量大、能满足其需要、服务方便的图书馆。众所周知，随着数字图书馆的出现，图书馆网络的形成，各类型图书馆必须以自身的特色资源及特色服务，拥有自己的"网页"藏书范围才能跻身信息海洋中。面对这种形势，图书馆就必须提供特色服务，做到"人无我有、人有我优、人优我特"。否则，会落到无人问津的尴尬结局，失去其存在的价值。因此，图书馆要立足于网络时代，特色化服务势在必行。如果说，传统图书馆对图书馆特色化要求不够迫切的话，那么网络环境下图书馆特色化服务建设就显得尤为重要和迫切，因为特色服务是网络环境下图书馆的生命线，不能提供特色服务的图书馆在网络环境下将失去生存的意义。

3. 特色服务是用户需求变化的必然要求

在网络环境下，图书馆的服务对象范围不断扩大，读者需求出现了新的变化，呈现出多元化、个性化、专门化的趋势，读者不再满足于获得某一信息载体，而是更需要某一方面知识单元的提供；所需信息的形式由原来单纯的文字信息需求，扩展为集文字、图像、声音于一体的多媒体形式信息需求；对网络信息资源的要求日益强烈。面对用户需求的新变化，图书馆只有主动提供质量高、及时准确、专业性强、知识超前的信息服务，做到"人无我有、人有我优、人优我特"，这才是充分发挥馆藏文献信息和数据库信息资源作用的主要途径和关键。因此，图书馆立足于网络时代，开展特色服务势在必行。

4. 特色服务是图书馆自身发展的内在要求

随着信息社会的发展及信息资源共享趋势的加强，用户不仅对信息的需求量增大，对信息的需求层次也趋于深化。在这一需求背景下，涌现出了多种信息提供者，各种信息产品呈现在用户的面前。图书馆如何在市场化竞争中体现自己的优势，成为各馆思考的重要问题。建设特色馆藏，提供特色服务恰能更好地解决这一问题。由于各馆在地域、类型和读者对象等方面的不同侧重使各馆或多或少拥有自己的馆藏特色，这些独有的或者相比之下更为丰富的馆藏，正是读者希望共享的信息资源。因此，图书馆可以充分利用自己的科研和技术优势，将特色馆藏进行系统化、有序化加工整理和深层次挖掘，做成新颖独特的信息产品，形成自己的馆藏品牌，开展特色服务，如广东金融学院图书馆的"货币金融博物馆"、燕山大学图书馆的"重型机械图书馆"、河北农业大学的"枣研究数字化平台"、茂名学院图书馆的"化学化工专题数据库"，等等。这些图书馆无论在馆舍、藏书量、人员、技术等方面都无法与大馆相比，但它们都有自己独特的馆藏，凭借着这个优势向读者提供特色服务，既彰显了自身的优势，也成为图书馆进一步发展的基石。

综上所述，图书馆特色服务之路是适应经济发展的需要，是各类型图书馆生存和发展的需要，是图书馆信息网络化建设及文献资源合理布局的需要。因此可以说，特色服务是公共图书馆、高校图书馆及其他各类型图书馆寻求发展新路的必然产物。只有走提供特色服务的道路，图书馆才能充满发展活力，图书馆才有能力参与到社会的信息服务市场竞争中来。特色服务是各类型图书馆服务方式自身不断进步、演化的必然结果，是各类型图书馆服务发展的必然趋势。

第二节 图书馆依托特色资源开展特色服务的原则

服务是图书馆永恒的话题，而特色也是一个古老而又常新的话题。因此，以图书馆服务的特色理论为研究中心，同时对特色服务的理论基础、依托原则和特色服务时宜开展的途径等必要的相关问题进行一定程度的探讨是非常有必要的。

一、客观性原则

图书馆用户接受服务，利用图书馆资源是来指导客观实践活动的，它要求图书馆提供的信息要保持"原创性"，所以，图书馆的特色服务要立足信息的本义，保持提供的深层加工信息与原信息在本质上一致，坚持实事求是的客观性服务原则。客观性原则能充分体现图书馆服务的"客观性"，它要求图书馆提供服务的产品信息所包含的内容要加工、整合前的原本信息的内容在本质上相吻合，趋于一致，也就是图书馆服务中提供给用户的信息及信息产品必须反映客观事物的本质属性。尽可能客观、全面地揭示图书馆资源的各个知识点和有价值的知识单元，客观地反映信息资源的原貌，不做人为的添加或拔高，提供所谓的"特色"服务，避免原本信息在内容上走样，才能形成高质量的二三次信息产品，才能真正满足用户的特色服务需求。

二、持续性原则

图书馆的特色服务是一个系统工程，是整个社会系统整体性工程中的子系统，不是一蹴而就能完成的，它需要很漫长的过程，因此，要坚持持续性原则。知识经济的不断发展，社会信息资源环境的不断变化，信息技术的不断完善，用户信息需求的不断增长，图书馆服务时代发展的需要等多方面原因促使图书馆的特色服务也要跟上时代步伐，不断推陈出新，要可持续性地发展。持续性原则还表现为图书馆的特色服务要将过去现在和未来相结合，将局部和全局相结合，将当前和长远相结合。只有持续性地特色化各项服务内容和模式，才能赢得用户的信任，才能赢得良好的社会效益，才能在激烈的信息服务市场中站稳脚跟。

三、创新性原则

各类型图书馆都应踏踏实实地进行服务创新，抛开一切急于求成的意识，认清各类型图书馆服务的发展规律，把握"明天的图书馆，必定是不仅继承了过去的图书馆优良传统，而且保持了图书馆历史观念和人类知识传播观念的图书馆"这一理念。否则，图书馆服务将成为纯粹活性的瞬间的事物，时而有用，时而无用，但永远不会成为人类社会的信息服务中心。因此，图书馆服务的特色化宜在传统图书馆服务的基础上进行创新，这样才能延续昨天而拓展明天，才能保证图书馆服务价值的继承性和持续性。

四、共建共享原则

开展特色服务需要大量的、各种类型的信息资源的支撑，而一些图书馆的印刷型资源和网络资源的文献类型都是有限的，特别是经济信息、市场信息、商品信息、人才信息等均不如专门信息服务机构和情报研究部门的丰富收藏。而且偏远地区图书馆大多面临着经费不足、印刷型资源与数字型资源价格的快速上涨所造成的图书馆经费不能同步增长的状况。因此，各类型图书馆要主动与当地政府、企业、数据库供应商建立协作关系，合作开发不同类型的数据库，力争实现印刷型资源与数字型资源的共享，满足用户的各种信息需求，促进图书馆与社会之间的协作与交流。

五、协调性原则

图书馆特色服务是系统内各个相关因素相互作用的结果，它包括特色观念、特色服务形式、特色服务内容、特色技术和特色管理体制等。各个要素是相辅相成的，共同发展的，因此，要坚持协调性原则。现代图书馆的特色服务与传统图书馆的特色服务在信息资源形式、信息服务形式和服务对象等几个方面都发生了根本性的变化，比原来服务环境更加复杂，系统内的任何一个环节和要素都是不可缺少的，所以，要全面性地考虑各个方面，不能顾此失彼，要充分协调好各个环节和要素的关系，发挥系统功能的优势。协调性原则还体现为积极发展图书馆网络服务时，要兼顾图书馆传统服务的拓展使二者协同发展。

六、针对性原则

针对性图书馆服务是图书馆未来服务的发展重点和趋向。在庞杂的图书馆资源中，用户的资源需求更加趋向微观化和个性化，因此，图书馆服务的特色要有个性化和针对性，针对不同的图书馆用户，提供出有特色的图书馆服务。没有针对性的图书馆服务就难以生存和发展，针对性也就意味着服务过程中要有所选择和有的放矢。它要求在图书馆服务内容的加工和处理上，要尽可能地贴近和适应针对性用户的知识结构、智力储备和利用信息的环境，针对用户要解决的问题，提供准确答案。针对性原则还体现在图书馆所提供的与其他信息服务机构有区别的信息服务上，图书馆应独树一帜，利用针对性的特色服务来吸引更多的潜在用户，树立图书馆服务品牌和形象。

七、适用性原则

图书馆特色服务的目的是为用户提供更贴切，更满意的服务，是以用户的需求为出发点的，因此，特色服务必须符合用户的要求，适合用户解决问题，讲究适用性。倘若特色服务与用户问题的解决关系不大，那么其类型再多，内容再新颖，也是毫无意义和价值的。所以，应根据用户的知识结构、认识规律、思维能力、使用习惯等来提供特色服务，一切围绕解决用户的实际问题来开展，只有这样，特色的图书馆服务才能赢得用户，才能赢得市场。

八、效益性原则

图书馆特色服务的效益体现为广泛的社会效益和一定的经济效益。目前，我国的图书馆特色服务主要还是以公益性为主，以营利性为辅。因此，图书馆在提供特色服务时宜以社会效益为主，并通过自身服务能力来体现。效益性原则就是在提高图书馆服务能力的同时，要提高社会效益。但由于技术的改善、信息资源的购进、信息咨询服务系统的建立、网络资源的维护和更新等都需要一定的经费来维持，而目前大多数图书馆还是靠上级拨款，资金有限，所以，在特色服务过程中要考虑成本问题，力争低成本高收益，在成本和效益之间寻找新的平衡点，使特色的图书馆服务不仅适用，而且更实用。

图书馆特色服务是一个综合化概念，它贯穿于图书馆服务的整个过程，包括服务观念的更新、信息资源的建设、信息产品的加工和开发、图书馆服务方法的运用、用户需求的挖掘和满足等各个方面。图书馆的特色服务就是要用全新的服务理念指导特色的图书馆服务工作，为用户提供创特色的信息产品。由此可以看出，特色既是社会发展、人类知识创造的本质体现，也是维系图书馆服务"生命之树常青"的机制保障。

第三节 图书馆依托特色资源开展特色服务的途径

图书馆依托特色资源开展特色服务的途径重在服务的特色资源，贵在服务内容的特色，其途径主要体现在馆藏资源的特色化建设、特色数据库的开发、服务方式的特色化和服务对象的特色化4个方面。

一、馆藏资源的特色化建设

在文献数字化、网络化的今天，建设特色馆藏是图书馆界的共识。图书馆要想提供特色服务，必须搞好特色馆藏建设，即要注意优化馆藏结构，突出特色。这样，每个馆可以凭借自身特色馆藏优势，开展特色服务。采取交换、订购等多种补充方式，尽量收藏具有自己馆藏特色的文献，形成独特的收藏体系，既扩大了馆藏，又弥补了经费的不足，同时也为特色服务的开展奠定了基础。各类型图书馆的特色馆藏建设要以在不同的学科和专业上有所侧重来开展，因为馆藏学科、专业是一个图书馆资源的生命力所在，是各类型图书馆办馆特色的重要标志。

图书馆只有开发具有特色的馆藏信息资源,建立活化馆藏的各类文献数据库,并尽快使这些数据库标准化、规范化,逐步形成"你无我有,你有我全,你全我精"的特色,将有特色的信息产品推向网络,推向市场,实现协作收藏与资源共享的统一,才能在信息市场中占有一席之地,才能更好地为读者服务。

二、特色数据库的开发

为了吸引读者,确立不同类型的图书馆在网络上的地位,一方面应努力挖掘网上的特色资源,建立自己的特色馆藏,另一方面还需努力开发自己的特色数据库。网络化建设的基础是建立健全具有本地区、本专业特色的数据库。特色馆藏建设模式应是实体特色馆藏建设和虚拟特色馆藏建设的结合。虚拟特色馆藏建设比实体特色馆藏建设更重要,难度更大。

特色数据库的特点就是充分展示本地区、本部门、本专业有特色的资源。我国数据库建立之初,缺乏统一规划,各自为政,导致数据库结构不合理,重复建设严重,规模、容量、产值较低,服务能力差,数据库联网少,资源共享程度不高。随着Internet在全球范围内的迅速发展,信息存储和检索的地理界限被打破,人们自由查询各种信息成为可能。美国的许多地区都组成几十个、上百个图书馆的联合体,形成具有地区特色的图书馆计算机网络,实现了地区性资源共享。特色数据库要求图书馆走信息资源专业化、特色化的道路,放弃"大而全、小而全"的藏书建设观念。图书馆纳入全球信息网络是历史的必然。因而,图书馆应自觉地协调收藏范围,彼此不重复,办出自己的特色,实现各具特色信息资源构建的网络环境,达到资源共享的目的,满足广大用户对信息资源的多种不同需求。

三、服务方式的特色化

特色藏书体系、特色数据库的建立,为开展特色服务创造了良好的前提条件。现代图书馆藏书的目的是"藏为所用"而不是将所藏的文献"束之高阁"。这就要求以特色的服务方式来开发特色馆藏从而提高特藏文献的利用率,扩大图书馆的服务范围,"激活"图书馆的特色资源。

各类型图书馆应该把传统的用户服务与现代的网络技术相结合,彻底摆脱传统的被动的服务模式,主动积极地利用网络环境下的信息资源,为用户提供更方便、更快捷、更现代化、更科学的特色信息服务工作。开展开放式和远程式的网上服务,借助内部局域网、校园网所提供的特色数据库为连接在网上的任何一台机器上的用户提供最新信息,为读者提供信息导航服务。根据用户需求,对网上信息进行优化、整理和深层次开发,开展为用户检索、筛选和加工专项信息的服务,开展读者咨询和培训服务,逐步尝试个性化服务,培养读者的信息意识、网络的基本知识,以及如何利用各种网络检索工具,从而增强读者获取网络信息的能力。

四、服务对象的特色化

特色化服务对象是指特定的用户群。特色化服务对象一般包括重点用户,多是指那些在某一专业或某一领域具有较高学术水平的专业工作者、决策者,或是对此感兴趣的用户，他们利用特色文献的目的是为了研究和学习。同时，还包括某些特殊对象，如盲人、聋哑人、病人、犯人、老人、小孩等，如美国的麻省理工学院、康奈尔大学等高校图书馆都开设了面向残疾人的特色服务，其所提供的特色服务主要有以下几方面内容。

1. 学习技术支持

学习技术支持主要表现在计算机技术的支持上。残疾人员可以根据自身条件选择特殊的键盘和鼠标，图书馆提供帮助他们学习的众多软件，如帮助论文写作的软件InsPiration，帮助使用者用他们的声音输入文章和操纵计算机的语音识别软件，可以大声阅读屏幕上的文本，帮助视觉缺陷人员学习的屏幕阅读软件。

2. 学习设备支持

学习设备支持为各类残疾人员提供各种需要的学习设备，如为视觉缺陷人员开设的特殊工作站，提供电视节目录像带放大器，让弱视人可以看清图像和文本；称为"磁带上的课本"的特殊录音带；帮助听力损伤或注意力集中困难人员的FM收听设备；还有盲文打字机、文本—声音转化器等。

3. 学习协助

有些残疾人员需要特殊的自习室或研究室，图书馆提供独立自习室，残疾人员可以提出申请并可以长期使用。对于他们的学习问题，图书馆欢迎他们与专家的咨询，并提供面对面咨询。还可以提供打字或扫描服务、阅读服务、口译和速记服务，适合的考试房间及适合的教室，等等。为各种身体残疾的人员的学习提供尽可能适合的服务方式。

4. 其他方面

国外，如美国康奈尔大学图书馆除了提供各种学习资料外，还有运动、体育、住宿及其他有关的残疾人员利用的站点等；为他们服务的专门的教职工的材料会详细地列在网页上，可以随时与他们取得联系；使用过程中若有任何建议，可以反馈到服务人员，以便更好地理解和支持残疾人的学习。

国内的各类型图书馆应该针对不同的用户需求，形成多层次、多类型、全方位的服务体系，为特定用户开展特色服务工作，如秦皇岛市图书馆于2003年针对盲人（包括低视力）提供了盲人读者特色服务，用科技为盲人读者插上了飞翔的翅膀。

第四节 高校图书馆依托特色资源开展特色服务的典型案例

高校图书馆的服务职能是促进学校的可持续发展。以科学发展为指引，围绕学校的办学定位和发展目标来构建大学图书馆的特色服务，就可以最大限度地发挥大学图书馆的服务功能。

一、香港岭南大学图书馆的特色服务

我国香港岭南大学图书馆在传统的图书馆服务加上以上的特色服务，使得其在该校才

拥有了较高的地位。

1. 联系人服务制度

联系人服务制度是指由图书馆专门指定专职馆员与学校的各系、部进行联系的一种制度。该制度是一种一对一服务，即一个专职馆员定期（15天）与一个部门进行联系。联系的内容一是及时反映各院、系、部新开设的课程，以便及时增订与该课程相关的图书、期刊及相关的声像资料等；二是及时反馈各系、部对图书馆的服务和图书采购的意见及建议。

联系人制度的建立，在图书馆与用户之间搭起了沟通的桥梁，加强了图书馆与学校各个用户之间的联系，真正树立起用户第一的宗旨。大学图书馆与公共图书馆的服务对象有所不同，大学图书馆的服务对象专业性强、知识更新快，学科结构在不断调整，这就要求大学图书馆的服务针对性要强，要及时满足用户的不同需求。联系人制度正是建立在用户第一的宗旨上而开展的。

2. 指定参考书服务

指定参考书是由各系的老师对开设课程所需要的参考书进行指定，每一门课程的指定参考书少则5本，多则10多本。指定参考书服务占了岭南大学图书馆一楼近四分之一的藏书面积，可见这项工作在香港岭南大学图书馆的服务中占有非常重要的作用。指定参考书服务的主要作用有：集中了利用率最高的图书，方便了读者的查找；每册指定参考书的借阅时间仅为4个小时，这就加快了图书流通的速度，提高了图书的使用效率，减少了大量的复本，节约了购书经费；指定参考书必须由任课教师指定，通过指定，增加了各系、部教师与图书馆的联系，在教师中树立了图书馆有用服务的形象，无形中提高了图书馆在学校中的地位；对每位教师而言，指定参考书首先必须是能够反映学科水平的，而且内容应该比较新颖，在这种情况下，就必须使用图书馆所提供的各种网上服务，阅读大量的有关该专业的新的资料，这无疑使教师在半年一次的指定参考书的确定中提高了自己的业务素质。

3. 毕业生服务月

每年6月，是应届大学毕业生寻找工作最关键的一个月。为帮助大学毕业生尽快找到适合自己的工作，香港岭南大学图书馆把每年的6月定为毕业生服务月，把有关找工作的资料集中在一定位置，向毕业生展示。展示的内容包括录像带和一些有关应聘的图书资料，但主要以录像带为主。这项服务是岭南大学图书馆特色服务中最受用户欢迎的一项服务。

二、沈阳理工大学图书馆的特色服务

沈阳理工大学位于沈阳市浑南开发新区，重视图书馆的建设和发展，不断加大经费的投入力度，支持图书馆的文献资源建设和信息基础设施建设。

1. 读者培训工作

文献信息的有效利用在于读者对文献信息的了解和掌握。加强对读者的培训，通过多种方式使读者了解、掌握和充分利用文献是图书馆读者服务中一项最基础性的工作。沈阳理工大学图书馆1987年就开设了"文献检索与利用"课，并在一年级新生中开设图书馆利用讲座，针对读者对图书馆馆藏了解不够、数据库使用不熟练、检索方式较单一等问题，采用了集体讲座、观看图书馆利用宣传片、编制图书馆读者手册、开展"数字化资源宣传周"、设专人解答读者咨询、发放各种数字资源利用宣传单、定期到各院系走访及进行数字资源利用讲座等措施，不断提高读者对图书馆及其文献信息的了解和掌握程度，促进了读者对文献信息的有效利用。

2. 学科馆员服务

学科馆员的主要职责：一是保持与学科的联系和沟通；二是宣传与该学科有关的馆藏信息并提供对口服务；三是收集该学科读者对文献信息资源需求和对馆员服务能力的意见和建议；四是通过培训讲座、文献传递等多种途径为对口学科的师生提供有针对性的参考咨询服务。沈阳理工大学图书馆从2006年开始在各院系设立学科联系人，开展学科馆员服务，制定了学科馆员任职条件、服务目标和范围，要求学科馆员与主管教学的学院领导及学科带头人建立经常性的联系，定期了解其教学科研进展情况、学术活动开展情况及对文献资源的需求情况。同时请他们推荐、选定部分专业文献资料，定期召开师生代表座谈会，宣传资源，听取建议和意见，共同商议学科文献信息建设方向和信息服务项目。

三、清华大学专业图书馆的特色服务

近年来，清华大学图书馆在学校"跻身世界一流大学"的指导思想下，逐步建立起主馆、专业分馆和院系资料室三级"图书文献三级保障体系"。其中，专业分馆的主要任务是针对院系的学科建设、专业特色，进行文献信息的收集、整理和研究，面向全校相关专业的读者提供文献信息服务。

1. 举办特色展览

清华大学各个专业分馆每年都根据各院系的学科特点和实际要求，与图书公司或出版机构联合，在馆内集中举办若干次专业书展、外文书展，以方便院系读者就近参观书展、现场荐购图书。除了基于采购目的的书展之外，有些专业分馆专门组织其他有特色的展览，如人文图书馆组织的"新增资源专题展览"、"社科精品图书展览"集中展示某批到馆书刊；"人文社会科学学院教师著作展览"，以支持学院教学评估为目的，集中展示人文学院教师近年的学术研究成果。美术图书馆根据该馆收藏的一批文物古籍的实物特点，举办"特色馆藏展"、"高仿真书画展"等。

2. 设置特色专架

清华大学法律图书馆在馆内设置"教师课程指定参考书专架"、"研究生推荐阅读书目"，方便学生查找本院系专业课程所需的教学参考书；经管图书馆专门设立了北京大学出版社、麦克劳西尔出版社、汤姆森学习出版集团三个教材展示书架，方便教师选择专业教材；医学图书馆设立了"科学出版社样书专架"，为读者在馆内看样书、荐购书提供方便；"新书专架"让读者在第一时间看到近期到馆新书；若干以捐赠者姓名命名的图书专架，如"吴阶平院士专架"、"李文达基金专架"、"陈明哲教授专架"等在馆内不定期轮换展出。

3. 组织学术报告会或座谈会

各专业分馆还根据清华大学各个专业分馆主要专业读者的实际需求，组织相关的学术报告会或座谈会，这一点与某些欧洲大学图书馆开展的学科服务内容不谋而合。例如，美术图书馆针对读者需求和本馆馆员特长，举办的"民间剪纸赏析"和"中国书法精神"讲座。医学图书馆在本馆发展的重要决策阶段，会邀请医学院核心组教授和师生代表一起建言献策，组织有关本馆资源建设、网站发布等重要主题的座谈会；馆内报告厅也主要面对院系的各种学术活动提供场地支持。

四、广东金融学院图书馆的特色服务

广东金融学院图书馆于 1995 年 9 月针对货币金融提供了特色信息服务，并建立了广州货币金融博物馆。现有藏品 3.5 万枚（其中货币实物 2.5 万枚），占地面积达 1500 平方米，展线 1000 多米。该博物馆在馆藏规模、涵盖内容、科研成果、数字化发展以及金融教育资源共享等方面都有较大优势，是华南地区收藏最为丰富的货币金融博物馆。

1. 建立广州货币金融博物馆

货币博物馆馆藏分为中国馆与外国馆两大部分。中国馆陈列有中国古代货币、民国政府时期货币、革命根据地时期货币、人民币系列货币、广东历史货币以及货币防假反假、识伪防假仪器部分等，其中珍贵的馆藏有先秦货币（三孔布）、西汉王莽时期的"一刀平五千"、我国 1948 年 12 月发行的第一套人民币、1985 年发行并且流通期仅 57 天的广东省本票。外国馆目前已陈列了 180 多个国家和地区的货币，展有珍贵的澳大利亚银币，以及世界上最大面额的纸币——前南斯拉夫的 5000 亿第纳尔纸币。为了让读者更好地利用这些特色资源，广东金融学院图书馆不仅对货币金融博物馆的货币实物标注了文字说明，还为货币馆配备了较高素质的专业人员进行管理和对外服务，坚持以人为本，提高服务水平。

广州货币金融博物馆建立以来，立足于货币金融的行业特色，利用馆藏资源，提高学生认识货币、辨别货币及研究货币的能力，以了解中外货币文化的悠久历史和丰富内涵。同时，学院充分利用博物馆这一教学平台，开创货币研究，成功申报了多项各级课题，取得一大批科研成果。2002 年经广东省文化厅立项，注册为"广州货币金融博物馆"，2006 年受批成为"广州市天河区科普教育基地"，开始向社会公众开放，2008 年 1 月受批为"广州市科普教育基地"。

广州货币金融博物馆不仅作为广东金融学院货币理论、货币反假教学的实习实践基地，也是兄弟院校货币文化交流基地和银行反假币的培训基地。学生通过对货币实物的学习，提高了认识货币、了解货币、鉴赏货币、识别货币、辨别货币、收藏货币、研究货币的能力和水平，并通过建立"中国货币金融金览"学习网站，加强了货币文化交流，弘扬了传统优秀文化，提高了学生货币文化的综合素质和反假识假技能，更加全面并深刻了解了中国货币文化的内涵与本质。1995 年至今，货币博物馆已接待学生和社会观众数十万人次。作为反假币的培训基地，货币博物馆经常为广州辖区内银行举办反假培训班。

2. 创办《广东钱币》杂志

为充分利用该博物馆资源开展钱币研究，广东金融学院还与广东省钱币学会联合创办了《广东钱币》杂志。依托该博物馆特色资源开展特色信息服务正在成为广东金融学院图书馆信息服务的重要举措，在广东省和银行、金融领域产生了重要影响，成为当前图书馆特色服务和特色数据库建设的典范。

五、无锡科技职业学院图书馆的特色服务

无锡科技职业学院图书馆本着"资源是开放式的，图书馆是知识和文化的平台，服务同样应该是开放式的"理念，认为服务创新需要真正地贯彻"服务读者"的理念。开放服务，必然会赢得读者的支持，而封闭或是加以限制的服务，已不是时代的主流。

1. 完全开放服务

无锡科技职业学院图书馆的各类软硬件完全向读者开放，欢迎读者使用，如图书馆的各类文献资源对所有读者的开放；图书馆的服务空间、设施的开放，包括图书馆的会议室、研修室、视听室等，只要读者有合理的使用需求，就可以完全免费为其服务。图书馆是公益性组织，各类资源和服务的价值在于利用，与其封闭或闲置，不如为师生、为社会做更大的贡献，赢得读者的支持和赞誉，从而体现图书馆存在的价值。

2. 注重细节服务

为满足读者对图书阅读的需求，该馆专门在服务台放置"零星购买图书登记簿"，只要有读者提出购买需求，图书馆立即进行采购，并在图书馆主页链接展示"购买进展状态表"，让读者及时了解图书购买过程的信息回馈，图书到馆后，通过电话、短信、网络等方式及时告知，展现了全程跟踪式的细节体验；图书馆的每台检索机上，该馆还非常细心地放置了笔和便签本，方便读者记写相关信息。

六、解放军医学图书馆的特色服务

解放军医学图书馆是全军规模最大的图书馆，是我国最大的生物医学图书馆之一，是国家级生物医学图书馆中心馆组的重要成员。图书馆为突发事件提供特色服务具有一定的优势和可能性。解放军医学图书馆进行了突发事件中提供特色服务的探索与实践研究。

1. 汶川地震突发事件服务

2009年5月12日下午，四川汶川发生特大地震，造成了巨大的人员伤亡和财产损失。灾情就是命令，时间就是生命。面对突如其来的重大自然灾害，解放军医学图书馆反应迅速，立即组织力量，从震后灾区容易出现的饮水、食品、环境卫生和传染病防治、心理卫生、自救互救、灾区毒物危害及防范7个方面，连夜编写、印刷《汶川地震灾区卫生防疫知识专辑》3000余册，于13日晚及时运送灾区，并派相关人员赶赴灾区一线提供知识服务。抵达灾区后，又协同成都军区疾病控制中心，连夜印制《卫生防疫须知》宣传单5000余份，使灾区群众和救援人员在最短的时间内，最先看到所需的卫生疾病防治知识，受到抗震救灾前线指挥部、广大救援官兵和受灾群众的好评。解放军医学图书馆还为医院专家医疗队提供医学信息服务，与一线防疫人员交流搜集信息。

同时，在解放军医学图书馆网首页上也迅速添加了"汶川震后卫生疾病防治知识专辑"。一起添加在网页上的还有"震后人畜共患病"的内容，包括人畜共患病毒病、人畜

共患细菌病、人畜共患寄生虫病、地震后易暴流行的其他疾病、地震后综合防疫措施等。

解放军医学图书馆在汶川地震后的一系列作为，是对图书馆在突发事件中开展特色服务的一次有意尝试，是对图书馆服务领域、服务功能的新的拓展和延伸。

2. 其他突发事件服务

在手足口病发生后，解放军医学图书馆又迅速反应，军图网首页上很快即出现了"手足口病专辑"，详细介绍了该病的最新要闻、预防控制、政策法规、中文文献、西文文献。

早在2003年SARS暴发期间，解放军医学图书馆就应急搜索整理了有关SARS的各种核心信息资源，主要包括：该馆与SARS研究有关的期刊目录、与SARS研究有关的核心电子期刊学术论文、SARS研究进展动态、知名SARA研究网站、SARS大事记，并制作成"抗SARS专题"网页于该馆主页上。通过该馆的信息导航系统，许多医院、防疫部门和医学科研单位的读者及时便利地得到了有关SARS的文献信息。

在突发事件发生时，解放军医学图书馆充分发挥其资源、技术和人力的优势，努力作为，创造出了军队图书馆的服务品牌，为整个图书馆界赢得了声誉，同时图书馆也被人们进一步认识和重视。

七、福州大学图书馆的特色服务

福州大学图书馆根据读者的需求，有目的、有步骤地对网上书评资源加以合理的组织，形成一个引导读者获取所需信息的系统，建立了导读中心，从而使读者能在最短的时间得到最经济、最满意的结果。另外，福州大学图书馆还根据自身馆藏特点建立了以下几个特色数据库。

1. 导读中心

福州大学图书馆的导读中心设置了中心简介、名人风采、探海读书社、导读书目、影视鉴赏、电子图书、音乐欣赏、文化沙龙论坛、导读、学习交流、导读中心聊天室、相关链接、最新动态、人数统计等栏目。从导读中心的栏目内容及数量可以看出，该中心对文化素质教育方面的关注较多，内容也很充实。

2. 特色数据库建设

福州大学图书馆根据自身文献资源实际、人员知识结构，选准几个重点学科专业，开发知识信息，组织特色资源上网，开展有馆藏特色、课题特色的信息服务。福州大学图书馆建立了催化化学特色数据库、建筑图文特色数据库、参考咨询知识库（含核心期刊列表）和校友图书等多个不同的特色数据库。其中，催化化学特色数据库还包括催化化学期刊库、催化会议论文数据库和催化专利数据库三个子库。这些特色数据库收集了相关学科的专家学者、学术论著数据库、统计信息数据库、前沿动态、期刊信息、会议信息、专利信息以及相关国际国内组织网络链接等信息资源，为辅助教学和科研提供了支持和特色服务。

八、东华大学图书馆的重点学科特色服务

上海东华大学图书馆对重点学科的带头人、学科专家及教授提供个性化服务。为他们

搜集、整理对口学科资源，进行文献深加工，编写二三次文献，提供文献代查、代借、代复印等信息服务，使专家教授们每天打开电脑，就能收到所需要的最新信息。

1. 为重点学科的带头人、学科专家及教授提供个性化服务

上海东华大学图书馆围绕重点学科，组织开发信息资源。图书馆员积极、主动地担当师生的"引路人"和"向导"，利用现代信息技术将无序的信息资源进行组织开发，使用户能够迅速准确地查找到自己所需要的信息。该馆图书馆员既要对馆藏文献进行有效的组织，建立对口专业的目录、索引，对馆藏文献中本学科主要文献和最新文献资源进行全面系统的分析、判断、归纳，形成学科文献的综述等，又要对网络信息资源进行开发组织收集、整理有关学科的馆藏网络资源和公共网络资源，建立该学科信息导航网页，并链接在图书馆主页上。专业馆员负责搜集、鉴别和整理对口院系学科的网络信息资源，并在图书馆网页上建立和维护学科导航信息。

2. 围绕重点学科，提供深层次的信息服务

东华大学图书馆还围绕重点学科开展了信息定制服务、定题跟踪服务、主动推送服务、"垂直信息服务"等形式的服务。"垂直信息服务"是"针对某一特定领域、某一特定人群或某一特定需求提供的有一定深度的信息和相关服务"。该馆为用户提供某个领域现状的综述；提供竞争环境方面的信息分析；提供某方面发展的可行性论证；搜集某方面的反馈信息并分析其影响，建立了专业化的网络学科导航和专题文献数据库，还建立了一个专家咨询系统等。

九、韩国江原大学图书馆的毕业资格读书认证机制特色服务

在韩国江原大学图书馆二层楼上设有CBRT（Computer Based Reading Test）室，即读书认证计算机评价室。该室的职责是运用计算机评价系统对选择读书认证的学生阅读图书的情况进行评价以及其他与读书认证有关的工作。毕业资格读书认证制度是江原大学旨在推动大学生阅读意识，培养阅读能力，提高人文素质的颇有创意的阅读教育运营机制。该校的毕业资格认证分为外语认证、计算机认证、读书认证3个领域。学生可以自主选择其中的两个，即使修满学分，如果不能通过毕业资格认证考试中的两个也不能准予毕业。选择读书认证的学生要完成读书认证规定的最基本的阅读数量基准，或参加读书活动达到规定的积分点数基准，并在CBRT室通过评价考试获得认证后才能毕业。

1. 设立了配套的相关运营机构与规章制度

为保证毕业资格读书认证的合理运营管理，江原大学成立了毕业资格读书认证运营委员会，同时出台了《毕业资格认证再实施管理条例》、《毕业资格读书认证运营委员会运营规定》等配套规章制度。运营机构的最高责任者由具有丰富的读者教育经验的中央图书馆馆长担任，具体有关业务由中央图书馆主管部署实施。主要包括每年度公布读书认证推荐图书书目，保证推荐图书的等级分类、数量、质量及质量管理，推荐图书的信息更新，读书认证计算机评价系统的开发和运营，举办各种读书指导活动，新生读书认证宣传，读书认证等级确定及发放证书等与读书认证有关的管理与运营。

2. 设立了严谨的读书认证程序

韩国江原大学图书馆的读书认证程序与步骤：读书认证的申请，江原大学主页——学

生信息——毕业资格认证管理——选择毕业资格读书认证——选择阅读的图书——申请评价；读书评价考试，在申请到的评价13期，进入CBRT室接受身份认证后，输入1000字以上的读后感，读后感评价通过后，进入由计算机题库系统进行的客观题的评价问题答题过程。一次评价考试未通过的学生，可以在15日以后再申请补考。最终通过所有申请评价达到标准者，方可认定通过读书认证全部评价考试。读书认证起到了积极地"干预"和"影响"大学生的阅读兴趣和阅读行为的作用，对大学生的阅读倾向进行了正确的导引，更好地发挥了图书馆的教育职能和情报职能，使馆藏文献得到充分的利用。

第五节　公共图书馆依托特色资源开展特色服务的典型案例

公共图书馆服务的发展呼唤特色化，无论发展到什么程度，特色服务项目是公共图书馆发展的永恒主题。

一、河北省秦皇岛市图书馆的盲人读者服务

河北省秦皇岛市图书馆、上海浦东新区图书馆、廊坊市图书馆、温州市图书馆等国内多家公共图书馆均提供了成立了盲人服务这一特色服务活动。下面主要介绍一下河北省秦皇岛市图书馆的盲人特色服务情况。该馆成立了盲人图书室，并于2003年10月15日"国际盲人节"这一天向广大盲人读者开放。

1. 盲人所用的学习设备配置齐全

河北省秦皇岛市图书馆采取"从购书经费挤一点、争取社会赠一点、动员盲人捐一点"的办法，多方呼吁，到市财政局申请专项资金，利用从本馆有限的经费中挤出的款项东奔西走，千方百计收集盲人专用文献。并配备了电视机、收录机、视听器等视听设备；尤其是利用争取到的专项资金购入了一批科技含量高的盲文阅读设备，包括专门供盲人使用的电脑、盲文点显器，使盲人读者通过盲文转换软件阅读盲文电子图书和期刊；还装有永德、阳光软件，为盲人读者提供了语言阅读和网上交流信息的功能；配备了轻型盲文刻印机，可双面同时打印盲文，极大地方便了视障读者写作、网上下载文件；同时还配有多功能视频助视器，通过自动调焦放大，可以辅助弱视读者阅读，等等。秦皇岛图书馆的盲人阅览室已由服务单一的阅读场所发展成为科技含量较高的盲人信息交流平台，能为盲人读者提供更为便利的高质量服务。

2. 面向盲人开展了专向培训服务

自2004年起，秦皇岛市图书馆就有计划地免费举办盲人、肢残人电脑培训班。通过开展弱势群体信息素质培养活动，使许多盲人掌握了电脑操作技能，让很多盲人读者学会利用"听网"软件，引领盲人走进五彩缤纷的网络世界，为他们的生活开启了另一扇窗。并专门开展了盲人网络读屏软件培训，让盲人读者在工作人员的指导下学习使用读屏软件，盲人无法阅读的网络信息通过软件转化为音频信息，盲人只需轻轻触摸键盘，网页信息便会同步转化为语音，通过耳麦让盲人读者"听网"，为盲人精彩看世界提供了极大的

方便。

3. 针对盲人特点开展了特定服务

通过开展社会宣传和组织馆员到盲人学校、盲人按摩所等盲人集中的地方，了解需求，征求意见，开展上门办证服务，并开展电话预借、送书上门等服务，还在远离图书馆、残疾人相对集中的地方设立图书流动站，除了定期为流动站更换新书，还根据用户需求专门购置盲人用户急需的高考辅导用书等，让盲人用户完全没有了出行不便的顾虑，可以尽情地遨游知识海洋。由于盲人用品的特殊性，给许多盲人用户带来很多不便，因此，图书馆还增设了帮助盲人用户代购学习、生活用品等服务项目，为盲人用户排忧解难，提供切实帮助。

4. 自刻了盲文图书

秦皇岛市图书馆总结多年来开展盲人特殊服务的成果与体会，于2005年结集出版了《用双手触摸新天地》一书，并由图书馆工作人员自己刻印了盲文版配套书籍，受到盲人读者的欢迎。该书共分题词、前言、大事记、盲人图书室简介、感悟与交流、盲人感言6部分，较全面地反映了市图书馆盲人图书室的建设与服务情况，内容丰富翔实，并附盲人图书室资源目录，为盲人朋友借阅图书查询提供了便利。该书出版后得到了国家及河北省有关图书专家的高度评价。专家认为，这本书不仅全面总结了图书馆开展盲人服务的经验，同时在增强公共图书馆对特殊读者群的吸引力方面进行了积极探索，具有较强的借鉴推广价值。

二、广西壮族自治区桂林图书馆的特色服务

广西壮族自治区桂林图书馆（以下简称"桂林图书馆"）是一所省级公共图书馆，藏书体系具有综合性特点。该馆一直推行"以人为本，读者第一"的服务理念，并在实践中不断探索特色服务的方式，特色服务的内容也在一天天地得以完善和发展。

1. 针对不同对象开展相应的特色服务

（1）针对少儿的特色服务

针对少儿读者开展的各类活动成为桂林图书馆特色服务的重要组成部分。该馆于1991年恢复开放少儿阅览室，后扩展成立了桂林市少年儿童图书馆。少儿读者群逐年壮大，至2008年年底少儿持证读者一万余人，约占全馆所有读者的二分之一。作为广西青少年科技教育基地和桂林市社会科学普及基地，桂林图书馆充分发挥"两个基地"的作用，逐渐打造出一批少儿品牌活动，包括"图书馆一日游"、"快乐一小时亲子游戏"、"少儿网络知识竞赛"等。这些活动让儿童了解了图书馆的分布和排架，学会了依分类法查找图书和阅读，培养了快速浏览信息的能力，了解了不同的作者，学会了查找与其相关的更多信息，学会了利用计算机去获得信息，等等。更重要的是，让他们知道了图书馆是知识的海洋，是可以终身利用的求知场所，这对他们的一生都是极为有用的。

（2）针对大中学生的特色服务

2010年4月，桂林图书馆与桂林理工大学和桂林市第十四中学分别建立了"学生社会实践基地"。一方面，针对大学生和中学生的不同需求选派资深图书馆员进入校园，开

设利用图书馆、计算机检索方面的讲座,进行图书馆服务宣传展览等,培养学生们查找信息的能力,提高查找信息的成功率,学会定期浏览专业网站、期刊、数据库,能积极主动地获取新知识、新技能;另一方面,接收大学生、中学生在假期充当"读者服务志愿者",让他们在具体的岗位上初步学会图书馆的管理,将理论与实践相结合,为将来走入社会做准备。

(3) 针对弱势群体的特色服务

针对弱智儿童、聋哑儿童和盲人朋友的特色服务,已成为桂林图书馆读者服务工作的一抹亮色。该馆开设了盲文有声读物图书室,提供馆藏盲文书刊及有声读物文献借阅。在阅览室内还配备了盲人专用电脑。此外,还在桂林市培智学校和聋哑学校设立馆外流通点,定期送书上门。图书和音像资料全部经过精心挑选,适合特殊儿童阅读,受到了他们的欢迎。常年开展的"图书馆与残疾儿童心连心"活动更是让孩子们像过节般快乐。活动期间,他们可以到图书馆参观阅览,可以到电子阅览室上网冲浪,可以一起做游戏,和正常孩子一样,在图书馆享受到知识带来的快乐。

2. 充分利用资源拓展特色方式

(1) 漂流活动创新服务方式

2007 年,由桂林市委宣传部主办的大型公益性活动——桂林读书月启动。此后,活动以"传递知识,共享书香"为宗旨一年举办一次。图书漂流活动是其中的一项重要主题活动。读者不需要支付押金,不需要办理借书证,可以到任何一个漂流点借走自己喜欢的图书,读完后再将其还回原处,让下一位爱书人继续阅读,让"知识以传播而美丽"。

图书漂流活动让书在更多的人群中流动,这与图书馆提供的书刊借阅服务目的一致。桂林图书馆借此契机,精心打造图书馆漂流站品牌,以良好的阅读环境、优越的地理优势、富有特色的藏书组织、人性化的管理吸引了众多的书友,越来越多的普通民众走进图书馆,加入了爱书者的行列,成为图书馆的潜在读者。

(2) 利用明德英文原版图书开展特色服务

桂林明德英文图书馆是由美国明德图书馆基金会与桂林少年儿童图书馆合作建立的公益性少儿英文图书馆,隶属桂林图书馆。现有馆藏原版英文读物一万两千余册,全部为美国明德图书馆基金会免费捐赠,是广西第一所具有一定规模的儿童英文图书馆。图书内容包括文学、体育、科普、历史等,还有相当一部分低幼读物。它们设计新颖,图文并茂,实行全开架借阅。桂林图书馆的英文原版图书给用户打开了一扇了解英语国家文化的窗口,受到了众多英语爱好者的欢迎。

为了提高原版英文图书的利用率,桂林图书馆将部分原版图书配送到馆外流通点和图书漂流站,吸收外籍义工组织少儿朋友集体阅读、交流、唱歌、讲故事,激发少年儿童学习英语的兴趣,使之成为学习、提高英语水平的第二课堂。桂林图书馆每周日还与桂林英语角联合举办英语主题会,吸引了大批桂林的英语爱好者。很多高校学子、中小学学生、普通市民成为英语角的常客,国外的一些旅游者也慕名而来。图书馆的"英语角"成为桂林图书馆特色服务的一道亮丽的风景线。

3. 网络环境下的特色服务

(1) 建立地方特色文献数据库，开展特色咨询服务

桂林图书馆除了收藏当代书刊外，还收藏着从元至清的古代典籍以及大量民国时期的书报刊。清代四大状元的墨宝、陈宏谋的《五种遗规》等古籍、民国时期桂系史料、抗日战争时期出版物等都是广西桂林图书馆的特色馆藏。这些珍贵的地方文献为各类用户的学习研究提供了翔实的史料依据，发挥着其独特的文化标本作用。

桂林图书馆利用这些特色馆藏，建立了广西地方资料数据库和桂林抗日战争文化数据库，为读者使用这些珍贵文献提供了方便，更为桂林图书馆的地方文献特色咨询服务奠定了良好的基础。其中的桂林抗日战争文化数据库，内容涵盖抗日战争文化的各个方面，图文并茂，为学者提供了丰富的研究素材和学术指导，为抗日战争文化研究作出了一定贡献。

(2) 开发"广西科普网信息服务系统"，开展特色科普活动

桂林图书馆具有与国家数字图书馆建设相接轨的网络信息平台，并建设有包括科普资源在内的一定规模的数字资源。桂林图书馆在原有的计算机网络及信息资源建设基础上结合广西科普的工作实际情况，构建了科普信息资源服务平台，并开发了"广西科普网信息资源服务系统"，使科普资源的建设与利用步上新台阶。

为了激发广大青少年学科学、爱科学、用科学的精神，桂林图书馆还成功组织承办了"青少年FLASH科普作品创作大赛"和"少儿网络知识竞赛"。这两项活动均是每年举办一次，参加人数众多，影响较大，已经成为桂林图书馆面向青少年所开展的两大品牌科普活动。

三、宁波市图书馆的"零门槛"特色服务

宁波市图书馆自2008年1月10日起实行了全面免费开放，并开展了多项便民举措。如今每天到图书馆办卡、看书、借书的读者络绎不绝，双休日更是一座难求。图书馆的免费开放和多项便民措施不仅使图书馆的人气倍增，还点燃了市民的阅读热情，越来越多的人走进图书馆、亲近书本、爱上阅读。

1. 免费服务，人气倍增

宁波市图书馆在原来免费阅览、免费借阅、免费自修、免费听讲座等基础上，进一步实行免费办证、免费检索馆藏数字资源服务的举措，使图书馆无论是新办借书证者还是借阅图书者都成倍增加。据推出当年的数据统计显示，截至2008年5月底，市图书馆共办理借书卡比去年同期增加了3倍，借阅图书册次是去年同期的2.7倍。

2. 多项便民举措，方便读者

宁波市图书馆还推出了多项便民措施。现在借阅时间比过去延长了；借阅图书的册数也增加了；新书上架的频率也从过去每月更换一批新书，缩短到现在每周更换。而一些特色服务，如"你点书，我埋单"服务使用户成为真正的图书馆主人；"一卡通"服务让持有一张借书卡的用户能共享全宁波市12家公共图书馆的资源；"流动图书馆"等服务则主动把图书送到重点工程工地、农民工子弟学校、敬老院、部队、农村等地，极大地方便了读者。据报纸介绍，"一卡通"服务自2008年3月全市公共图书馆采用统一的管理系统

后,不仅可以一卡通用,还可以在网上进行免费续借。而"流动图书馆"在今年短短 5 个月的时间内在全宁波市设立馆外流通点 171 个,共送出 8 万余册图书,不仅使远在象山、宁海等地边远农村的村民,或者在大榭的宁波万华聚氨酯有限公司这样的国家重点工程的工作人员能便利地阅读,就连在宁波海拔最高的太白山顶的东航某部雷达旅的战士们,也能足不出户地快乐阅读。

四、呼伦贝尔市图书馆的特色馆藏服务

呼伦贝尔市图书馆是地区级公共图书馆。呼伦贝尔市的主体民族是蒙古族,呼伦贝尔市图书馆责无旁贷地要承担起保存和传承蒙古民族的文化成果的重任。

1. **在蒙文文献资源的建设和服务上办出特色**

呼伦贝尔市图书馆在具体工作中注意做到以下几点,从而能更好地完成蒙文文献收藏和服务工作。第一,在新馆布局中要把蒙文部放在最重要的位置上。第二,图书馆要把收藏蒙文文献采访当做事业来做,通过大量扎实的公关工作,每年保证蒙文文献购置费,完成采购蒙文文献任务。第三,要和内蒙古人民出版社、内蒙古教育出版社、内蒙古文化出版社、内蒙古科技出版社、民族出版社、辽宁人民出版社、青海人民出版社这些出版蒙文文献单位建立长久的合作关系,这样就能全方位把握蒙文文献出版信息,及时采访购买蒙文文献。

2. **在地方文献资源收藏和服务上办出特色**

呼伦贝尔市图书馆从 21 世纪初开始把地方文献的收藏和服务确立为本馆的重要工作,到 2007 年就已入藏地方文献 1500 多种。其主要特色工作有以下几个方面。第一,成立地方文献工作部,安排专人来做地方文献采访工作。加大投入,提高采访力度,增加品种。地方文献是绝对特色,地方人撰写的文献和反映地方建设和发展的文献,收藏成规模是对建设呼伦贝尔文化大市最大的贡献。第二,对地方文献采访要制订更为详细的计划。先呈缴,再赠送,三购买。做呼伦贝尔文化事业需要一种精神,文化事业需要支持,努力做事,社会各界愿意支持。第三,呼伦贝尔市人撰写发表的文献要专架展列,并在馆内设计好地方文献的展列架。

3. **在草原文化文献资源收藏和服务上办出特色**

草原文化文献的类型多样,摄影作品、美术作品、磁带、CD、VCD、DVD、乌兰牧骑演出录像、电视台的专题片、民间艺人演出录像、DV 作品、剪纸、草原生活实物等,举不胜举。呼伦贝尔市图书馆对这方面的文献也有大量收藏,但目前还未将其列入专题收藏和重点项目建设中。

五、上海公共图书馆提供的旅游、影视特色服务

上海市、区县图书馆自 20 世纪 80 年代后期开始,在传统的常规服务基础上,探索新的服务模式,使文献服务内容、方式与服务对象都取得了新的突破,显示了各个图书馆独特的风采。1991 年,虹口区曲阳图书馆以收集影视文献为重点,并冠以影视文献图书馆与曲阳图书馆两块牌子。特色服务已成为上海市公共图书馆读者服务工作的一项重要组成

部分。

1. 旅游特色服务

上海南市区图书馆的旅游文献博览部，除拥有图书报刊外，在1998年就拥有音像资料200余盘、旅游地图1300多张、剪报资料49集。除了提供文献借阅服务之外，建有"旅游爱好者联谊会"、"旅游爱好者沙龙"、"名山名水研讨会"等社团组织，至1997年开展了活动341次，参与人数达2.2万多人次。读者还可以在网上浏览该馆编制的豫园老城厢风光。

2. 影视特色服务

上海虹口区曲阳图书馆建立的影视文献部，除印刷型读物外，在1998年就拥有像带2896盘、VCD 757盘、LD 226盘、剪报资料15850张，该馆凭借这些资源，既为广大影视爱好者服务，又为专业读者提供资料信息，先后利用该馆资料的人次达19万，平均每年1.9万人次以上，举办各类群众性影视教育活动2509次，参加总人次有9.8万。同时，他们又编辑了《影视文摘》、《李天济电影剧作选》，参与编写了《中国电影大辞典》、《世界电影荟萃》等著作，召开过"郑君里电影艺术研讨会"、"赵丹电影艺术研讨会"等学术活动9次，从而使影视文献资料得以传播，适应了不同层次读者的需求。

六、西部地区公共图书馆的特色服务

近几年来，随着西部大开发脚步的加紧、加快，西部地区的各行各业都得到了显著的发展。面对现实，不少西部地区的公共图书馆走上了"求生存、谋发展"的路，建立起形式多样的特色化服务。主要有以下两种形式。

1. 制作地方特色的纪念品

每到一个地方，不少人喜欢带回旅游地的纪念品。旅游纪念品是适应旅游人士在旅游过程中的购物需求而开发生产的产品。纪念品是一个地方政治、经济和文化发展的缩影，它应根据地方特色加工制作。就因为具有特色，才会有纪念的价值。应该说西部多元性文化为西部文化开发提供了无可比拟的天然土壤。这里有独特的蜀文化、藏文化、滇文化以及夜郎文化等，西部各地的公共图书馆都有着这些文化的历史记载。在制作地方特色的纪念品中，图书馆可以根据旅游市场的需要，提供充分的相关资料，使制作出来的纪念品更好地反映出当地的特色。而且，有的特色风景、稀有文献还可以制成录像带、VCD等，便于旅游过程的携带。这不仅可以带动本地经济的发展，还可以为宣传西部打下良好的基础。

2. 创办地方旅游数据库

从广义上来讲，图书馆已成为旅游业的一个相关部门，收藏着旅游住处的开发资料，为旅游者提供了食、住、行、游、购、娱等相关资料。由此可见，图书馆建立一个地方旅游数据库迫在眉睫。在南北丝绸之路上遍布着丰富的历史古迹，如敦煌、三星堆、西夏、吐蕃、大理、西凉等众多古国遗址，这些地方的历代珍稀文献，西部地区的图书馆多有收藏，作为传统文化遗产体现着其应有的文化价值。西部图书馆正立足于此，正在将特色馆藏转化为数字化，实现文献信息资源的共建共享，将稀有文献、珍贵文献通过计算机技术,建立起地方旅游数据库。特别值得一提的是,地方旅游数据库中的图片能更好地向人们传递最直观的视觉信息。

七、商洛市公共图书馆为新农村建设提供的特色服务

商洛市位于陕西省秦岭南麓,是一个在抗日战争和解放战争中有一定历史地位的革命老区,也是欠发达地区,自古有"八山一水一分田"之说。全市辖商州、洛南、丹凤、商南、山阳、镇安、柞水7个县(区),面积1.93万平方公里,人口240万,其中农业人口213万,耕地面积223万亩。全市六县一区均属国家级扶贫开发重点县,同时也是一个正在加快开发和建设,具有生态特色和发展潜力的地区之一。针对该地山区农民居住分散、交通不便、信息闭塞的情况,商洛市各级公共图书馆面向7个县(区),定点开展了以宣传党的农村政策以及农业信息专题咨询为主的特色服务,对全区新农村建设提供理论及信息支持。商洛市公共图书馆作为一个山区公共图书馆,牢牢地把握住了商洛市公共图书馆在新农村建设中所服务的广大农民朋友这一用户对象。

1. 为文化下乡、培养新农民提供信息服务

农民群众是推进新农村建设的主体,目前我国农村劳动力的科学文化素质整体水平偏低,其中初中占50.2%,小学及小学以下文化程度的占37.3%。只有不断提高农村劳动力素质,才能把我国丰富的农村劳动力资源转化为人力资源优势,更好地发挥亿万农民在新农村建设中的主力军作用。山区公共图书馆开展农村、农业信息服务,既传递了农村所需要的技术、经济、市场信息,又传播了科学文化知识,为培训农民、提高农民素质提供了有效途径。开展农村、农业信息服务一方面可以倡导良好的道德风尚,提高农民的政治觉悟与精神文明水平,另一方面可以引导农民转变观念,改变传统的农业生产结构,提高劳动者的科学知识和生产技能,使科技知识尽快转化为生产力,促进农村科技进步。为此,商洛市柞水县图书馆在下梁文化站建立图书流动点,深入田间地头设摊借阅,极大地方便了当地农民看书学习,农民对这种"流动书摊"感到很新鲜,纷纷尝试借阅,图书利用率达到100%。洛南县图书馆为乡镇文化站、广播站提供有关新农村建设的《西部贫困地区新农村建设情况汇编》,向农民宣传报道党的新农村政策和各地实施举措,坚定农民走社会主义道路的信心。山阳县图书馆利用馆藏文献资源,紧紧围绕山阳县"药业兴县"战略和新农村建设,开展送书下乡和信息传送活动,坚持为农服务,使全县80%的中心乡镇建起了图书室,方便农村读者来图书馆咨询、借阅资料,获取知识和信息。

2. 为推广应用农业新技术、新成果服务

商洛市图书馆一方面利用互联网以及各个出版社的新书出版报道,结合该地的气候、地理等自然条件的实际,广泛搜集有关信息,在财政困难的情况下,筹集经费,购回大批适合当地的、可操作性强的种植养殖类书籍,及时分编,充实到市馆在沙河子等乡建立的图书网点,另一方面通过情报调研及信息反馈,编写《重点书目推荐目录》和《农技精选》等,介绍最新农科动态,为农业科技人员和农户提供适用信息,得到当地农民朋友的热烈欢迎与广泛好评。

3. 为广大农民脱贫致富服务

市场农业使广大农户与市场紧密相连,农民朋友迫切需要新技术、新品种和商品市场

等信息。山区公共图书馆可以在这方面做大量工作。商洛市图书馆为适应广大农村的需要,编印《信息集萃》等宣传材料,集中介绍有关农业生产技术、致富信息、市场供需信息等资料,分发给全市各乡镇和农村。洛南县回龙镇龙王庙村一对农民兄弟是当地的贫困户,县图书馆专门为其脱贫致富提供实用信息。他们先后种黄姜、养殖果子狸、办砖厂,逐步富裕起来,成为该县依靠科技致富的典型。

八、牡丹江市朝鲜民族图书馆

牡丹江市朝鲜民族图书馆除服务于广大的普通读者外,还专门为牡丹江市区,黑龙江省乃至全国的朝鲜族同胞,提供文献收藏服务,是具有浓郁的朝鲜民族文化特色的图书馆。

1. 开展面向老年读者的特色服务

随着社会经济的发展和人民生活水平的全面提高,老年人已不再满足于生活的温饱,他们有新的追求。因此,图书馆应给予他们更多的帮助。

① 在牡丹江市朝鲜民族图书馆所在的西安区,有黑龙江省唯一的一个朝鲜族街道办事处,其属下有老年读报组,并设有专门的读报室、22个朝鲜族老年协会、牡丹江市朝鲜族老年大学等。牡丹江朝鲜民族图书馆利用自己得天独厚的条件,在老年读报室建立流通点、站并根据点、站的需要,定期掉换书刊,开展知识竞赛等。

② 同时为老年读者举办书法、绘画、花卉、保健知识、民俗等讲座,丰富老年人的生活,吸引老年人来参加,提高牡丹江市朝鲜民族图书馆在社会上的地位及知名度。

2. 开展语言培训业务

牡丹江市朝鲜民族图书馆发扬民族图书馆的馆藏优势,积极开展语言培训业务。自中韩建交12年以来,韩国企业大量涌入中国,同时中国国内大量的劳动力输出韩国,一度造成学韩语的热潮。朝鲜民族图书馆依托自己在朝鲜人中文化中心的地位,凭借丰富的朝鲜语文献收藏(如韩国语语言培训教材、韩国语语言培训电子出版物等),派专职人员为学习韩语的用户服务,为他们进行规范化的语言培训。

九、黄石市图书馆的特色服务

黄石市图书馆除开设书刊借阅、电子阅览、信息咨询、少儿图书馆、社会服务等服务外,还开设了汽车流动服务、服装文献中心两个特色服务窗口。该馆社会活动部除每年开办成人高考、公共英语等辅导培训班,面向社会招生外,还经常举办图书馆服务宣传周、参加"三下乡"活动,向读者、向农民发送信息资料,佳授致富技术。

1. 汽车流动服务

黄石市汽车图书馆于1990年1月14日正式成立,由原来一个固定点服务发展为如今的3个固定服务点和8个流动服务点,每月为这些边远地区和部队、监狱等特殊读者群送书上门服务两次。

2. 黄石市服装图书馆

黄石市服装图书馆成立于1993年11月,是湖北省唯一一家服装特色图书馆,为读者提供各类服装的外借、阅览与咨询。现有借阅场地300多平方米，阅览座位200个，各类服装图书7000多册，服装期刊19种，年接待读者万余人，借阅书刊1万多册次。

黄石市服装图书馆不仅为持证读者提供阵地服务，还为本地的各大、中、小型服装企业，美尔雅服装学校、纺织中专等学校提供长期的上门服务。该服装馆成功地与黄石市的一些服装企业、学校举办了毕业服装作品展、服装展示会等各类大型活动10余次，受到了广大服装爱好者的一致好评。

黄石市图书馆还将馆藏服装文献编成书本式目录供读者查寻，每月向读者印发《服装新书通报》，另外又主编了《服装文献书目索引》等服装类文献检索工具书。

十、武汉城市圈图书馆联盟的启动

据《中国文化报》介绍，湖北省图书馆于2009年启动了武汉城市圈图书馆联盟建设工作，加快了武汉城市圈文化资源共建共享。武汉城市圈图书馆联盟是在湖北省文化厅的统一领导下，整合城市圈内文化、教育、科研系统图书馆文献信息资源，建立圈域内图书馆总馆—分馆服务体系，形成以武汉为中心的城市圈流动图书馆群。

"图书馆联盟"是公共图书馆、高校图书馆、科研单位图书馆等优势互补的共建工程，通过联盟，各图书馆将在资源建设、馆际互借、联合参考咨询、成员馆之间通阅通借、联合采购等方面进行密切合作，建立完善的文献保障系统。

武汉城市圈，是指以武汉为中心，包括周边的黄石、鄂州、孝感、黄冈、咸宁、仙桃、潜江、天门等9座城市所形成的城市圈。圈域中，县（市）以上公共图书馆51所，其中省级图书馆1所、副省级图书馆2所、市图书馆4所、直管市图书馆4所、县（市）区图书馆40所，高校图书馆75所，科研和企业图书馆20多所。建有文化共享工程省级中心1个，副省级中心2个，市、县级支中心44个，设有电子阅览室42个。

武汉城市圈图书馆联盟于2009年成立了专门的工作领导小组及相关机构，并设立了专业委员会，完成了《图书馆联盟实施办法》、《图书馆联盟章程》、《图书馆联盟协议书》和《图书馆联盟管理办法和规则》的制定，建立了图书馆联盟网上联合目录、图书馆联盟网站和图书馆联盟"一卡通"借阅系统，开通了图书馆联盟数字资源服务平台。用户可通过联盟网站的服务平台，一站式检索区域内城市公共图书馆的信息，享有"无障碍"阅读服务，免费为大众提供网上参考咨询、文献远程传递和馆际互借服务。武汉城市圈图书馆联盟还为成员馆提供了联合编目服务，成员馆可共享一条标准书目数据，使书目资源共建共享。此外，还实现了区域内的文献采访服务，以增强城市圈文献信息资源保障力度。

第九章 国外图书馆特色资源建设及特色服务

　　特色资源与特色服务是国外图书馆建设的重要内容。由于建设理念、性质、类型的差异，国外图书馆的特色资源与特色服务呈现多样化的趋势。本章将从国外图书馆馆藏结构和资源内容的角度，介绍专业馆藏资源、数字资源、政府信息资源、音像媒体资源、捐赠及交换文献5种国外图书馆特色资源建设的类型；从信息服务的基本功能、教育功能、社会功能、公益功能、学术功能5个方面，探讨国外图书馆特色服务对我国图书馆服务的启示；同时，还列举了美国国会图书馆、英国国家图书馆、日本国立国会图书馆、北卡罗来纳州立大学图书馆在特色资源建设方面的成功经验，以供学习和借鉴。

第一节 国外图书馆特色资源建设的类型

　　图书馆特色资源是图书馆收集的各种类型特色文献资料的总和。在信息技术发展的今天，图书馆的特色资源主要由实物资源（含印刷品和音像媒体制品）及虚拟电子数据访问（含数据库和网站）两大部分组成。通过对国外图书馆特色资源建设资料的整理，国外图书馆特色资源建设的类型从馆藏结构和资源内容的角度上考虑主要有以下几种。

一、专业馆藏资源

　　根据收集的相关资料，由于馆藏量逐年增加，图书馆特色资源馆藏结构也在一定程度上受到影响。一些图书馆根据特色资源及学科发展的需要专门设置了一些分科图书馆，目前以专门的法学图书馆、医学图书馆、商学图书馆较为普及。根据特色文献的收藏形式，音像馆、缩微资料馆、政府文献馆也在有些大学图书馆独立存在。还有一部分图书馆根据特色资源馆藏的语言或地区设立了独立的馆区，如东亚图书馆、南亚图书馆、中东图书馆等。以专门收集特别文献为主的特藏馆是很多大学图书馆特色资源建设的另一特色。19世纪和20世纪是美国大学图书馆特色馆藏建立及蓬勃发展的时期。不少图书馆的特色馆藏最初始于古籍书的收藏，随着时间的推移，照片、文物乃至多媒体等各种形式的资源均为特色馆藏的收藏对象。目前，大学图书馆的特色馆藏主要包括以下几种形式：书籍，手稿，书信，校内文档，历史文物，艺术作品，地图，音乐作品，报纸，照片，非印刷品（含声像制品、缩微制品、电脑软件等）。

二、数字资源

　　数字资源建设是数字图书馆建设最基本的工作，也是图书馆特色资源建设最具实质性内容的工作。按照数字图书馆的定义，数字图书馆的所有功能都是围绕数字作品典藏来运作的。根据美国国会图书馆对图书馆典藏的解释，所谓典藏是指以各种载体传输的信息为组合，根据其主题或创作而有组织地收藏和保存的图书资料。

数字作品典藏包括各类不同载体的资源，数字资源典藏的建设也存在不同的类别，如根据主题来分，可有医学数字图书典藏或者音乐数字典藏，根据用户的需求来分，则有研究数字典藏、公共数字典藏或者教学数字典藏。总之，数字典藏的建设不在其数字化，而在其主题对某个或某些用户社群的意义，如表9-1所示。

表9-1 不同类型的数字典藏建设案例

类型	案例		
	名称	发起单位	目标
以主题为主	"美国记忆"	美国国会图书馆	将美国国会图书馆等十几个图书馆、档案馆的有关美国历史和文化的图书、手稿、音乐、影像等各种历史档案进行数字化处理而联合建成数字图书馆
以特定用户社群为对象	艺术及博物馆联合资源	美国研究图书馆组织	提供单一的联结点来连接分布的艺术典藏，并提供这些典藏的全方位的网络搜索功能

自20世纪90年代以来，美国数字图书馆建设正在逐步趋向成熟，表现在资源建设方面有以下特点和发展趋势：联合开发数字资源，如"美国记忆"项目；大型数字化项目，如谷歌的图书数字化项目；文本数字化向超文本发展，如美国弗吉尼亚大学的"阴影之谷"（The Valley of the Shadow）项目、美国塔夫兹大学数字图书馆的柏修斯（Perseus）项目等。

三、政府信息资源

政府信息资源是一种具有特殊性质的资源，推动政府信息资源的开发与利用是世界各国政府的重要战略任务。其作为图书馆馆藏资源更具有关键性与独特性。

美国是政府信息资源开发利用最为成功的地区之一，政府信息资源也是美国大学图书馆馆藏的一大特色。为了使国民能有效地接触使用政府资源，美国政府从1813年开始施行联邦政府出版物送缴本图书馆项目（Federal Depository Library Program），到2007年年初全国已建立起1250个联邦政府出版物送缴本图书馆，其中大约70%为大学图书馆。政府信息资源主要包括：联邦政府文献、各州政府及地方政府文献、当地政府文献、国际文献。

美国大学图书馆的政府信息资源的馆藏一般有两种方式：一种是专门设置政府信息资源区域，直接采用政府信息资源的SUDOCS（The Superintendent of Documents Classification System，是美国政府印刷局图书馆自创的按政府的发文单位对信息资源进行分类的系统）编目方式把政府信息资源作为一种独立的形式；另一种是把政府信息资源与其他馆藏一样按该图书馆的分类法进行编目，与图书馆其他书籍一样按主题分类上架，并不设立政府信息资源专区。

四、音像媒体资源

音像媒体资源也称为非印刷品资源。大部分音像媒体资源需要特别的辅助设备来读取信息。作为以支撑教学和科研为主要目的的大学图书馆，在长期的实践中发现印刷品资源并不是唯一的有效资源，在某些领域音像媒体资源常常能给读者更直观的印象，音像媒体便成为大学图书馆的另一种形式的收藏。这些音像媒体资源主要包括：声响制品、影像制品、胶片式影片制品、电脑程序、媒体光碟、教育游戏、缩微文献、幻灯片、地图、照片、艺术作品、混合媒体及工具。

随着时间的推移，不可避免地会有一部分音像媒体馆藏的形式存在过时的问题，但是，大学图书馆出于教研的需要仍然保存着这类馆藏及与其相配套的设备。随着音像媒体技术的不断更新和发展，不少图书馆也在不断地更新其配套设备，有些图书馆还允许读者租用手提电脑等设备以更有效地使用某些音像媒体。

五、捐赠及交换文献

捐赠及交换是图书馆除采购以外获得馆藏特色资源的另外一种途径。某些捐赠品及交换品是无法采购到的，其中不少文献在某种程度上能强化图书馆的馆藏，补充馆藏在某些方面的不足。但是，捐赠及交换文献并不是免费的，因为图书馆要花一定的人力和时间对其进行评估、编目。捐赠及交换的图书的选择应遵循同样的馆藏选择准则。

第二节　国外图书馆特色服务的启示

图书馆是通向知识之门，它通过系统收集、保存与组织文献信息，实现传播知识，传承文明的社会功能。为读者提供优质、高效、专业的知识与信息服务是图书馆人不懈的追求与努力。经过多年的发展与革新，国外图书馆在特色资源的建设中不断创新服务理念与模式，在服务中体现人文关怀，为广大读者提供人性化、便利化的特色服务，致力于消除公众利用图书馆的困难，保障社会弱势群体获得图书馆服务的权利，同时，更为图书馆服务科技创新和科学研究事业默默地奉献着。

一、立足读者信息需求，夯实信息服务的基本功能

相对于"图书之馆"的概念，近10余年来，国外图书馆已经基本完成了从编目、检索到出纳的全部电脑化、网络化。图书馆内所藏的特色资源，已经远远不止是图书，更大范围的信息来源还包括联网的资料库。

每个图书馆的藏书量都会保持在一定的范围之内，新书的上架和旧书的下架是不断的流程。和大学图书馆不同，公共图书馆购进的书刊资源大多比较通俗、实用、畅销，学术书籍极少。常见的实用型书籍有电脑教材、心理学、人际关系学、法律常识、语言教材、家居的美化和装修、各国食谱、健康与保健、世界各地旅游手册，甚至电话簿，全国各城市的地图册，乃至汽车价格大全。在国外，居民有任何信息方面的需求，都先奔图书馆。每一个专业图书馆员必须熟知查询各种信息的各种渠道，人们可以一进门就把问题告知图书馆员，不找到答案，不能算完事。本馆没有的资料，图书馆员便通过网络到他馆借调，调来以后马上电话通知读者来取；3天不来取，就流向下一家。

我国的公共图书馆经过近几年的发展，担负着为科学研究服务和为大众服务的双重任务。其中，省、市、自治区图书馆是所在省、市、自治区的藏书、目录、馆际互借和业务研究、交流的中心，它们还对中小型图书馆提供业务辅导。县图书馆多为本县工人、农民、乡镇居民和少年儿童服务。大、中城市区图书馆的主要任务是为城市人民群众服务，

其主要服务对象是城市中的各阶层居民。有些大城市的区图书馆藏书数十万册，它们在开展馆内流通阅览的同时，还到街道、里弄开办借书站和流通点，把书送到基层，并协助和指导街道图书馆（室）建立城市基层图书馆网。

虽然，近几年我国的图书馆事业发展取得了一定的成绩，但是与国外相比还是存在一定的差距。在提供信息检索等特色服务方面，应该以读者的需求为主，提供方便、快捷、周到的服务，使图书馆的信息资源得到充分利用，成为真正的信息中心。

二、建设青少年第二课堂，丰富自身的教育功能

在国内概念里，公共图书馆与学校一般是很少有联系的。而国外的公共图书馆，与当地公立中小学校联系却非常紧密。学校的老师们会特地把学生撒到图书馆，学习如何利用图书馆的特色资源做某项"研究"；图书馆里也有专门辅导青少年阅读的馆员，哪所学校布置了哪项作业他们都非常清楚，等于是学生们的校外老师；图书馆网站上还会提供适合青少年阅读与娱乐的特色资源，为青少年成长指引方向，培养孩子们正确的阅读取向。

例如，美国中小学生下午3点就可以离校，少男少女便三三两两来到图书馆，查资料、做作业、看课外书。在那里，孩子们可以体会到查阅的乐趣，慢慢爱上图书馆。暑假更有3个月之长，也是图书馆的旺季：学校的"夏季读书计划"，全靠图书馆来实施。学校出具阅读书目，让孩子们阅读马克·吐温、菲茨杰拉德、狄更斯、简·奥斯丁、勃朗特姐妹、莎士比亚、陀思妥耶夫斯基、卡夫卡等传世作家的经典著作；图书馆则照单买书，还要设计各类"读书有奖活动"、提供场地、筹办奖品。

在国内，图书馆的教育功能体现得还不太深入，虽然很多人已经意识到图书馆教育功能的重要性，但是实施起来与国外相比在细节上还是存在一定差距的。在我国建设学习型社会和加强社会主义文化建设的关键时期，图书馆的教育功能更应该受到重视，应该提供扫盲、中小学生第二课堂、学历教育、在职继续教育、闲暇娱乐教育等各种形式各个层次的教育；提供文化教育、文化培养、文化传播、文化宣传等不同种类的文化创新与发展教育。图书馆教育是学校教育必不可少的补充和扩展，应该不断地运用科学发展观设计与终身教育和学习型社会有关的服务，充分发挥其在终身教育体系中的作用，营造一个高层次的读者教育环境，为每个人的个性发展提供一切机会，使每一位读者在图书馆这一终身学习的场所获得成功的金钥匙。

三、面向大众的休闲娱乐需求，充实服务公众的社会功能

在满足大众通过阅读而娱乐的意义上，国外图书馆和电视台、电影院无异，除了书刊外，图书馆还提供精心收藏的音像媒体资源，如DVD影碟和音乐CD等娱乐产品。在美国，图书馆里每年都会举办"国际电影节"——连续几个月，每星期放映一部在国际上获奖的外国优秀影片。

公共图书馆的休闲娱乐功能是广大读者的另一种诉求。目前，我国各大中型图书馆几乎都形成了自己的讲座品牌，如上海图书馆的"上图讲座"、国家图书馆的"文津讲坛"、辽宁图书馆的"辽海讲坛"、长春图书馆的"城市热读"、浙江图书馆的"文澜讲坛"等。但是，与国外图书馆相比，我国图书馆在满足大众休闲娱乐需求方面仍存在一些不足。应该适应新时期社会主义文化体制发展的需要，创新服务理念与模式，迎合公众的休闲娱乐

需求，不断发掘自身的特色资源，切实开展一些大众喜欢，而又极具特色的资源服务，如不同内容的读书活动、特色文化宣传与展览、知识讲座、提供休闲娱乐的场所等，让广大群众和一些社会团体感受到图书馆就在自己身边。

四、关爱特殊人群，突出公益功能

作为市政府的一部分，公共图书馆也是重要的社会公益机构，代表社会对弱势群体传递关注。这种关注，不只体现为对乞丐和无家可归者敞开大门，更体现为通过组织各种活动来提醒社会：应该对病患、智障、犯罪受害人、新移民等弱势群体的处境加深了解。

例如，美国新泽西州自闭症患者的比例很高，远超过全国平均水平，为自闭症患者提供服务，也是州公益事业的重要内容。该州图书馆就组织过多次面向自闭症患儿家庭的讲座。定期接待智障人士，让他们做些力所能及的劳动，有机会接触常人社会的运作，也是图书馆的任务。有时候，给这些人安排简单活计，比图书馆员自己干还要麻烦，可他们永远表现出足够的耐心。为新移民举办免费英语辅导，为全职妈妈们举办活动，更是图书馆的家常便饭；每年到了报税时节，公共图书馆又成了居民领取各种税表的地点。本地的民间组织如果需要活动场地，经过事先登记，只要是非营利性的，图书馆都可以免费提供。

图书馆事业的发展，并不简单取决于图书馆建设的发达程度，在硬件之外，专业与服务的水准，开放与文明的程度，这些软件建设更决定着图书馆事业发展的质量。在发达国家，作为社会公共部门的图书馆，也多是免费向公众开放的，它们真正把纳税人当成了自己的主人。2008年，为进一步推进首都公共文化服务体系建设，让广大读者更便捷获取图书馆文献信息服务，北京市24家公共图书馆统一取消了读者卡工本费，方便和吸引广大读者走进图书馆、利用图书馆。同时，作为图书馆中"老大"的国家图书馆全面减免收费项目。这些措施包括：取消读者卡办证费、读者卡年度验证费、读者存包费、自习室使用费、讲座门票费等，读者凭第二代身份证以及相关有效证件可以直接入馆阅览。同时，国图还将大幅度降低文献复印费等。就这样，图书馆悄然回归"公益"了。

诚然，我国图书馆在公益功能的发挥上还是存在许多不足的。"杭州图书馆对所有读者免费开放，因此也有了乞丐和拾荒者进门阅览。图书馆对他们的唯一要求，就是把手洗干净再阅读。有读者无法接受，于是找到褚树青馆长，说允许乞丐和拾荒者进图书馆，是对其他读者的不尊重。褚树青回答：我无权拒绝他们入内读书，但您有权选择离开。"杭州市图书馆"不拒乞丐"做法，应该唤醒人们对现代图书馆核心理念应有的敬意，唤醒公众的道德意识和公平理念，让图书馆真正成为图书之馆、成为所有公众的良师益友，使图书馆真正践行公益责任。

五、服务科技创新，发挥学术功能

2010年8月27日，新近成立的哈佛大学图书馆实验室，以图书馆创新的合作之路为题，向全校师生员工发出公开征集研究提案的号召。哈佛大学图书馆馆长罗伯特·达恩顿教授在宣布成立图书馆实验室时指出，哈佛图书馆实验室成立的目的，是为全校师生创造更好的服务，支持与图书馆有关的各个领域的研究项目，帮助所有哈佛成员完成其创业愿望。图书馆实验室将推动广泛的全面的数字化创新，这将确保哈佛大学在信息技术迅速发展和日益广泛的协作世界的领导地位。实验室研究项目基于4个遴选标准：企业化、扩展性、开放性、实验性。

高校图书馆是高校的文献信息中心，馆藏资源丰富，一般藏书在百万册以上，期刊数千种，很多高校图书馆建立了电子阅览室、数字图书馆，建立联机数据库、图书目录库、地址目录库、科学实验数据库、网络信息中心等，为广大读者检索图书馆资料提供了极大的方便。

例如，华东师范大学以建设世界知名高水平研究型大学为目标，不断提升学校图书馆功能建设，积极推出学术服务新举措。学校积极探索，不断创新，在"服务模式更加开放、服务内容更加丰富、服务功能不断拓展"原则指导下，有效探索学校图书馆学术功能区建设、积极推进学校图书馆学术媒体数据库建设，通过学术功能服务区、文化交流展示区等相关建设，不断拓展学术功能、营造学术氛围，努力为全校师生科学研究搭建高效平台，提供优质服务。

十几年来，国内大学图书馆重视学术研究的风气普遍高涨，积极申请各级各类的研究课题和研究资金，但是相对于国外大学，我国图书馆科研活动的开展更应该结合实际，加强领导，提高研究质量，形成具有自身特色的研究领域和研究队伍，确保项目研究的实际价值和应用价值。我国大学图书馆在服务科技创新，发挥学术功能等方面还是做出了一些成绩的，但是，在某些方面与国外大学相比差距还是比较大的。因此，在满足本校教学、科研服务的基础上，高校图书馆应该不断创新服务理念与模式，发挥高校与图书馆的作用与功能，真正参与到科技创新与服务当中来，在科研项目申报、学术讲座、文化传播、大学生科技创新等方面密切与教师和学生的关系，充分体现出图书馆是高校文献信息中心的这一内涵，为更好地服务科技创新、营造良好的校园学术和文化氛围，做出积极的努力。

第三节　国外图书馆特色资源建设案例

为了更好地了解图书馆特色资源建设的内容和特点，学习、借鉴国外图书馆特色资源建设的先进管理理念和资源优势，本节将选取国外图书馆特色资源建设的典型案例，重点介绍它们在特色资源建设上的成功经验。

一、美国国会图书馆

1. 图书馆概况

美国国会图书馆成立于1800年4月24日，是美国的4个官方国家图书馆之一，也是全球最重要的图书馆之一。美国国会图书馆是在美国国会的支持下，通过公众基金、美国国会的适当资助、私营企业的捐助及致力于图书馆工作的全体职员共同努力建成的，它是美国历史最悠久的联邦文化机构，已经成为世界上最大的知识宝库，是美国知识与民主的重要象征，在美国文化中占有重要地位。它保存各类收藏近1亿2100万项，超过2/3的书籍是以多媒体形式存放的，其中包括很多稀有图书、特色收藏、世界上最大的地图、电影胶片和电视片等。

美国国会图书馆下设4个主要服务机构，通过馆长办公室实施领导。各服务部门通过馆长办公室得到后勤机构提供的服务保障。图书馆服务部是馆内历史最悠久的部门，负责馆藏和公共服务，绝大多数读者把它当做国会图书馆。法律图书馆稍有不同，但有类似的历史沿革。版权办公室和国会研究服务部是根据国会的命令先后成立的。这4个主要服务机构相互依存相互联系，但是在工作上仍然是各自为政。

2010年服务统计数据显示，美国国会图书馆为80余万盲人和残障人士提供了唱片、磁带和盲文点字书服务近2500万人次；办理版权登记636527种次；通过国会研究服务完成国会移交的研究任务672481项；通过法律图书馆为国会和其他联邦政府机构准备法律研究报告1405份；读者到馆记录7700万人次；图书馆网站访问58110万人次，在线用户超过170万人次；截至2010年年底，图书馆"美国记忆"项目提供的数字在线第一手资料文档来源已达到2460万个；通过电话、书信和邮件等形式向个人用户提供参考咨询服务527466人次。

美国国会图书馆最初是为当时美国国会服务的学术图书馆，图书馆最初的馆藏书目都是为美国前总统托马斯·杰弗逊所提供的。其第一笔经费来源于亚当斯总统签署的《美国政府的搬迁及所需设备进一步做好准备法案》第五款的拨款（5000美元）——"用于购置位于华盛顿市的国会所需添置的图书，并为收藏这批图书配备适当的库房"。当时国会馆只有740册图书和3张地图。普遍认为杰弗逊总统是国会图书馆真正的创始人。他认为民主来源于知识；而作为美国立法者的国会议员可能用到任何一门学科的知识。他的这两个信念成为国会图书馆建立和发展的指导原则。

2. 图书馆特色资源建设内容

（1）丰富的馆藏资源，完备的专业分馆馆藏

经过多年的发展，美国国会图书馆既是议会的图书馆，也是国家的图书馆，其主要职能更是不断完善，它所提供的特色资源及其服务更是越加丰富和专业。作为议会图书馆，与国会及各委员会经常保持联系，使其了解并利用该馆的服务设施和藏书；应国会各委员会要求，对各委员会的立法建议或对总统以及行政部门向国会提出的意见进行分析、鉴定和评价；在国会开会之前，为各委员会提供联邦政府计划表和本届国会的活动计划，同时向各委员会提供各种评介资料；在国会开会之前，为各委员会准备并提出其所需实施的立法问题，利用国会研究服务部的资料拟订议事日程；应国会议员要求，提供关于立法的目的、效果和历史的简明备忘录。作为国家图书馆，它是国会、政府、学术界和一般读者的参考咨询中心；国际交换与国际互借的中心；全国目录的中心；收藏各国政府出版物及联合国资料的中心；国内外馆际协作的中心；图书馆学研究的中心。

今天的国会图书馆拥有举世无双的馆藏资源，超过13800万册件藏品中，包含有470种语言的3200余万册件图书印本资料，6100万件手稿。这里有世界上最丰富的北美珍本馆藏，以及世界最完备的法律资料、电影资料、地图、乐谱和录音资料等。2010年，美国国会图书馆馆藏情况如表9-2所示。

表9-2 美国国会图书馆2010年馆藏一览

资源总量	147093357册件
按国会图书馆分类法分类编目的图书	22292886册件
摇篮期古版本图书及其他资料	11650684册件

续表

未编目资料	总计	113149787 册件
	音频资料	3116691 件
	手稿	64591635 件
	地图	5415134 件
	缩微品	16502298 件
	乐谱	6112543 页
	图像资料	14646373 件

专业分馆是指为了便于读者获取相关资料，规范馆藏形式，提高图书馆服务和管理的效率，而依据学科、文献、语言、地区及其他特别文献的形式等，分类别组建的分馆。

美国国会图书馆服务部是国会图书馆最大的服务部门，它的主要职责是发展和管理该馆的"记录美国历史进而反映美国人民创造性的完整馆藏，记录并传播全世界文明和知识发展的馆藏"。它的服务对象包括：国会、各图书馆和馆员、学者、教师、普通公众、盲人和残疾人以及本馆员工。其最显著的特点体现在对公众服务馆藏部门的设置上：按照馆藏资料的载体类型设立（如地理和地图组、图片和照片组、手稿组等）；按照文献内容设立（如人文和社会科学组、音乐组）；按照功能设立（如外借组和馆藏管理组）；同时，还设有美国民俗中心和儿童文学中心。地区研究馆藏的设立主要包括：非洲/中东组、亚洲组、欧洲组、西班牙地区组、联邦研究组、学术计划室。国会图书馆还单独设有本国馆藏，主要包括编目发行、图书中心、全国数字图书馆、国家盲人和残疾人图书馆、联邦图书馆和信息中心委员会、出版办公室等职能部门。表9-3对国会图书馆服务部的几种馆藏资源进行了简要介绍。

表9-3 美国国会图书馆服务部馆藏特色资源举例

馆藏部门	资源建设内容	存在的问题
手稿组	收藏国家级档案和手稿资料；全国有色人种促进协会和全国都市联盟等全国性重要组织的档案	由于用户通常使用的只是很小一部分资料，该组不愿让它的馆藏数字化
图片和照片组	制订过一项建立数字复本的长期计划；部分藏品已经数字化，可以通过图片和照片联机目录（PPOC）查阅	由于没有现成的设施用于数字图像资料的获取、存储和管理，目前该组尚未开展这类资料的采集和收藏工作
地理和地图组	收藏地图、地图册、地球仪以及与地图和制图有关的只读光盘；在全国数字图书馆计划中负责制定地图传递标准	没有开始大量收藏地理数据库或者制图软件；没有可靠的系统用于收集现有的非传统载体
影片、广播和录音组	对其中一部分资料使用 MARC 格式进行编目，开发了专门的编目和馆藏管理工具	没有制订系统的计划来收集并收藏互联网上传播的数字内容
连续出版物和政府出版物组	收藏期刊、报纸以及联邦政府的出版物；提供各种电子版报纸、期刊；收藏缩微胶卷和缩微平片	还没有开始收集数字形式的期刊或者印本期刊的电子版形式并提供查询
国家盲人和残疾人图书馆	制作和提供一般性通俗读物；设计并监督、放音专门设备的制作和使用；自行开发和使用信息技术	建立盲人数字传递渠道会引起相应的技术和社会问题；实现改进的语音合成器设想还存在一定的障碍

（2）完善的系统功能，便捷的数字图书馆

2006年10月16日，国会图书馆启动了元搜索的试用版，向读者提供搜索或进入图书馆数据库的单一接口，以及可通过图书馆公共网络主页获得数字馆藏。通过使用由 index data 开发的 Keystone Retriever open source 软件，可以供读者通过复合式接口搜索国会图书馆在线目录、国会图书馆网站、美国记忆、印刷品及照片在线目录、THOMAS 立法信息系统、地理信息系统等。最初的搜索能力还处于基础阶段，如果试验成功的话，将扩大目标的数量并增强搜索能力。

通过馆际交流，国会图书馆实现了将普通藏书数字化。2007 年 1 月 30 日，斯隆基金会（Alfred P. Sloan Foundation）为国会图书馆捐赠两百万美元用作将公共领域的普通藏书进行数字化工作，关键是那些纸张很脆易碎的图书，"国会图书馆馆藏美国记忆的数字化"项目将是对易碎图书进行数字化的最佳实践工程。它将利用"开放内容联盟"的 Scribe 技术系统进行扫描，这个联盟包括 50 多家大型美国研究图书馆。同年 4 月 10 日，国会图书馆与亚历山大图书馆签订了一份协议，将阿拉伯文本加入到"世界数字图书馆"项目中。这个项目的合作伙伴包括联合国教科文组织、国际图联、美国国会图书馆以及五大洲的主要图书馆。

THOMAS 立法信息系统是根据 104 次国会的倡议，于 1995 年 1 月也就是在第 104 次（1995—1996 年）国会开始之际，由国会图书馆将联邦立法信息 THOMAS 系统放到互联网上供广大公众免费使用。该系统的检索功能通过超级链接 In Query 实现，系统由设在美国麻省艾摩斯特市的马萨诸塞大学智能信息检索中心进行维护。2010 年，随着一些新特点和搜索工具的融入，这一系统功能得到进一步加强，使得联邦立法的信息更易于公众获取。

在国会制图资源系统中，地理和地图组为国会议员和他们的幕僚们提供了标准制式的数字地图。2010 年，他们开发出国会空间资料系统，被国会研究服务部用于分析有关国会选区的数据。在提供给国会的 200 多份地图中，还包括了 2010 年春夏之际墨西哥湾石油泄漏的日报数据。

全球法律信息网络，允许访问司法判决和相关法律资料等近 188000 条法律，这些资料是由包括 34 个国家在内的区域性的国际组织网络所提供的。在 2010 年，超过 14000 个法律材料被增加到全球法律信息网数据库中。在数据库中，法律图书馆的法律信息分析家为在网络之外的 16 个国家添加了 1700 多项法律。此外，他们还回顾了有助于全球法律信息网成员的近 1500 个法律资料，以保证他们符合全球法律信息网的质量标准。

数字图书馆是一件耗资巨大的工程，除了政府有限的拨款外，国会图书馆十分重视开展宣传，建立良好的公共关系，从私人机构筹措资金。1999 年度，全国数字图书馆计划从私营部门获得 4800 万美元的资助，超过了 3 年计划中第三年争取私营部门资助 4500 万美元的目标。过去的 3 年里，国会图书馆运用美国技术基金会（AMERITECH FOUNDATION）提供的赠款开展竞争，第三年提供了总共 615965 美元奖励 12 个获胜机构进行美国历史馆藏的数字化工作，并把这些数字化成品移上"美国往事"网站。总共 33 个机构获得资助并开展各自的数字化项目。5 个于 1997 年通过竞争获得资助的机构已经完成文献数字化并于 1999 年首次纳入国会图书馆网站。

（3）其他特色资源

① 终身学习资源。终身学习是美国国会图书馆的一项特色资源，旨在鼓励儿童参与阅读活动。同时，也指个体的学习活动是一生中连续不断的过程。这就意味着每个人都有接受教育，参加学习的权利，每个人都应该获得均等的教育机会。事实上，这是一种理想

状态。学习贯穿于人从生命开始到结束的全过程。人从出生之始,就开始了各种形式的学习活动。每个人在人生的不同阶段承担不同的社会角色,有不同的发展任务,人在一生中都面临着生物的发展、认知的发展、情感的发展和社会发展。国会图书馆为不同年龄段的读者提供了不同的书目及其相关信息,供读者参考。儿童书目的类别有:美国的历届总统、美国发明家、体育、地图、内战、国家公园等,如《圣诞颂歌》、《一个苹果派》等;青少年书目的类别分别有:大萧条、美国—西班牙(葡萄牙)历史、美国—非洲历史、美国—亚洲历史、土著美国人历史等,如《阿拉伯骑士》、《神秘的花园》、《汤姆叔叔的小屋》、《乌鸦》等;成年人书目的类别有:诗和散文、侦探小说和间谍故事、历史和人物传记、文学作品和幻想小说,如《铁路的故事》、《新国会图书馆手册》等;对于教育者和父母,国会图书馆还提供了一些教育资源,以供他们培养学生和青年读者更深度地读懂世界。在终身学习中,人是学习活动的主体,同时,终身学习也是个别化和个性化的学习,国会图书馆根据每个人不同的阅读需求,提供了不同的阅读资源和信息,如精湛的僵尸冒险、青年读者中心、经典书目、作者网络广播、本地/社区资源、国家盲人和残疾人图书馆及国会图书馆举办的活动等。

② Flickr照片试验资源。Flickr照片试验资源是在一个名为Flickr的Web 2.0社区里与用户广泛分享其照片收藏,即通过Flickr提供给国会图书馆的历史照片收藏,在一个新的视觉社区里,分享大家最受人喜爱的形象。Flickr提供全面的、一流的、高效的图片服务,邀请人们可以为照片加标签、发表评论,也可以标志信息,所有的这些都是对老照片小小的描述。总之,Flickr是一个以图片服务为主的网站,它提供图片存放、交友、组群、邮件等功能,其重要特点就是基于社会网络(Social Network)的人际关系的拓展与内容的组织,这个网站具有强大的功能,其已超出了一般图片服务的范围。Flickr提供数字化照片集,如全景照片;William P所画的爵士音乐家和人物的肖像;国会图书馆艺术表演阅览室及国会图书馆收藏的其他照片,这些照片具有以下特点:长期以来受到图书馆访客的欢迎、没有已知的限制发布和分发、高分辨率的扫描图像。在国会图书馆Flickr网站上,还提供国会图书馆报纸和期刊阅览室所收藏的历史上著名的报纸。联系人服务(Contacts)可以让你加入联系人(Contact),他可以是朋友(Friend)或家人(Family)。加入联系人的好处是,你可以结交到更多的朋友,并可将这些朋友的图片有规则地组织起来,方便浏览、交流、分享。组群服务(Groups)令用户可以加入一个组群或创建一个新的组群并自任管理员。在组群中,大家可以进行像在BBS上那样的交谈、分享图片、知识、互发邮件等活动。

③ 视听资料保存保护资源。视听资料保存保护是对世界视听文化遗产进行保存保护,并提供访问。其相关资源包括以下几个方面。

第一,美国记忆电影——工作中的美国,休闲中的美国:电影1894—1915年;美国的各种舞台:轻歌舞剧和大众娱乐,1870—1920年;在天堂里的Buckaroos:北内华达州的牧场文化,1945—1982年;一个城市的生活:纽约的早期生活,1989—1906年;大地震和火灾前后:洛杉矶的早期电影,1897—1916年;美国动画的起源等。

第二,美国记忆录音——应用语言学研究中心;内战时期;爱迪生公司;西弗吉尼亚州的民俗文化与自然环境;佛罗里达州的民俗文化;南部阿巴拉契亚的民族二胡音乐;珍珠港,公众的反应;2001年9月11日,公众的反应;奴隶叙事等。

第三，声音在线目录——除了包括78rmp光盘，45rmp光盘和版权盒式磁带，此数据库还包括许多广播和档案记录。

④ 数字保存资源。数字保存项目又称为"国家数字信息基础设施与保存项目（the National Digital Information Infrastructure and Preservation Program，NDIIPP）"，为未来用户收集和保存数字形式的知识资源。该项目的创始人是Helen Tibbo。NDIIPP的存在和发展的基石在于建立了由对国家和国会数字内容价值承担持续保护责任的团体组成的成员网络。2007年8月3日，美国国会图书馆宣布通过它牵头的NDIIPP资助由8个参与者共同参与的新保存项目——保存创新性美国初始计划（Preserving Creative America Initiative），共同讨论数字形式中创新性内容的长期保存问题。这些合作者将着力商讨解决多种类型原创性作品的保存问题，这些原创性作品的类型包括数字照片、卡通、动画、录音记录，甚至视频游戏。参与的机构包括：各类行业协会、私营公司和非营利性组织，包括各类文化遗产机构。

在2010年数字保存项目报告中，项目组详细介绍和讨论了如何理解国家的数字信息需求、建立国家数字保护网络以及未来面临的安全知识等方面的问题。

二、英国国家图书馆

1. 图书馆概况

英国国家图书馆具有250多年的藏书历史，其藏品可以上溯到3000年前，堪称世界上学术、研究和创新的主要源泉之一，是英国法定的藏书机构，隶属于文化、传媒与体育部，旨在为研究人员、商界、图书馆界、教育界和公众服务，它立足于英国，服务于全世界。英国国家图书馆每年购书经费为1500万英镑。其馆藏包括500万份报告、学位论文、会议论文、200万件唱片和1.25TB自愿捐献的数字资料，其藏书架长逾600公里，每年增长11公里。英国国家图书馆是世界上最大的专利馆藏库，能够提供世界上最庞大的文献提供服务，提供安全的电子文献传递和及时数字化服务，能够在2小时之内将资料推送到用户桌面。

英国国家图书馆每年为英国经济创造的价值是其吸纳公共投资的4.4倍，其资金的主要来源分别为：DCMS援助基金（8900万英镑）、年度贸易收入（2500万英镑）、捐赠（400万英镑）。英国国家图书馆在圣潘克拉斯新馆、波士顿斯帕的文献提供中心和报纸图书馆三处的员工为2339人（含长期员工及临时性员工，其中管理及专业级人员950人）。

1972年英国议会通过的《英国图书馆法》规定，大英博物院图书馆各部门、国立中央图书馆、国立科学技术外借图书馆、科学参考图书馆、科技情报局和英国国家书目局合并成立英国国家图书馆。1982年4月印度事务处图书馆与英国皇家文书局，1983年国立有声资料馆也并入了英国国家图书馆。英国图书馆鼓励更多的公众了解国家有记载的遗产；图书馆的计划、产品和服务对国家经济、科研、教育和创新均有重大贡献，并丰富了公众的文化生活。

2. 图书馆特色资源建设内容

（1）馆藏建设

英国国家图书馆作为世界上最重要的图书馆之一，其基本职能为保护、发展、揭示和改善馆藏及其设施，为学术界、研究部门、工商业和其他信息使用领域提供参考咨询、文献、书目及其他服务。伴随着网络信息的迅速传播，英国图书馆裁减了一些传统资料的订购，同时扩大对电子出版物的采集。为了减少用户在商业和科技资料方面使用所遭受的损失，英国图书馆正在为制定非印刷型资料缴送立法而斗争。虽然前保守党政府颁布了有关电子出版物呈缴的文件，但尚需议会通过立法。要通过不懈的努力，使图书馆保存印刷缴送本的权利扩大到非印刷媒介。以使英国国家图书馆能毫无愧疚地说该馆拥有"人民所应记住的"一切，而非部分印刷型出版物。

英国国家图书馆的珍藏品包括《大宪章》（Magna Carta）、南非前总统纳尔逊·曼德拉（Nelson Mandela）的法庭宣言录音资料、著名画家列奥纳多·达·芬奇（Leonardo Da Vinci）的笔记以及甲壳虫乐队（The Beatles）的创作手稿。世界各地的人们纷纷慕名到英国国家图书馆一睹该馆在展览上展出的历史文献和文学巨著，并在阅览室查阅丰富的研究资料。截至目前，英国国家图书馆调查研究了14万本图书、920000个期刊和报纸的标题、58万项专利、3万个录音记录等更多的资料。在这里，可以找到所需要的艺术、人文、科学及任何主题的资料。

1999—2000年度将100万英镑用于馆藏保护，300万英镑用于馆藏采访，制定了政策协调CD-ROM和联机出版物。50万英镑预算用于100多种电子产品，其中包括ISI Web of Science。英国国家图书馆新成立的政策小组对未来10年出版业规模作了预测，出版物的重大变化已成定局，这将会对英国国家图书馆产生深远影响，到2010年，75%的图书和90%的学术期刊只有数字版问世。英国国家图书馆将认真考虑这些变化对未来服务发展的影响。

英国国家图书馆藏有国内专著、档案及法律缴送的连续出版物；丰富的海外当代图书与连续出版物；无与伦比的英国及海外早期印刷书；文字产生以来的东、西方手稿；前印度办事处的档案与图书资料；举世闻名的印刷或手绘地图及乐谱；具有重大价值的集邮资料；世界上最为丰富的声像资料；各种形式的商业情报；世界最完整的专利说明书；最完整的会议录和数以百万计的英国与海外报告、论文及缩微制品。截至2010年11月，英国图书馆馆藏资料数量为107792967件。具体馆藏资料种类及数量如表9-4所示。

表9-4 英国图书馆馆藏资料情况（截至2010年11月） 单位：件

种　　类	数　　量
专著	14118401
手稿（单页及卷）	355767
印度办事处档案	483147
集邮资料	8268432
制图资料	4564212
乐谱	1611424
音盘	1487869
录音带	253725
录像带	36699

续表

种类	数量
版画等	33173
图片	302284
专利说明等	64763386
报告缩微品	10376410

(2) 数字图书馆系统

英国国家图书馆最初于1993年6月提出信息利用首创计划，其内容包括：增加数字形式出版物的保存；为读者提供网络和数字化服务；利用数字化技术保存和修复馆藏等。

数字图书馆系统是一个功能强，便于使用的IT系统，使图书馆可满足其涉及数字资料收藏和提供存取的战略及运行目标。其功能主要包括：提供广泛、方便的解决方法，使图书馆能存储、保存并提供通过购买或法律呈缴而获得的英国数字化出版物的存取，并支持图书馆收藏的全部数字出版物传送，主要是英国国内出版物组成的数字化文档资料；在得到许可的情况下，它将支持数字化馆藏资料的远程文献服务，其中包括利于研究与工业发展的电子杂志和专利；提供一个系统以保存通过购买或其他途径获得的数字化馆藏并提供图书馆服务；使一代又一代的读者对图书馆维护的数字化资料进行存取；支持对图书馆内阅览室中大量数字化资料的存取；为实现更大范围的公众存取，它将在项目资金的帮助下，支持图书馆对其独一无二的、有重要意义的馆藏实现数字化，增强全民网络和国家教育网的功能。

1998年以来，英国国家图书馆在数字图书馆方面推出了以下资源。

① 国际敦煌项目（IDP）。此项目是1993年确定的，现为国际合作项目，其包括敦煌文献数据库，刊物及图片库等。促进对来自敦煌及中亚其他重要遗址的手稿和印刷文献进行研究与保存。秘书处设在英国图书馆的东方与印度收藏办公室。该项目有权使用英国国家图书馆收藏的来自中亚的26000多页手稿和印刷文献，其中包括高质量保存在手稿碎片中的彩色图片，类似图片每周都有所增加。数据库中的很多图片是有版权的，没有版权所有者的特别许可，不允许再版或以印刷形式和电子格式等各类方法复制。任何人都可用网络数据库，但需要获得个人用户名和密码。在开发的下一阶段，将可使你重复上一次的检索结果。手稿图像样品为中文，是在吐鲁番附近，卡拉霍亚两公里内丝绸之路北侧的阿斯塔纳遗址发现的。

② 电子版贝奥伍弗（Beowulf）。贝奥伍弗是第一部伟大的英国文学手稿，是现存唯一的11世纪的手稿，在1731年的大火中受到严重损害。抄本在过后的18世纪出现，沿着被烧焦的边缘，可见到数百个单词和字母，随后便破碎了。为防止继续破碎，1845年将每一页裱在纸框上。世界上一直对其起源和诗的创作进行学术讨论，研究人员经常要查阅手稿。从其自身状况来说查阅不但保存问题难以解决，而且也使其他来图书馆希望看到宝贵的文学珍藏展示的参观者无法得到满足。数字化全部手稿既解决了这一问题，也提供了新的可视途径。除了数字化贝奥伍弗手稿图像，电子版贝奥伍弗还包括棉织品版本，不可忽视的18世纪的誊写本，1815年的第一版副本，经19世纪早期校勘整理的手稿，一个全面的词汇索引和一个新版及誊写本，现在这些都能很方便地检索到。

③ 戈登堡圣经2000（第一个英译本圣经）项目。

第一，旋转专栏。旋转专栏是一个系统，用计算机动画、高质量的数字化图片和触摸屏技术模拟书页翻动的动作。旋转专栏允许访问者到位于圣潘克拉斯的展览陈列室查询图书馆的珍藏。过去，参观者到图书馆陈列室受到书所展示的状态的限制，只可能看到打开的页面，而现在看电子版这个问题就迎刃而解了。

第二，世界图书馆。世界图书馆是一个由7国集团信息团体倡议赞助的项目。其主要目标是使世界上的主要科学和文化遗产通过多媒体技术成为可利用的资源，鼓励知识交流和国际对话。目标是加快现有的数字化进程，以建立大规模、分布式虚拟知识收藏并使之经由全球通信网络变为可用的，以增强终端读者服务。这样，有望促进国际合作，建立全球电子图书馆系统。深入分析世界图书馆数字化进程的合作模式，可以发现在创建数字化馆藏时有几个原则：百科全书式、主题或历史性原则。对于世界图书馆选择他们的共同点，所有合作伙伴都便于建立和查询连贯的数字收藏，如 Biblioteca Universalis 收藏，能被分为现存的数字收藏部分或为特殊目的创建的 Biblioteca Universalis 部分。合作选择的主题是："民间交流。"作为对课题的一份贡献，图书馆数字化了1797年出版的乔治·斯汤顿爵士的《一位大使的权威性账单》。

第三，早期印刷收藏资料。英国国家图书馆有关这方面的资料丰富，既有个别、分散的出版物，也有不连续的特殊收藏，无论英联邦、大陆联盟、近东远东，抑或美洲大陆的资料可谓应有尽有。目前主要做了一些艺术性较高的封面和插页。

英国国家图书馆有庞大、复杂的IT环境，由几个大的和一些小的应用系统组成，这些系统以不同的方式相互作用。为了顺利管理这些交互关系，图书馆在物理、传输和应用层面上要采取一系列技术标准与协议。2000年，英国国家图书馆已得到国家2.5亿英镑的计划拨款，专用于数字图书馆建设。2000年9月，图书馆完成对数字基础设施所必备的在数字环境下支持其策略及服务的数字图书馆系统（DLS）的检验，并就此与IBM英国公司签约。IBM英国公司为该馆提供全套最新的数字图书馆系统并在2002年交付。

（3）微软与英国国家图书馆合作数字化2500万页资料

2006年微软将和英国国家图书馆合作，对该馆的2500万页馆藏资源进行数字化，并将长期承担数字化的任务以完成更多资源的数字化工作。微软和英国国家图书馆合作数字化10万册图书，并通过MSN图书搜索服务帮助人们在网上方便地获得这些资源。

这项合作将帮助英国国家图书馆加快实现将馆藏资源提供给每一个人的步伐。任何人、任何地点、任何时间都可以获得英国国家图书馆的数字化资源。同时，该合作通过英国国家图书馆与MSN网络设施的联合，给人们提供一种新的获取信息的途径。

英国国家图书馆馆长林恩·布林德利女士认为：在发展国家数字图书馆的过程中，英国国家图书馆重新界定了图书馆，同微软的合作是英国国家图书馆这项计划的关键部分。英国国家图书馆的目标是通过增加数字化资源，提供知识的永久获取。同微软的合作将使英国国家图书馆实现这个目标。

三、日本国立国会图书馆

1. 图书馆概况

日本国立国会图书馆隶属日本国会，为国会的常设机构，是日本唯一的国立图书馆，也是日本国内最大的公共图书馆，位于日本的首都东京。日本国立国会图书馆，受众参两议院的运营委员会领导。作为审查机构，对该馆在运营上必需的各种规程、业务状况及预算等进行审查与认可。在该馆之上还有一个作为咨询建议机构的联络调整委员会，由两议院的运营委员会委员长、最高裁判所长官任命的最高裁判所裁判官1名、内阁总理大臣任命的国务大臣1名组成。其任务是对NDL服务工作的改善提出建议。

日本国立国会图书馆有两个源流。一是设立于1890年、隶属于旧宪法下帝国议会的贵族院众议院图书馆，另一个则是设立于1872年、隶属文部省的帝国图书馆。其中，帝国图书馆经历了自书籍馆（1872）、东京书籍馆（1875）、东京府书籍馆（1877）、东京图书馆（1880）至帝国图书馆（1897）的变迁。1947年改称为国立图书馆。由于帝国图书馆在第二次世界大战前就是接受缴送本的图书馆，因此，其藏书包括了明治以后日本出版的所有出版物，两个图书馆的藏书成为NDL藏书的重要基础。该馆是以美国国会图书馆为模式建立的，1948年6月5日正式向一般读者开放。

日本国立国会图书馆的主要任务是：广泛收集包括出版物和电子信息在内的日本国民的知识活动的成果，构筑日本国民共享的信息资源；通过提供与政府课题有关的调查、分析和信息，对日本国会的立法活动进行协助；向行政、司法各部门以及日本国民广泛提供图书馆服务，保障其现在和将来对于信息资源的利用渠道。其中，面向日本国会议员、众参两院及其委员会，以及其他国会有关人员的服务是日本国立国会图书馆的首要任务。

对于国会的服务可以分为两大类，即与政府课题有关的各种调查和信息提供服务（即所谓"立法调查服务"），由国立国会图书馆和立法考查局共同承担；图书资料的阅览、出借、复印、参考咨询等服务（即所谓"图书馆服务"）。

2. 图书馆特色资源建设内容

（1）藏书建设

国会图书馆作为日本唯一保存缴纳本图书的国立图书馆，受到各出版单位的支持。官方出版机关有义务免费向国会图书馆提供数套缴纳本，民间出版社以半价向国会图书馆出售一套原版出版物。同时，国会图书馆积极从社会购书，特别是珍本古籍类。此外，国会图书馆每年接受大量本国和外国政府、民间团体、个人的赠书或交换图书。所有图书一旦进入国会图书馆，就将作为国家资源永久保存。

出版物呈缴制度。日本现行的呈缴本制度是依据1947年制定的国立国会图书馆法（1948年进行了部分修订）而设立的，主要内容是将国内发行的出版物呈缴给国立国会图书馆。作为呈缴对象的出版物包括：图书、小册子、连续出版物、乐谱、地图、录音带等。

国家各机构的出版物，为供国际交换及公共使用，在出版时，必须将法定的册数直接呈缴给国立国会图书馆。地方公共团体等各机构在发行出版物时，也以此为标准呈缴样本。为支持文化财产的积累及利用，对民间出版物，要求在出版时，出版者自发行日起30天内，必须将一部完整的最优版本呈缴给国立国会图书馆。所谓最优版本，是指最适于以保存和利用为目的的呈缴本。

在呈缴出版物一方提出要求的情况下，通常作为补偿金付给该出版物出版及呈缴应需的费用，对非正常理由不缴入的，处以相当于该出版物零售价5倍金额以下的罚款。出版者向国立国会图书馆寄赠样本时，赠送刊载该出版物的全日本出版物的国家书目。

近年来，随着信息技术的发展，电子出版物显著增加，对电子出版物的收集、保存成为接受呈缴本图书馆需迫切解决的课题。为适应形势的变化，日本国立国会图书馆自1997年3月以来，为调查审议有关电子出版物及呈缴本制度的课题，设置了国立国会图书馆馆长咨询机构——呈缴本制度调查会，进行了有关呈缴电子媒体的出版物并达到理想运用的调查审议。该调查会经过和电子出版物分会、法制分会的联合探讨，于1999年2月22日提出了《展望21世纪日本呈缴本制度的理想状态——以电子出版物为中心的报告》。在这个报告中，提出了以下结论。

① 将信息固定在CD－ROM、DVD等有形媒体上的高密度类电子出版物，与以往纸质出版物一样，都作为呈缴的对象。其呈缴时付予的补偿金的数额，相当于生产一部呈缴本所需的费用。

② 在提供利用有形的电子出版物时，重要的是寻求著作权者、出版者、利用者各方的利益均衡。

③ 关于网络类电子出版物，暂不作为呈缴本制度规定的呈缴对象，而对认为是有用的、必要的网络类电子出版物，可适当地根据协议加以收集。

依据这个报告，日本于2000年4月7日公布修订了呈缴本制度的日本《国立国会图书馆法》，并定于2000年10月1日起实施。

此次修订体现在以下两个方面。

① 将高密度类电子出版物作为新的呈缴对象。所谓"高密度类电子出版物"，是指将信息记录于有形媒体之上的电子出版物。具体包括：CD－ROM、DVD、录像带等。凡2000年10月1日以后出版发行的，都纳入呈缴的范围。

② 重新确定国家、地方公共团体等的出版物的呈缴件数。同时，免除电影胶片的继续呈缴。国家、地方公共团体的出版物主要用于公共使用及国际交换。

（2）数字图书馆

日本数字图书馆项目由四大"省"级机构分头立项，合作进行，这四大省级机构为：通产省、邮政省、文部省和日本国会图书馆。

各参加单位的分工通产省着重开发电子图书馆通用系统及应用软件，并建立ISDN下的试验基地CII；邮政省研究解决将B2 ISDN用于多媒体电子图书馆的一系列应用技术关键问题，并承担关西新馆的相应大批量多规格试验；日本国会图书馆着重于实施珍藏品数字化，并参加各种试验；文部省主要推动高校图书馆及网络向数字图书馆转化。

① 国会图书馆关西新馆项目。由于国立国会图书馆数字图书馆是由国立国会图书馆整体共同实施的，所以，它既包括国立国会图书馆东京本馆，也包括2000年第一期开馆的国际儿童图书馆及在2002年开馆的国立国会图书馆关西馆（以下简称为"关西馆"）。在分工上，有关数字出版物的制作、提供、数字图书馆的研究开发等，都是以"关西馆"为中心进行的，并推行未来馆型的情报图书馆的理念，所以"关西馆"是典型的集传统图书馆与数字图书馆于一体的混合型图书馆。该馆的5大基本功能是：存储和分别保存国家馆藏；文献和信息提供中心；亚洲资源信息中心；图书馆合作中心；图书馆与信息科学领域的研究发展与培训。这些基本功能表明，日本国会图书馆关西新馆运行的主要目标是为

全世界的用户提供信息资源的远程存取与服务。在这个意义上，关西馆可看做是日本试图建造的一个"数字图书馆"模型。

② 试验性电子图书馆项目。该项目属于试验性电子图书馆系统，由通产省立项，信息技术促进会（IPA）、日本国会图书馆负责研制，这是为了解决电子图书馆建设过程必要的技术问题而进行的研究开发活动。1994—1997年完成，1995年建成信息基础设施中心（CII），1995年在CII开始了项目实验，完成了子项目实验，以支持与维护已经建成的信息系统。

四、北卡罗来纳州立大学图书馆

1. 图书馆概况

北卡罗来纳州立大学成立于1887年，是政府出资并主管的公共教育机构。该馆在北美地区120所顶尖研究型图书馆中排名第29位，是第一个获得高校与研究型图书馆协会"优秀学术型图书馆（Excellence in Academic Libraries Award）"奖励的大学图书馆，并在2003年被美国图书馆协会授予"未来图书馆奖（American Library Association's Library of the Future）"。

该馆由主馆（D. H. Hill Library）、纺织图书馆（Burlington Textiles Library）、设计图书馆（Harrye B. Lyons Design Library）、自然资源图书馆以及兽医医学图书馆等分馆组成。

该馆是一个研究型的大学图书馆，在同类图书馆中享有较高的声誉。它是美国研究图书馆协会、图书馆中心，以及数字图书馆联盟的成员馆之一，是北卡罗来纳州数字资源存取项目——NC LIVE项目主要的服务站点。北卡罗来纳州立大学图书馆将自己定位为北卡罗来纳州立大学社区及其合作伙伴的知识门户，为达成学校的教学科研目标，同时促进世界知识进步提供信息服务。图书馆更将其目标愿景描述为：图书馆——北卡罗来纳州的竞争优势（The Libraries：NC State's competitive advantage）。

2. 图书馆特色资源建设内容

（1）资源建设

北卡罗来纳州立大学图书馆馆藏建设以学校各单位需求为依据，通过对各院系各部门师生员工教学研究需求的综合调查统计确定发展重点。为了满足对这些用户需求，图书馆馆藏管理处订立了馆藏审核计划（approval plan），鼓励用户对图书馆馆藏建设提出建议和意见。该项计划由馆藏管理处与特定图书供应商合作实施。图书馆根据调研所得需求情况对出版商、学科领域范围、文献内容及形式等方面的要求进行详细说明，然后由书商按要求向图书馆供应图书。在此供应过程中，仍然将对图书的实际使用情况进行跟踪，以不断调整馆藏建设具体侧重。当前该馆馆藏的侧重点主要在于农学、建筑学、生物学、设计、工程学、昆虫学、森林资源、数学、物理科学、统计学、纺织、兽医医学等领域。

该馆是美国联邦政府和北卡罗来纳州政府档案资料、美国专利商标文献，以及美国国家技术情报局研究报告等重要文件的保存地。此外，图书馆还拥有大量珍贵的特藏专藏，包括：现代居民住宅及商业建筑设计师George Matsumoto在1948—1961年有关建筑及绘画方面的设计蓝图、建筑图纸、剪贴簿、绘画作品以及通信手稿；Tippman和Metcalf的昆虫学收藏；基于Charles E. Little和约翰·霍普金斯大学出版社（The Johns Hopkins University

Press）1991年捐献而建成的园林道路档案资料；遗传学与植物基因学方面的论文及珍本；自1889年学院正式开放招生以来有关北卡罗来纳州立大学发展沿革的各种档案照片、底片、幻灯片、明信片275000余份，其中部分已能提供在线浏览。

（2）数字图书馆

除传统的图书馆业务以外，图书馆还提供全方位的数字图书馆服务，包括：通过图书馆主页提供对300多个书目数据库、46000余种电子期刊以及171000种电子图书的访问；由Endeca搜索软件支持的在线馆藏目录；灵活的网络架构，支持校内及本州范围内校外用户对图书馆数字资源的高带宽无线访问；提供对各种数字资源的跨库检索功能，并在三角研究图书馆网络（Triangle Research Libraries Network, including libraries of Duke University, North Carolina Central University, North Carolina State University, and the University of North Carolina at Chapel Hill）范围内提供馆际互借服务；提供地理信息系统软件服务；对北卡罗来纳州地区公众提供在线的参考咨询、馆际互借和流通续借等服务；全美最全的地区专利商标文献库；24小时的在线课程资源预约支持系统；提供笔记本电脑、MP3、iPod播放器的馆内借用。目前，图书馆每年提供流通传递的数字资源副本量在100万件左右。

此外，图书馆还向有视力、听力残障以及行动不便的用户提供一系列服务、设备以及应用软件帮助，如图书馆援助技术中心（Assistive Technologies Center, ATC）、图书馆主楼残疾人便行通道（Access to D. H. Hill Library Building）、图书取送服务（Book Retrieval）、复印、参考咨询、预约，以及代理相关信息需求的馆外获取等。

为了将图书馆打造为数字时代的学习研究中心，北卡罗来纳州立大学图书馆成立了学术交流中心、信息技术教育中心及实验室、数字媒体实验室、可用性研究实验室、数字图书馆计划部、学习技术服务处、教职员发展服务小组、数字出版中心等部门，与校内各教学科研单位形成紧密合作，对其各项学习、研究和创新工作提供包括法律援助在内的全方位支持。

参考文献

百度百科. 开架借阅制. [2011-11-18]. http://baike.baidu.com/view/4276359.html.
北京大学图书馆. 特色收藏. [2011-11-01]. http://www.lib.pku.edu.cn/portal/index.jsp.
本词典编译出版委员会. 2007. 新牛津英汉双解大词典 [M]. 上海：上海外语教育出版社.
陈朝霞. 2008-06-05. 市图书馆"零门槛"特色服务吸引人气 [N]. 宁波日报, (A08).
陈萍. 2009. 中小型公共图书馆数字资源建设策略 [J]. 国家图书馆学刊, (1).
陈庆苏. 2010. 我国西部地区公共图书馆特色数据库调查分析 [J]. 内蒙古科技与经济, (16).
陈庆苏, 程结晶. 2010. 西南地区公共图书馆特色数据库建设的现状调查与分析 [J]. 新世纪图书馆, (6).
陈有富. 2001. 河南省文献信息资源保障体系的共建共享 [J]. 洛阳工学院学报（社会科学版）, (4).
程焕文, 潘燕桃. 2004. 信息资源共享 [M]. 北京：高等教育出版社.
重庆图书馆. 重庆地方文献. [2011-12-15]. http://cqlib.cn/dfwx/gcjs_362.html.
楚雄师范学院图书馆. 地方文献. [2011-12-14]. http://www2.cxtc.edu.cn/lib/feature/Local_Documents.html.
丛立先. 2007. 网络版权问题研究 [M]. 武汉：武汉大学出版社.
崔明新. 2008. 数字资源长期保存的技术策略初探 [J]. 档案, (3).
代根兴. 2006. 数字时代的图书馆信息资源建设 [M]. 北京：北京图书馆出版社.
东华大学图书馆. 重点学科特色服务. [2011-11-30]. http://hxlib.njnu.edu.cn/jianbao/0801/htm/stone.htm#001.
杜朝东, 王沁, 冯适, 等. 2011. 15个副省级城市公共图书馆特色数据库现状调查 [J]. 图书馆学刊, (7).
段维. 2006. 网络时代的版权法律保护 [M]. 武汉：湖北教育出版社.
段运. 2010. 国内工学十强高校图书馆特色数据库建设浅探 [J]. 图书馆学研究, (2).
鄂丽君. 2009. 高校图书馆特色馆藏建设的现状分析 [J]. 图书馆建设, (12).
鄂丽君. 2011. 华北地区高校图书馆特色数据库建设的现状、问题与对策研究 [J]. 山东图书馆学刊, (1).
鄂丽君, 邱晏. 2010. CALIS地区中心特色数据库建设现状、问题与对策研究 [J]. 图书馆建设, (12).
鄂文. 2009-03-20. 武汉城市圈图书馆联盟启动 [N]. 中国文化报, (002).
《法律法规案例注释版系列》编写组. 2010. 中华人民共和国著作权法：案例注释版 [M]. 北京：中国法制出版社.
范静怡. 2010. 法学院校图书馆资源共享体系构建初探 [J]. 图书馆学研究（应用版）, (8).
范敏. 2008. 对公共图书馆文化休闲娱乐功能的思考 [J]. 图书馆学刊, (2).
范兴坤. 2011. 随社会而变：图书馆转型的历史内源 [J]. 国家图书馆学刊, (1).
范亚芳, 曹作华. 2009. 江苏高校图书馆特色资源数据库建设问题研究 [J]. 图书情报工作, (9).
范亚芳, 郭太敏. 2008. 特色数据库建设若干问题研究 [J]. 情报理论与实践, (4).

冯杰 . 2010 . 论现代图书馆的三种服务模式［J］. 科技信息，(35) .

冯琼 . 2008 . 高校图书馆特色资源建设探析：以广州货币金融博物馆为例［J］. 内蒙古科技与经济，(19) .

冯琼 . 2010 . 彰显特色：图书馆服务创新的探索与实践［J］. 图书馆理论与实践，(8) .

福州大学图书馆 . 导读中心 . ［2011 – 11 – 30］. http：//www. lib. fzu. edu. cn/.

盖虹 . 2008 . 特色服务：网络环境下高校图书馆服务新 "界面"［J］. 廊坊师范学院学报（自然科学版），(3) .

高红运 . 2011 . 大学图书馆特色馆藏建设研究：以南京财经大学图书馆为例［J］. 农业图书情报学刊，(9) .

高莹 . 2011 . 高校资料室文献资源评价的原则、标准和方法［J］. 图书馆学刊，(4) .

高云，屈小娥 . 2011 . 对陕西省高校图书馆数字资源共建共享的思考［J］. 科技文献信息管理，(2) .

顾剑 . 2008 . 高校图书馆特色馆藏资源建设［J］. 科技情报开发与经济，(34) .

管绪，刘玉平 . 2010 . 高校图书馆特色文献资源建设浅析［J］. 图书馆工作与研究，(8) .

郭彩，贾宝红 . 2005，17 . 发挥文献资源优势多方位服务 "三农"［J］. 农业图书情报学刊，(2) .

郭春霞，谷爱国 . 2010 . CALIS 对专题特色数据库的整合［J］. 图书馆学刊，(7) .

郭建华 . 2007 . 高校图书馆间资源共建共享研究［J］. 济南职业学院学报，(4) .

郭燕平 . 2010 . 建筑院校特色数据库建设实践与展望［J］. 北京建筑工程学院学报，26 (1) .

韩喜运，王勇 . 2003 . 正确认识图书馆文献资源价值［J］. 图书馆理论与实践，(2) .

韩喜运，王勇 . 2002 . 文献资源价值及其评判［J］. 上海高校图书情报学刊，(2) .

胡可东，张意柳 . 2010 . 民族地区高校图书馆的特色文化信息资源建设：以玉林师范学院为例［J］. 图书馆学刊，(7) .

湖南图书馆 . 湖南图书馆古籍阅览室全新亮相 . ［2011 – 11 – 16］. http：//www. library. hn. cn/gjbh/xxsd/201109/t20110927_ 11833. html.

湖南图书馆 . 湖南地方文献丛谈 . ［2011 – 12 – 15］. http：//www. library. hn. cn/dfwxct/index. html.

湖南图书馆 . 图书馆古籍特藏书库基本要求 . ［2011 – 11 – 16］. http：//www. library. hn. cn/gjbh/zcfghybz/200911/t20091119_ 4000. html.

胡越慧 . 2011 . 高校图书馆特色馆藏建设现状调查分析［J］. 图书馆理论与实践，(5) .

胡永强 . 2009 . 高校图书馆文献资源评价体系的构建［D］. 长春：东北师范大学 .

黄静 . 2011 . 图书馆教育功能之渊源探析［J］. 图书馆，(1) .

黄石市图书馆 . 特色服务 . ［2011 – 11 – 30］. http：//www. hstsg. com/index. asp.

黄晓斌，夏明春 . 2005 . 论图书馆数字资源的整合［J］. 图书情报工作，(1) .

黄旭 . 2009 . 图书馆数字资源长期保存策略研究［D］. 长春：吉林大学 .

黄燕 . 2006 . 图书馆数字化内容选择原则阐释［J］. 情报资料工作，(6) .

黄颖梨，黄莹桦 . 2011 . 论高校图书馆特色文献资源建设［J］. 科技信息，(9) .

沪一中民五（知）终第字 16 号——上海市第一中级人民法院（2007 – 02 – 09）. ［2011 – 10 – 18］. http：//www. law – lib. com/cpws/cpws_ view. asp? id = 200401275922.

霍恩比 . 2000 . 牛津高阶英汉双解词典（第四版）［M］. 北京：商务印书馆，牛津大学出版社（中国）有限公司 .

季晟，雷振 . 2010 . 浅谈高校图书馆的特色资源建设［J］. 农业图书情报学刊，(3) .

季思聪 . 美国图书馆不止是 "图书之馆" 全靠纳税人养活 . ［2011 – 09 – 25］. http：//news. ifeng. com/gundong/detail_ 2011_ 02/25/4849935_ 0. shtml.

江向东 . 2005 . 版权制度下的数字信息公共传播［M］. 北京：北京图书馆出版社 .

金胜勇.2010.目标导向型图书馆信息资源共建共享理论体系研究[D].天津:南开大学.
金旭东.2007.21世纪美国大学图书馆运作的理论与实践[M].北京:北京图书馆出版社.
赖辉荣.2004.图书馆特色数据库建设中的版权困境及其出路[J].河南图书馆学刊,(2).
李东黎.2011.美国政府信息资源开发利用:做法与借鉴[J].图书馆工作与研究,(6).
李华.1991.特色服务的界定[J].图书馆杂志,(4).
李聚平.2001.关于西藏地区图书馆藏学文献资源共享问题的思考[J].图书情报工作,(10).
李敏,王凭.2007.高校图书馆特色数据库建设难点与实践[J].情报杂志,(11).
李三凤.2006.我国高校图书馆特色数据库建设研究[D].长沙:湘潭大学.
李三凤.2007.高校图书馆特色数据库开发与利用中的版权问题[J].科技情报开发与经济,(36).
李珊珊.2008.沈阳理工大学图书馆馆藏建设与特色服务[J].科技情报开发与经济,(16).
李书宁编译,王萍提供.2008.美国国会图书馆数字保存项目为"保存美国创新性作品"项目提供资助[J].图书情报工作动态,(1).
李晓霞,邵国川.2011.网络信息资源评价的原则与方法[J].情报探索,(5).
李彦丽.2010.山西省高校图书馆特色资源建设的现状与分析[J].图书馆学刊,(1).
李征.2011.云计算在图书馆建设与信息服务中潜在价值探析[J].大学图书馆学报,(1).
梁新华.2003.论图书馆特色化建设[D].湘潭:湘潭大学.
林晓霞.2000.试论OCLC服务的系统性和资源的共享性[J].图书馆杂志,(6).
林玉婷,林莉,林丹红,等.2008.福建中医学院图书馆闽台特色医药文献资源建设实践[J].情报探索,(11).
林震雷,胡钉根.2006.浅谈高校图书馆特色化建设[J].江西图书馆学刊,(2).
刘波林.2002.保护文学和艺术作品伯尔尼公约(1971年巴黎文本)指南[M].北京:中国人民大学出版社.
刘莹.2008.我国高校图书馆特色数据库建设现状及发展策略研究[J].图书馆学研究,(7).
陆峻波.2000.香港岭南大学图书馆的特色服务[J].云南农业教育研究,(2).
栾文辉.2010.独立学院图书馆印刷型期刊资源的效能分析[J].边疆经济与文化,(11).
马晴云.2010.数字演绎文化传承:以黑龙江省图书馆为例探讨地方文献数据库建设[J].图书与情报,(6).
马新艳.2010.省域内高校图书馆特色资源数据库共建共享研究[J].南阳师范学院学报(社会科学版),(4).
毛云红.2008.日本国会图书馆的状况评析[J].农业图书情报学刊,(05).
缪园.2001.日本呈缴本制度的新动向[J].国家图书馆学刊,(03).
宁夏图书馆.宁夏地区开展古籍普查及古籍保护工作报告.[2011-11-16].http://www.nxlib.cn/sylm/gjwxbh/201101/t20110126_4841.html.
潘长海,刘彩虹.2009.公共图书馆特色数据库建设现状分析与思考[J].现代情报,(12).
裴成发.2008.信息资源管理[M].北京:科学出版社.
裴成发,贾振华,姜云丽.2008.我国省级公共图书馆特色数字资源建设调查[J].图书馆杂志,(10).
彭昌林.2005.浅谈图书馆对古籍文献的保护[J].贵图学刊,(3).
彭萍莉.2007.山区公共图书馆在新农村建设中的特色服务初探[J].当代图书馆,(1).
齐迎春.2005.特色服务在图书馆读者服务工作中的应用[J].前沿,(12).
钱红丽.2010.数字图书馆本地特色资源管理和集成服务的设计与实现[D].北京:北京邮电大学.

浅谈韩国江原大学图书馆办馆特色．毕业资格读书认证机制特色服务．[2011－11－30]．http：//www．exam8．com/lunwen/gonggong/tushuguan/201005/2043141＿2．html．

秦珂．2005．数字图书馆版权保护导论［M］．北京：气象出版社．

清华大学图书馆．特色资源．[2011－10－25]．http：//lib．tsinghua．edu．cn/database/specialcollection．html．

戎军涛．2006．网络信息资源开发中的版权问题［J］．河南图书馆学刊，(1)．

阮孟禹．2007．图书馆特色资源的科学内涵及其建设［J］．中共福建省委党校学报，(6)．

上海图书馆．特色馆藏文献．[2011－10－20]．http：//www．library．sh．cn/tsgc/tsfw/．

陕西省图书馆．陕西地方文献收藏中心．[2011－12－15]．http：//www．sxlib．org．cn/difang/yl＿ylxz001．html．

邵萍萍．2010．高校图书馆资源共建共享的必要性及解决问题的对策［J］．图书情报工作，(s1)．

沈红玉．2004．新时期朝鲜民族图书馆如何做好特色服务［J］．牡丹江师范学院学报（哲学社会科学版），(6)．

沈丽云．2007．日本国立国会图书馆的独立法人化追踪［J］．图书馆杂志，(03)．

盛兴军．2004．大学图书馆古籍特藏文献合作存储问题研究［J］．图书馆学研究，(4)．

石爱珍．2005．论图书馆的特色资源建设［J］．医学信息，(1)．

《世界知识产权组织版权条约》．[2011－11－11]．http：//wiki．mbalib．com/wiki/WIPO％E7％89％88％E6％9D％83％E6％9D％A1％E7％BA％A6．

首都图书馆．自建数据库．[2011－10－16]．http：//www．clcn．net．cn/shuziziy/index．html．

舒和新．2010．安徽省主要图书馆特色资源建设状况调查分析［J］．新世纪图书馆，(5)．

宋卫．2001．我国公共图书馆信息服务展望［J］．图书馆论坛，(4)．

苏州图书馆．图书馆辞典．[2011－11－18]．http：//zxzx．szlib．com/friendsofreading/contentshow．aspx？category＝3&id＝17．

孙苏文．2011．高校图书馆特色馆藏建设策略［J］．中华医学图书情报杂志，(4)．

覃凤兰．2009．公共图书馆特色数据库建设调查分析及对策研究［J］．图书情报工作，(15)．

唐彬，胡德．2008．高校数字图书馆特色资源建设［J］．河北科技图苑，(2)．

唐莉萍．2009，22．关于高校图书馆建设特色资源存在的问题及策略研究［J］．医学信息，(6)．

唐文惠，潘彤声．2009．高校图书馆文献资源建设与评价［M］．武汉：武汉大学出版社．

王斌，贺培凤．2010，19．图书馆古籍文献保存的影响因素及对策［J］．中华医学图书情报杂志，(4)．

王丹．2010．发挥高校图书馆作用促进学习型社会建设［J］．中国成人教育，(14)．

王德平．2010．再论高校图书馆特色资源建设［J］．科技情报开发与经济，(22)．

王坚毅，刘正春．2009．高校图书馆数字资源采访绩效评价原则及指标体系研究［J］．情报理论与实践，(2)．

王明惠，等．2009．我国外语院校特色资源共建共知共享体系构建［J］．新世纪图书馆，(2)．

王倩等．2011．浙江省高校数字图书馆特色文献数据库建设情况综述［J］．图书馆学研究，(6)．

王芹．2007．海南省高校图书馆特色资源库建设的冷思考［J］．情报资料工作，(2)．

王淑秋．2006．为盲人读者服务 尽显人文关怀［J］．图书馆建设，(6)．

王思静．2008．浅谈印刷品的耐候性［J］．今日印刷，(4)．

王细荣．2009．图书情报工作手册［M］．上海：上海交通大学出版社．

王渊，牛淑会．2004．日本数字图书馆的项目与特点［J］．现代情报，(08)．

王志辉．2011．高职院校图书馆创新服务的探索：无锡科技职业学院图书馆的服务体验［J］．内蒙古科技与经济，(13)．

万庐山.2005.论CALIS专题数据库建设的几个问题［J］.现代情报,（6）.

温泉.2011.版权问题与图书馆特色数据库建设［J］.农业图书情报学刊,（2）.

乌卫东.2007.论呼伦贝尔市图书馆的特色服务［J］.呼伦贝尔学院学报,（6）.

武文丽,赵爱平.2011.开放存取与高校图书馆期刊资源建设和服务［J］.忻州师范学院学报,（2）.

吴筱瑾.2009.推进开放存取运动 消除数字鸿沟［J］.广西政法管理干部学院学报,（5）.

邬圆圆.2004.试论高校数字图书馆数据库的建设与著作权问题［J］.四川图书馆学报,（3）.

奚立梅,王晓岩.2003.论图书馆的特色馆藏与特色服务［J］.大连大学学报,（3）.

项雷.2010.公共图书馆信息资源共建共享体系［J］.民营科技,（8）.

肖琳峰.2003.特色资源数据库的建设［J］.文献信息论坛,（3）.

肖琼.2010.特色数据库的非特色现象举例［J］.图书馆界,（1）.

谢丽娟.2009.中美高校图书馆信息服务比较研究［D］.曲阜:曲阜师范大学.

谢秋发,蒋丽.2010.图书馆特色服务的探讨:以广西桂林图书馆为例［J］.桂林师范高等专科学校学报,（2）.

熊世琼.2008.西部地区公共图书馆特色服务的新思考［J］.科技情报开发与经济,（13）.

熊攸,筱夸琴.2010.建立具有高职高专图书馆特色资源馆藏体系［J］.大学图书情报学刊,（6）.

许春明.2002.论数据库的版权保护［J］.情报杂志,（5）.

徐军燕.2010.网络环境下地方特色资源建设与服务:以桂东南特色资料中心为例［J］.大学图书情报学刊,（5）.

闫建国.2007.公共图书馆专题阅览与特色服务［J］.河南图书馆学刊,（1）.

严浪.2008.高校图书馆自建特色数据库的版权问题分析［J］.郑州铁路职业技术学院学报,（1）.

杨超.2009.论图书馆电子期刊与印刷型期刊的长期共存［J］.技术与创新管理,（4）.

杨桂莲.2009.开放存取对图书馆信息资源建设的影响［J］.图书馆工作与研究,（11）.

杨思洛.2005.省级公共图书馆特色数据库建设调查［J］.图书情报工作,（9）.

杨思洛,韩瑞珍.2006.211高校图书馆特色数据库建设调查［J］.全国新书目,（6）.

杨曦.2007.高校图书馆的地方文献建设初探［J］.成都大学学报（教育科学版）,（7）.

杨亚华.2007.民族地区公共图书馆特色化建设探讨［J］.内蒙古科技与经济,（19）.

杨毅,邵敏.2005.数字资源建设的思路与实践:清华大学图书馆案例研究［J］.情报理论与实践,（4）.

姚秀花,张玉梅,李胜华.2010.高校图书馆文献资源评价探析［J］.科技情报开发与经济,（24）.

叶春峰,鲁莎.2011.哈佛大学图书馆的创新模式及启示［J］.现代情报,（2）.

应新龙.2010.知识产权案例精选（2007—2008）［M］.北京:知识产权出版社.

英国培生教育出版集团.2006.朗文高阶英汉双解词典［M］.北京:外语教学与研究出版社.

苑士涛.2009.Internet环境下高校图书馆特色资源建设研究［J］.农业网络信息,（12）.

袁欣.2010.开启专业分馆特色服务的大门:清华大学专业图书馆的特色学科服务浅析［J］.图书情报工作,（s1）.

臧国全.2006.图书馆信息资源数字化内容选择原则研究［J］.图书情报知识,（1）.

张惠霞.2011.图书馆信息资源共建共享浅谈［J］.文学教育,（6）.

张健.2004.图书馆评价理论与方法［M］.成都:西南交通大学出版社.

张丽霞.2009.中国一流大学图书馆"特色资源"跟踪调查与研究［J］.图书情报工作,（19）.

张鼐.2010.云计算环境下信息资源共享模式研究［J］.情报科学,（10）.

张胜全,董佳.2005.高校图书馆专题特色库资源的深度开发［J］.现代情报,（2）.

张蜀平，龙旭梅，刘鹏年，等.2009.为突发事件提供特色服务［J］.科技信息，（1）.
张文娟.2009.我国师范类高校图书馆特色数据库建设与共享状况调研［J］.现代情报，（2）.
张晓红.2007.论图书馆特色信息资源建设［J］.佳木斯大学社会科学学报，（6）.
张秀文.2004.试论高校图书馆特色资源建设［J］.图书馆学刊，（4）.
张燕.2010.高校图书馆自建特色数据库存在的法律风险及对策［J］.科技情报开发与经济，（3）.
张智雄，林颖，吴振新，等.2006.数字信息资源长期保存技术体系研究［J］.现代图书情报技术，（4）.
赵国靖，王秀梅.2003.省级公共图书馆文献资源建设的几点思考［J］.图书馆建设，（1）.
赵慧勤.数据库的版权保护问题探论.［2011－10－12］.http：/www.chinalawedu.com/nems/2004_7/21/1354427107.html.
赵杰.2010."云计算"环境下图书馆信息资源共建共享模式初探［J］.情报杂志，（2）.
浙江大学图书馆.特色资源.［2011－11－05］.http：//libweb.zju.edu.cn/libweb/redir.php?catalog_id=10258.
振江.2006.地市级公共图书馆特色数据库建设浅析［J］.图书馆论坛，（5）.
郑丽航.2010.高校自建数据库法律保护问题的几点思考［J］.情报资料工作，（5）.
郑立新，肖强.2011.高校图书馆信息资源共建共享的认识与定位［J］.图书馆建设，（5）.
郑颖.2003.对高校图书馆文献资源建设的思考［J］.山东图书馆季刊，（3）.
中国国家图书馆.特色资源.［2011－10－06］.http：//dportal.nlc.gov.cn：8332/nlcdrss/szzy/sjklb_cn.htm#.
中国国家图书馆.特色馆藏.［2011－10－08］.http：//www.nlc.gov.cn/newdzzn/gtzy/gctj/.
中国国家图书馆.世界各国资料库.［2011－09－26］.http：//www.nlc.gov.cn/newtsgj/sjgg/.
中国图书馆学会.第72届国际图联大会参观图书馆介绍.［2011－10－28］.http://www.lsc.org.cn/CN/News/2006－08/EnableSite_ReadNews141568971156953600.html.
《中国学术期刊（光盘版）》电子杂志社与赵萍萍、江峰著作权纠纷案.［2011－10－15］.http://copyright.falv.me/html/43/n－4543.html.
中山大学图书馆.特色馆藏.［2011－11－06］.http：//library.sysu.edu.cn/web/guest/zlcz/tsgc.
周彩云，杨慧.2010.开放存取环境下高校图书馆资源建设与创新服务［J］.农业图书情报学刊，（11）.
周丽，孙小梅.2010.基于云计算的高校图书馆馆际资源共享分析及对策研究［J］.科技情报开发与经济，（28）.
周明华，等.2006.CALIS"十五"全国高校专题特色库建设情况综述［J］.大学图书馆学报，（4）.
周秀霞，王战林，赵海霞.2010.吉林省特色数字资源调查分析［J］.情报科学，（1）.
周瑛，等.2010.我国医学高等院校特色数据库建设情况调查与分析［J］.医学信息学杂志，31（11）.
朱树良，俞菲，翁晓兰，等.2007.浅析电子型期刊与印刷型期刊的融合：兼述期刊复本问题［J］.现代情报，（12）.
朱淑南，秦荣环.2007.高校图书馆特色资源建设状况的调查［J］.农业图书情报学刊，（11）.
朱咏梅.2008.高职院校图书馆特色资源建设刍议［J］.科技情报开发与经济，（2）.
Annual Report of the Librarian of Congress. For the Fiscal Year Ending September 30, 2007.［2011－10－15］.http：//www.loc.gov/about/reports/annualreports/fy2007.pdf.
Annual Report of the Librarian of Congress. For the Fiscal Year Ending September 30, 2010.［2011－10－15］.http：//www.loc.gov/about/reports/annualreports/fy2010.pdf.
Audio－Visual Conservation at the Library of Congress.［2011－10－17］.http：//www.loc.gov/

avconservation/.

British Library. Press and Policy. ［2011 - 10 - 20］. http：//www. bl. uk/news/2005/pressrelease 20051104. html.

Flickr 是什么？ ［2011 - 10 - 16］. http：//zhidao. baidu. com/question/18183330. html？ an = 0&si = 5.

Library of Congress Photos on Flickr. ［2011 - 10 - 16］. http：//www. loc. gov/rr/print/flickr_ pilot. html.

North Carolina State University Libraries. Special Collections Research Center. ［2011 - 10 - 30］. http：//www. lib. ncsu. edu/.

The Library of Congress. About the Library. ［2011 - 10 - 15］. http：//www. loc. gov/about/generalinfo. html.

The Library of Congress. Digital Preservation. ［2011 - 10 - 17］. http：//www. digitalpreservation. gov/.

The Library of Congress. Read. gov. ［2011 - 10 - 16］. http：//www. loc. gov/literacy/.